선교사의 삶, 행복, 하나님의 선교 이야기
부르심과 보내심

선교사의 삶, 행복, 하나님의 선교 이야기
부르심과 보내심

발행 2022년 4월 8일

지은이 김종련
발행인 윤상문
디자인 박진경, 전지혜
발행처 킹덤북스
등록 제2009-29호(2009년 10월 19일)
주소 경기도 용인시 기흥구 동백동 622-2
문의 전화 031-275-0196 팩스 031-275-0296

ISBN 979-11-5886-232-9 (03230)

Copyright ⓒ 2022 김종련
이 책은 저작권법에 따라 보호받는 저작물이므로 무단전재와 복제를 금지하며,
이 책의 내용의 전부 또는 일부를 이용하려면 반드시 저작권자와 킹덤북스의
서면 동의를 받아야 합니다.

※ 잘못된 책은 구입하신 곳에서 교환하여 드립니다.
※ 책 가격은 표지 뒷면에 있습니다.

 킹덤북스(Kingdom Books)는 문서사역을 통해 하나님의 나라를 확장하고, 한국 교회와 세계 교회를 섬기고자 설립된 출판사입니다.

선교사의 삶, 행복, 하나님의 선교 이야기

부르심과 보내심

김종련 지음

INDONESIA

킹덤북스
Kingdom Books

추천사

서정운 박사
장신대 명예총장, 전 총장, 전 미주 장신 총장, 전 인도네시아 선교사

내가 본 김종련 선교사는 늘 바쁜 사람입니다. 대학, 신대원, 대학원, 선교사 훈련, 가끔 인도네시아 현장과 한국서 만나는 그는 조용하지 않았습니다. 할 말도 많아 보였는데 결국 책을 출간했습니다. 하고 싶은 이야기들을 기록으로 남기게 되었으니 기뻐하리라 믿고 축하합니다. 집필의 수고도 치하합니다. 나는 "진정한 역사는 전기"라는 주장에 동의합니다. 『부르심과 보내심』은 김 선교사의 전기적 기록이고 인도네시아 선교담이고 그의 선교 신학적 사상의 소개이기도 합니다.

한 선교사의 생애와 인도네시아 선교의 실상과 건실한 선교 신학적 견해를 이해하는데 도움이 되고 유익한 책입니다.

김종련 선교사 내외분의 남은 선교 여정 위에 성부 하나님의 보호와 성자 예수 그리스도의 인도와 보혜사 성령님의 능력이 항상 함께 하시기를 기원하며 많은 분들이 이 책을 읽고 귀한 깨달음과 거룩한 힘을 얻게 되기를 바랍니다.

추천사

황 주 룡 박사
예천교회 원로목사

존경하고 사랑하는 주님의 종 김종련 선교사님께서 인도네시아 선교 사역 30년을 체험으로 그의 저서, 『부르심과 보내심』을 출간하게 됨을 무한한 영광으로 생각합니다.

가시밭 같고, 돌밭 같은 인도네시아 선교 현장에서 많은 어려움을 극복하고 신학대학에서 교수로서 교역자를 양육하며, 어려운 여건에서도 여러 교회를 개척하여 목양하며, 역사와 문화와 언어가 다른 현지인들에게 그리스도의 사랑을 베풀며, 천국 복음을 전하는 한 생애를 글로 옮겨 많은 분들에게 뜨거운 감동을 주며, 귀감이 되며, 가시밭길을 헤치고 걸어오신 발자취를 후대에게 남길 수 있게 됨을 진심으로 기뻐하며 축하합니다. 저는 목회 중에 선교사를 파송하였고 현지를 여러 번 답사하였습니다. 성전을 건축하여 헌당식도 하였습니다. 또 현지 선교사 세미나도 인도하였습니다. 그러나 이 책 원고를 읽고는 선교 사역을 시작하기 전에 이 책을 읽지 못한 것을 매우 유감스럽게 생각했습니다.

이 책이 목회자와 선교사는 물론, 선교사를 파송하는 교회나, 선교사로 파송을 받는 분들이나, 일반 성도들이나, 특별 선교를 계획하는 분들에게 더 없이 좋은 안내서가 되며 필히 참고해야 할 특별 지침서가 될 것으로 확신합니다.

무엇보다 김종련 선교사님의 성경적이고 신학적인 투철한 신앙관으로 이어온 한 생애의 선교 사역은 옥토에 심어진 씨가 되어 30배, 60배, 100배의 열매를 맺게 될 것으로 확신하며 감사와 기쁨으로 본서를 추천합니다.

"예수께서 나아와 말씀하여 이르시되 하늘과 땅의 모든 권세를 내게 주셨으니 그러므로 너희는 가서 모든 민족을 제자로 삼아 아버지와 아들과 성령의 이름으로 세례를 베풀고 내가 너희에게 분부한 모든 것을 가르쳐 지키게 하라 볼지어다 내가 세상 끝날까지 너희와 항상 함께 있으리라 하시니라."(마 28: 18-20)

추천사

창조적 파트너십

서정호 박사
영암교회 원로목사

사람이 성공하려면 제일 중요한 것이 있는데 그것은 좋은 동역자를 만나는 것이다. 성공적인 결혼 생활에서 제일 중요한 것은 좋은 배우자를 만나는 것이고 성공적인 목회를 위해서 제일 중요한 것은 역시 좋은 사람(협력자)을 만나는 것이다.

새로운 세기에 하나님께서 교회와 교인에게 요구하시는 지도력은 무엇인가? 과거 우리 사회와 교회는 개인의 지도력에 의하여 전체가 지배받고 이끌림을 받는 형태였다면, 미래 사회와 교회는 다수가 능동적으로 함께 참여하고 개별화된 개인이 존중되는 체제로 점점 변모되어 갈 것이다. 따라서 미래 교회가 요구하는 지도력은 다수의 훈련된 평신도에 의하여 자발적이며 유기적으로 연결되는 공동체적 지도력을 필요로 한다.

평신도 지도자의 활용을 극대화하는 교회가 미래 교회의 자화상이 될 것이다.
아마도 미래 교회의 가장 특징적인 요소는 평신도가 적극적으로 참여하는 교회일 것이다. 경험적이고 참여적이며 상호 활동적인 교회가 되기 위해서는 평신도 지도자들이 방관자가 아니라 참여자요, 관중이 아니라 선수가 되어야 한다. 또한 군림하고 평가만 하고 감독만 하고 제약을 가하는 평신도 지도자가 아니라 목회 동역자로서의 섬김의 인격적 지도자의 역할을 잘 감당해야 할 것이고, 일단 성도들에게 잘 협조할 수 있고 따르고 존경할 만한 지도자가 되기 위해서는 하나님께서 각자에게 허락하신 성령의 은사를 발견하고 개발하여 전문성을 가지고 권위 있고 능력 있게 맡은 바 책임을 다하여야 할 것이다. 평신도 지도자가 참여하는 교회는 목회자의 탈진을 막아주고, 평신도 지도자 자신들을 위해서는 무력감을 극복하는 좋은 처방이 될 것이다.

목회자 입장에서 보면 간접 목회를 하는 것이다. 즉 목사가 직접 사역하기보다는 성숙하게 훈련된 평신도 지도자에게 사역을 위임하여 함께 공동 사역하여 나가는 창조적 파트너십을 가지고 힘차게 전진해 나가는 목회가 될 수 있을 것이다. 교회의 영적 지도자들이 파트너십을 가지고 지체들을 도와주고, 지원해 주고, 격려해 주고, 자문해 주며, 교회의 지체들이 책임 있게 행동할 수 있도록 충실하게 지도자의 역할을 다할 때 몸은 건강하게 되고 모든 지체가 활성화 될 것이다. 이런 목적을 성취하는 길은 목회자 단독 리더십을 과감하게 벗어나 평신도 지도자들을 목회 활동에 적극 참여시키고 동력화시키는 새로운 목회 구조가 필요하다. 미래의 세대의 교회에서는 기본적으로 영성적 성숙을 인정받는 지도력과 함께 또한 여기서 요구되는 지도력은 공동 분담된 소명이고 공동체 안에서 서로 밀접하게 협력함으로써 발전해 가는 것을 추구하는 지도력이다.

또한 목회자는 누구 못지않게 교인들을 위해 기도를 많이 하는 위치에 있는 사람인 것은 사실이지만 정말 감동은 아무나 끼칠 수도 없고 아무나 경험할 수도 없는 하늘의 은총이 아닐 수 없다. 그래서 감동을 주는 것이 어렵고 감동을 받는 것 또한 어려운 것이다. 오늘 우리가 몸담고 사는 이 시대는 점점 감동은 없고 자극만 있는 시대가 되어가고 있습니다.

요즘 사람들에게 가장 필요한 것은 감동을 주는 일인데 우리의 마음에 감동이 없는 것이 저주인 셈이다. 특히 예수 믿는 사람이 성경을 읽어도 말씀이 마음에 와 닿지 않으면 무언가 하나님과의 관계에 장애가 있는 것이며 이 자체가 그리스도인에게 가장 괴로운 일이다. 감동은 은총이고 축복이다. 우리의 마음에 감동이 있고 말씀에 마음이 깨달음이 있고, 말씀을 들을 때마다 눈물이 나고, 가슴이 벅차다면 이것이 곧 은혜이다. 사실 진정한 감동은 순수함에서 나오고 자연발생적으로 생기며 잔잔함에서 우러나온다. 감동할 줄 모르는 사람은 창조력을 잃어버린 사람이요, 감동할 줄 모르는 사람은 더 이상 영적 성장이 멈춰버린 사람이라고 말할 수 있다.

오늘 우리가 사는 이 시대는 감동을 잃어버린 시대라고 말한다.
사람들이 '나를 감동시켜 달라!' 외쳐보지만 정작 감동할 줄을 모른다. 그래서 창조력을 잃어버리고 영적 성장이 멈춰버린 시대이다. 그동안 인간 세상을 지배해온 큰 권력은 한 때 무력(군사력), 경제력(돈), 지식의 힘(정보)였음을 부인할 수 없지만 그러나 그와 같은 것들과 비교할 수 없이 큰 힘이요 영원한 힘, 위대한 힘은 감동이라는 힘이라고 말할 수 있는 것은 감동은 하나님의 숨이기 때문이다. 하나님의 감동이란 감동의 주체가 하나님이심을 뜻한다. 감동은 하나님이 주시는 선물이고 감동은 하나님의 소유이며 감동의 내용은 하나님의 숨입니다. 하나님의 숨은 생명이다. 하나님의 감동이 있으면 날마다 기뻐 뛰면서 살 수 있다. 감동은 하나님의 숨에 있다. 하나님께로부터 감동을 얻는 것이다.

1970년대 후반부터 80년대 초반에 장로회신학대학교 시절 학장기 쟁탈 전국 신학교 배구대회를 준비하면서 함께 선수 생활을 했던 장로회신학대학교 후배가 되는 김종련 목사님의 인생과 신앙 파노라마가 가득 담긴 글을 대하면서 긴 세월 동안 훌륭한 창조적 파트너(하나님, 교회, 목회자와 성도들, 학교, 선생님들, 가족(부모, 친지, 형제, 부인), 신학교 선후배, 선교지에서 만난 모든 사람들과 문화, 역사 등)이 김 목사님의 훌륭한 창조적 파트너가 되었음을 확신하며 감동 받았음에 감사와 축하를 전합니다.

추천사

권 신 철 목사
천곡제일교회 원로목사

김종련 선교사

인도네시아 선교를 위해서
주님께서 이 땅에 보내시고
훈련시키시고, 담금질하셔서
요긴하게 사용하시는 귀한 그릇

주님의 명령에 순종하여
주님께서 이끄시는 대로 따라가는
충성스런 주님의 일꾼

모든 일을 주님께 맡기고
내일 일을 염려하지 않고
오늘 하루 감사하며
주신 사명 감당에 최선을 다하는
믿음의 사람

선교사 체질로 태어나
즐기면서 사역을 감당하는
태생적인 선교사

인도네시아를 사랑하여
인도네시아에 동화되어
인도네시아인과 함께
인도네시아인으로 살아가는
인도네시아 선교사

이 책에는 김종련 선교사와 함께 계시면서 선교사님을 인도하신 주님의 섭리와 선교사님을 사용하셔서 주님의 지경을 넓혀 가시는 주님의 역사와 주님께 쓰임 받는 선교사님의 삶과 신앙고백이 들어 있습니다.

우리는 이 책을 통해서 주님께서는 오늘도 주님의 사람들을 사용하셔서 인도네시아에 사도행전의 역사를 계속해서 이루어 가고 계시다는 사실을 알 수 있습니다. 주님께서는 선교사와 한국에 있는 성도들의 물질과 기도를 사용하셔서 인도네시아에 주님의 나라를 넓혀가고 계십니다. 그리고 주님께서 사용하시는 주님의 사람들 속에는 선교사와 물질과 기도로 후원하시는 교회와 성도들이 포함되어 있습니다.

그러므로 이 책을 통해서 선교는 선교사만의 일이 아니라 바로 우리 교회의 일이요 나의 일임을 알 수 있을 것이며 그리고 선교 사역에 동참하고 있는 사람은 누구나 주님께 쓰임 받고 있음을 알 수 있을 것입니다.

추천사

박 한 기 목사
울산온양 대신교회 담임 목사

김종련 선교사의 저서 '선교사의 삶, 행복, 하나님의 선교 이야기', 『부르심과 보내심』 출간을 진심으로 축하드린다. 저자로부터 책 출간 추천사를 부탁받고 고민을 좀 했다. 마음속으로는, 거절하고 싶은 마음이 앞섰다. 추천사를 의뢰한 분들을 보니 모두 다 선교의 전문가들이시다. 여기에 나의 추천사가 들어가면 저자에게 누가 되지 않을까? 하는 마음이 들었다. 그래서 거절해야 하겠다는 생각을 했다. 그러다가 마음을 다시 고쳐먹었다. 그리고 추천사를 작성했다. 몇 가지 이유가 있어서다.

첫째, 김종련 선교사의 『부르심과 보내심』은 독자로 하여금 선교 이야기에 빠져들게 하는 묘한 매력이 있다. 전화로 추천사를 부탁 받은 후, 곧바로 보내온 책 원고를 단숨에 다 읽어버렸다. 처음부터 정독하다시피 원고를 읽었는데, 저녁 식사하는 시간을 제외하고 6-7시간 만에 처음부터 끝까지 다 읽어버렸다. 독자로 하여금, 선교 스토리에 대한 궁금증 내지는 기대감을 갖게 하는 내용이 이 책의 매력이라고 본다.

둘째, 책 소제목에서 보듯이, 30년간을 인도네시아에서 선교 활동을 한 것에 대해 '행복한 선교 활동'이었다고 했다. 나와 우리 교회가 하나님의 은혜 가운데, 김선교사님의 선교 활동에, 반찬 하나 없는 모습으로 동참을 해 왔기에, 가까이에서 김선교사님의 선교 활동을 빠짐없이 지켜본 사람들 가운데 한 사람이다. 선교 현장에도 직접 갔었고, 교회 지으려고 여러 번 깔리만탄을 다녀왔다. 곁에서 지켜본 목회자의 눈에는, 결코 행복한 선교였다고 말할 환경과 형편이 아니었다. 참으로 많은 어려움이 있었다. 곱지 않은 시선으로 김 선교사님의 선교를 부정적으로 말하는 분들이 있었다. 마음에 많은 상처를 받았을 것이고, 용기도 많이 잃었을 것이다. 그런데, 저자는 지난 30년간의 선교 활동이 행복했었다고 서술했다. 진심일 것이다. 과연 목회나 선교에 행복하다고, 행복했다고 말할 수 있는 분들이 얼마나 될까? 이 부분을 강조해서 독자들에게 소개하고 싶다.

셋째, 선교에 대한 새로운 paradigm을 소개하고 있다. 내가 신학교를 졸업한 지가 벌써 35년이 지났다. 그때도 선교학에서 '하나님의 선교(missio Dei)'에 대해서 강의를 들었다. 선교는 사람이 하는 것이 아니라 하나님이 하시는 것이라고… 시간이 흐르고, 환경이 변한 만큼 선교에 대한 학설도 새로이 나왔을 것이다. 저자는 이 부분에 있어서, '데럴 구더(Darrell L. Guder)'의 '축소주의를 극복하는 선교적 교회론'을 언급했다. '축소주의'란? 사람이나 환경에 의해서 하나님의 주권으로 이루어지는 선교가, '축소되고, 변형되고, 재단 되어지는 것'이라고 했다. 이것을 극복해야 한다고 했다. 이 주장에 전적으로 공감한다. 지금도 교회와 목회자들 가운데서는, 마치 선교가, 한국에서 목회하는 것과 같은 모습으로 선교도 이루어져야 한다고 주문을 한다. 이런 주문에 대해 '데럴 구더'의 '축소주의를 극복하는 선교'가 이루어져야 한다는 저자의 주장은, 선교에 대한 새로운 paradigm을 바꿔주는 중요한 역할을 할 수 있다고 여겨진다.

추천사

김 영 동 박사
장신대 선교학 은퇴교수, 우정선교연구원 원장

찌부부르 이웃사촌으로 서로 하나님의 선교에 참여했던 김종련 선교사님이 이번에 선교사로 부름받기 전후의 일생을 조명하며 자서전 겸 선교 사역 이야기와 선교 신학을 책으로 내게 되어 기쁜 마음으로 추천한다.

한 사람의 선교사가 특별한 소명을 받고 선교지로 떠나는 결단은 본인만 아니라 온 가족의 삶이 함께 부름받는 하나님의 선교의 중요한 사건이다. 그런 의미에서 김종련 선교사님이 사모님과 자녀들을 데리고 인도네시아 선교사로 큰 걸음을 내디딘 그 결단과 헌신과 수고를 하나님 아버지께서 다 아시고 선하고 아름답게 열매 맺게 하실 줄 믿는다. 김종련 선교사의 『부르심과 보내심』은 선교사 자신의 일생과 선교 사역과 신학에 대한 이야기이자 고백이지만 무엇보다 하나님께서 선교사를 통해서 하신 일을 기억하고 기록한 것으로 의의를 가진다. 특히 인도네시아 서부 칼리만탄지역 므라문이라는 곳의 한 정글 마을에서 경험케 하신 하나님의 선교 이야기, 하나님의 놀라운 역사에 대한 아래와 같은 이야기가 감동이 된다.

마음으로 믿어 의에 이르고 입으로 시인하여 구원에 이르는 하나님의 선교와 구원의 역사를 나타내셨다. 마을은 복음의 물결로 뒤덮이고 대부분의 마을 사람들이 복음의 결실로 나타나게 된 것이다. 므라문의 은총이었다. 머나먼 길, 험난한 길을 걸어가노라면 지치고 피곤하기도 하였다. 목마름의 순간들이 시시때때로 다가왔다.

그러나 성령께서 선교적 교회를 세우시고 하나님의 선교의 도구로 계속하여 사용하시고 있다. 하나님은 그의 선교를 역사 가운데서 계속적으로 이루어 오셨고 미래에도 이루어 가신다.

김종련 선교사는 오직 하나님의 손에 이끌리어 하나님의 사랑의 선교에 참여하는 특권과 영광을 얻은 선교사로 기억될 것이다. 특히 『인도네시아 교회 갱신을 위한 하나님의 선교와 선교적 교회론 연구』라는 그의 박사 학위 논문은 인도네시아 현지인은 물론 동료 후배 선교사들에게 좋은 지혜와 배움을 나누는 기회가 되리라 믿는다.

이 책을 통해 한국 교회가 더 깊고 넓은 하나님의 선교에 동참하는 계기가 되기를 바란다. 예수 그리스도, 우리의 구세주요 주님이신 그분으로 인해 우리의 모든 부족함과 연약함 가운데서도 하나님의 영광이 되고, 하나님의 예스(Yes, 고후 1:19-20)가 되니 우리는 감사하고 또 감사할 따름이다. 김종련 선교사를 통해 영광 받으시는 우리 하나님을 찬양하며 귀한 책 출간하심을 축하드립니다.

추천사

선교사의 삶, 행복, 하나님의 선교 이야기, 『부르심과 보내심』

김경진 박사
소망교회 담임 목사

코로나 19 감염병이 발병한 후로부터 약 1년 반 동안에 벌써 20여 명의 한국인 선교사가 전염병에 연루되어 하나님의 부르심을 받았다는 소식은 우리의 마음을 아프게 하기에 충분하다. 선교사들의 자리가 얼마나 위험하고 위태한 자리인지를 알 수 있는 대목이고, 선교사들이 얼마나 열정적으로 목숨을 아끼지 않고 복음을 전하고 있는지를 알 수 있는 자료가 아닐까?

선교사들은 어떻게 선교사가 되었을까? 그들은 어떻게 하나님의 부르심을 받았으며, 선교사의 꿈을 꾸게 되었으며, 선교사가 되기 위해서 무엇을 준비했을까? 또한 선교지에 들어가서 그들은 먼저 무엇을 하였을까? 선교지에 들어갔을 때, 그들의 마음은 어떠했을까? 그리고 그들은 그 선교지에서 10년, 20년, 30년을 머물며 무엇을 하였으며, 무엇을 남겼을까?... 척박한 선교지에서 선교사로 살아간다는 것은 무엇인가?....

김종련 선교사의 책, 『부르심과 보내심』은 이러한 우리의 관심과 질문에 대한 조촐하고 솔직한, 그리고 아름다운 대답이다. 김종련 선교사는 자신이 살아온 이야기를 담담하게 그리고 진솔하게 이 책에 담아내고 있다. 무엇보다 그의 책 제목에서 먼저 눈에 들어오는 것은 "행복"이라는 단어이리라. 척박하고 힘들었을 선교의 삶에 어떻게 행복이라는 단어를 붙일 수 있었을까? 이를 악물고 버틴 고난의 행군이 아니라 어떻게 선교가 행복이 될 수 있었을까? 김종련 선교사는 자신의 특유한 낙관적인 태도로 자신의 선교를 아름답게 묘사하며, 독자들의 호기심을 끈다. 그리고 주님의 은혜로 넉넉한 선교의 현장과 사역을 우리에게 보여준다.

　멋진 삶을 살아온 김종련 선교사와 사모님, 그리고 가족들의 모습이 정말 아름답고 멋지게 투영된다. 김종련 선교사의 삶의 이야기는 각자의 자리에서 힘들어 하고, 지쳐있는 모든 사람들에게 새로운 도전과 힘을 줄 것임에 틀림이 없다. 기쁜 마음으로 이 책을 추천한다.

추천사

'선교사의 삶, 행복, 하나님의 선교 이야기,' 『부르심과 보내심』
은 한국적 선교 신학의 1차 사료(史料)

윤 순 재 박사
주안대학원대학교(JIU) 총장

김종련 박사는 선교사로서 헌신하여 인도네시아 선교사로 선교지에 입국한 이래 지금까지 우직하게 30년 동안 선교 현장을 지키며 하나님 나라에 부르심 받은 길을 걸어 왔습니다. 이 책에는 그의 어린 시절부터 신학대학에 입학한 청년기, 결혼 이후 선교지에 가서 일해 왔던 일들을 기록하고 있습니다. 보통 사람들이 생각할 때 낯설고 어려운 길을 스스로 선택하여 달려갔지만, 본인은 "기쁨의 여정이었고, 행복했노라!"고 고백합니다. 그것은 하나님 나라의 비밀을 깨닫고 인생에 가장 소중한 보화를 발견한 사람들이 알 수 있는 "주의 종의 길"입니다. (마13:44)

김종련 박사의 삶과 사역, 그의 선교 신학을 정리하여 쓴 이 책은 한국 교회가 세계 선교에 본격적으로 참여하여 일하기 시작한 1990년대 초반부터 오늘에 이르기까지 일어난 선교 활동과 깊은 관련이 있습니다. 남해 섬 마을에서 태어나 교회 안에서 신앙으로 자란 그가 기독교 교육을 전공하고, 군복무를 마친 후 신대원(M.Div) 과정을 거쳐, 예천읍교회에서 전임전도사 생활을 합니다. 이후 대도시인 울산시에서 울산제일교회 부목사로 목회 경험을 쌓고, 그 후 선교사로 지원하여 총회선교훈련을 받고, 선교의 관문 도시 싱가포르를 거쳐 언어와 현장 훈련을 한 후 인도네시아 선교 현장에서 신학교 교수 사역, 현지인 목회, 오지 현지인 전도와 교회 개척과 건축 등 많은 일을 수행합니다. 이 과정 모두가 전형적인 한국 선교사의 동남아 지역 선교 활동의 모습입니다. 그 과정에서 겪은 자녀 교육의 어려움과 동역자 간의 갈등, 부족한 재정, 힘들었던 개인적 아픔들… 그러나 김종련 박사는 이 모든 어려움들을 감사함으로 헤쳐 나왔습니다. 단순히 견디는데 그치지 않고 그 과정 속에 겪은 일들을 계속해서 신학적으로 반추하고, 학문을 계속함으로 학문적 자기계발에 힘썼습니다. 현장에서 일하면서도 꾸준하게 선교학 석사(Th. M.)와 선교학 철학 박사(Ph. D. in Intercultural Studies) 학위를 받았고, 그의 연구 내용 중 일부를 이 책에서 소개하고 있습니다.

김종련 박사 가정이 인도네시아 선교사로 살아온 30년의 삶과 선교 이야기들은 '한국적 선교 신학'을 정립해 가는데 필요한 1차 사료(史料)가 될 것입니다. 더 많은 현장 선교사들이 자신들의 삶의 이야기를 기록할 필요가 있습니다. 김종련 박사는 현장 사역자로서 뿐만 아니라 선교 학자로, 그리고 한국적 선교 신학을 세워가는 일에도 기여하는 일을 하고 있습니다.

추천사

김 용 남 목사
장신대신대원 82기 동기회 회장

쾌활하고 사교적이며 또 스마트까지 하기도 한 김종련 선교사님의 그동안의 선교 사역의 은혜, '선교사의 삶, 행복, 하나님의 선교 이야기,' 『부르심과 보내심』을 사도행전의 연속으로서 나눌 수 있어서 반갑고 기쁩니다.

나는 감히 용기낼 수 없었던 오지의 선교를 위해 가족과 함께 뛰어들어 숱한 어려움 속에서도 지금껏 그 진취적인 은사를 발휘하여 열매에 열매를 더한 동기를 보며 또한 박수를 보냅니다.

나 살기 바빠 남 생각할 겨를 없었는데 그동안 경쟁하듯 살아온 친구의 발자취를 살짝 엿보는 즐거움을 이 책을 통해 선사해 주심을 축하하며 역사 가운데서 선교 사역을 계속 진행하고 계신 하나님께 영광을 돌립니다.

추천사

홍경환 박사
예장 총회 다문화선교처 총무

김종련 선교사는 교단의 존경받는 시니어 선교사입니다. 그의 한평생의 삶이 선교가 되었고 그 일부가 이 책에 진솔하게 담겨졌습니다. 자신의 삶을 고백하며 내어놓는 일은 언제나 용기가 필요합니다. 하나님 나라를 위해 남은 삶의 한 절이라도 더 쓰임 받게 되기를 기도하며 써 내려간 이 삶의 이야기가 그 뒤를 따르는 후배들의 귀감이 되고 하나님의 영광이 되기를 기대합니다.

추천사

정 승 현 박사
주안대학원대학교 선교학 교수, 전 인도네시아 선교사

김종련 선교사님을 처음으로 뵙고 교제하게 된 것은 2008년 3월입니다. 저는 당시 풀러신학대학원에서 박사 학위를 마치고 당시 KPCA 총회 파송 선교사로 인도네시아에 도착했습니다. 선교학을 이론적으로 공부했지만, 저의 실질적인 해외 선교 경험은 몇 차례의 단기 선교와 2년 동안 전임으로 선교 단체에서 사역한 정도였습니다. 김 선교사님은 이미 인도네시아에서 시니어 선교사로서 자바 섬과 칼리만탄 섬의 서쪽에서 신학교 사역과 교회 개척을 활발히 하고 계셨습니다. 저는 주안대학원대학교(JIU)의 개교와 더불어 인도네시아에서의 사역을 마치고 한국으로 귀국했지만, 김 선교사님은 변함없이 현장을 지키셨습니다.

김 선교사님은 2013년 그동안의 선교 경험을 학문적으로 검토하고 조금 더 전문적인 선교사로서 역할을 감당하기 위해, 국내 유일의 선교전문대학원인 JIU에 입학하셨습니다. 김 선교사님은 박사 과정의 코스워크를 우수한 성적으로 마치셨고, 자연스럽게 저와 함께 인도네시아의 교회를 주제로 논문을 준비하기 시작하셨습니다. JIU는 박사 학위(Ph. D.)를 취득하기 위해서 네 번의 논문 심사가 있습니다. 그 모든 과정에서 교수들의 다양한 학문적 요구로 인해 적지 않은 학생들이 논문 작성에 어려움을 겪습니다. 그러나 김 선교사님은 시니어 선교사로서의 책임감을 가지고 시종일관 본교의 7층 논문실을 지켰고 결국에는 박사 학위를 취득하였습니다.

김 선교사님의 논문은 당신이 주로 개척했고 사역했던 인도네시아 서부 칼리만탄의 교회에 관한 것입니다. 선교 현장의 교회임에도 불구하고 인도네시아의 많은 개신교 교회들은 마치 유럽의 오래된 크리스텐덤의 교회처럼, 교회와 하나님의 선교를 분리한 경우가 일반적입니다. 그래서 그들은 선교를 교회의 재정이 충분할 때 해외로 특정한 사람을 보내는 것으로 매우 제한적으로 이해하고 있습니다. 그래서 김 선교사님은 이러한 인도네시아 교회의 한계점을 목도하고 갱신을 위한 방안으로 선교적 교회론을 연구하여 적용했습니다.

계속해서 인도네시아에서 하나님의 부르심과 보내심에 순종하고 있는 김 선교사님이 박사 과정을 통해 새롭게 배우고 깨달은 것을 하나님의 선교가 부재한 인도네시아의 현지 교회에 전하며 그들에게 도전을 주실 것으로 확신합니다. 또한 인도네시아 선교에 참여하는 여러 후배 선교사들에게도 중요한 통찰력을 제공하실 것으로 믿습니다. 이에 현재까지도 귀한 사역을 하셨지만, 앞으로 시니어 선교사로서 더욱 귀한 역할을 감당하실 것으로 기대하며 부족한 추천사를 올려드립니다.

추천사

베이비 붐 선교 세대, 삶과 사역의 조화와 통전으로 고백한 하나님의 선교 이야기

김 경 일 선교사
전 중국 선교사, 현 러시아 선교사, 총회 선교사 훈련 12기 동기

한반도에 있었던 6.25전쟁의 폐허와 가난 속에서 태어나고 자라난 베이비 붐 세대는 한국 교회 선교의 세대였다. 그들이 자라난 시기는 가난했던 한국의 마을과 도시들에 교회와 복음이 소망과 생기를 주었던 시기였다. 그 선교의 세대는 전국 방방곡곡에 이미 세워졌고 세워져 가던 교회와 관련된 많은 추억들, 그리고 다가온 복음 안에서 누렸던 따뜻하고 행복했던 기억들이 공유되고 공감되는 세대이다. 비슷하게 가난했던 그 세대는 그들에게 다가온 복음으로 인해 소망을 가졌고 그 복음과 함께 성장했으며 그 복음을 가난한 이웃과 나라들에 증거하는 선교적 세대로 자리매김하였다.

김종련 선교사 가정과의 첫 만남은 1992년 가을 선교 훈련을 받을 때였다. 당시 12가정과 5분의 독신 여성 선교사 후보생들이 총회세계선교부 주관으로 장신대에서 45일간 진행된 12기 총회 선교사 훈련에 참여하며 서로를 알아가게 되었다. 성격이 명랑하고 털털해서 운동을 좋아했던 김종련 선교사의 요청으로 인해, 빠듯한 선교 훈련 기간이지만 때론 강의 시간을 마치고 휴식 시간에 틈을 내어 배드민턴을 치기도 하고 서정운 총장님과 남 선교사 후보생들이 함께 족구를 했던 기억이 생생하다.

나는 김 선교사가 3년 정도 한 텀의 기간을 보내고 선교지에서 돌아오리라 예상했다. 그런데 7년이 지나도, 10년, 15년, 25년이 지나도, 선교지에 남아 있는 모습을 보면서 하나님의 그 계획과 인도하심에 잘 순종하고 있나보다 생각했는데, 어느 덧 선교지에서 30년 한 세대가 흘러갔다. 몸의 체형은 살이 빠졌고 건강하지만 검었던 머리카락은 변모해 있었다.

김종련 선교사의 60여 년의 삶과 30년 선교 사역의 사건들을 선교적 시각으로 기억하며 고백하는 이야기, '선교사의 삶, 행복, 하나님의 선교 이야기,'『부르심과 보내심』을 접하며, 태어나고 자라난 때와 장소 환경은 다르지만 나와 비슷한 이야기, 뭔가 닮아 있는 정서적 공감을 느끼며 가슴이 따뜻해져 온다. 자신의 고백과 열망을 오롯이 담아낸 글을 읽으며 비슷한 또래의 동기 선교사로서 소년 같은 순수함을 잃지 않으면서도 선교적 관점의 예리함을 소유한 인간 김종련을 더 깊이 이해하게 되었다.

하나님의 선교 계획에 순응하여 자신의 한 세대를 드린 김종련 선교사의 삶과 사역의 고백과 학문적 정리는 '모든 그리스도인이 선교적 삶에 초점을 맞추어야 함을, 한국 교회와 저자 자신이 사역했던 인도네시아 교회가 선교적 교회가 되어야 함을' 간절히 바라시는 삼위일체 하나님의 선교 열정에 이어져 있음을 보게 된다.

고백적인 선교사의 삶, 행복, 하나님의 선교 이야기,『부르심과 보내심』을 통해 이 시대와 오늘의 교회가 그리고 다음 세대가 또 다시 선교적 교회와 세대로 하나님의 마음과 이어지는 역사가 있기를 희망한다.

목차

추천사   4

서정운 박사	장신대 명예총장, 전 총장, 전 미주 장신 총장, 전 인도네시아 선교사
황주룡 박사	예천교회 원로목사
서정호 박사	영암교회 원로목사
권신철 목사	천곡제일교회 원로목사
박한기 목사	울산온양 대신교회 담임 목사
김영동 박사	장신대 선교학 은퇴교수, 우정선교연구원 원장
김경진 박사	소망교회 담임 목사
윤순재 박사	주안대학원대학교(JIU) 총장
김용남 목사	장신대신대원 82기 동기회 회장
홍경환 박사	예장총회 다문화선교처 총무
정승현 박사	주안대학원대학교 선교학 교수, 전 인도네시아 선교사
김경일 선교사	전 중국 선교사, 현 러시아 선교사, 총회 선교사 훈련 12기 동기

프롤로그   29
선교사의 삶, 행복, 하나님의 선교 이야기, 『부르심과 보내심』

제1부 은총의 삶   34

- 제1장 · 하나님의 은총   35
- 제2장 · 시골의 삶   40
- 제3장 · 초중고 과정   43
- 제4장 · 고향으로   49
- 제5장 · 부르심   52
- 제6장 · 보내심   57
- 제7장 · 훈련   65

제2부 선교 경험　　　　　　　　　　　　　　　70

　제1장 • 반동으로　　　　　　　　　　　　　　71
　제2장 • 신학교에서　　　　　　　　　　　　　80
　제3장 • 교수 사역　　　　　　　　　　　　　　84
　제4장 • 교회 개척　　　　　　　　　　　　　　87
　제5장 • 선교학 석사 과정　　　　　　　　　　93
　제6장 • 자카르타로　　　　　　　　　　　　　95
　제7장 • 담임 목사와 교수　　　　　　　　　102

제3부 선교 여정과 성령　　　　　　　　　105

　제1장 • 개척과 사역　　　　　　　　　　　　106
　제2장 • 선교 여정　　　　　　　　　　　　　111
　제3장 • 개척과 건축　　　　　　　　　　　　120
　제4장 • 협력과 기도　　　　　　　　　　　　128
　제5장 • 메단(Medan)과 아체(Aceh)로　　　133
　제6장 • 니아스(Nias)로　　　　　　　　　　140
　제7장 • 선교와 교회　　　　　　　　　　　　146

제4부 하나님의 선교　　　　　　　　　　148

　제1장 • 지배권 위임　　　　　　　　　　　　149
　제2장 • 시내산 언약　　　　　　　　　　　　156
　제3장 • שׁלח(살라흐)와 ἀποστέλλω(아포스텔로)　163
　제4장 • 그리스도의 파송　　　　　　　　　　168
　제5장 • 성령의 파송　　　　　　　　　　　　174
　제6장 • 교회의 파송　　　　　　　　　　　　179
　제7장 • 선교의 참여자　　　　　　　　　　　182

제5부 선교적 교회론　　　　　　　　　　　　　　184

제1장 • 선교적 교회론의 배경　　　　　　　　185
제2장 • 뉴비긴의 교회론　　　　　　　　　　197
제3장 • 뉴비긴의 교회론의 요점　　　　　　　213
제4장 • 대럴 구더의 교회론　　　　　　　　　216
제5장 • 구더의 교회론의 요점　　　　　　　　234
제6장 • 선교적 교회론의 특성　　　　　　　　237
제7장 • 도구로서의 교회　　　　　　　　　　250

제6부 인도네시아 교회를 위한 선교적 교회론　　252

제1장 • 하나님의 선교　　　　　　　　　　　255
제2장 • 본질 회복　　　　　　　　　　　　　257
제3장 • 선교에 참여　　　　　　　　　　　　260
제4장 • 하나님 나라 선교　　　　　　　　　　262
제5장 • 선교적 연합　　　　　　　　　　　　266
제6장 • 평화와 공존　　　　　　　　　　　　268
제7장 • 성도 공동체　　　　　　　　　　　　272

제7부 미래를 향하는 존재　　　　　　　　　　　280

제1장 • 부르심을 입은 존재　　　　　　　　　281
제2장 • 하나님의 도우심　　　　　　　　　　284
제3장 • 선교의 미래　　　　　　　　　　　　289
제4장 • 이루시는 하나님　　　　　　　　　　292
제5장 • 순종과 사랑　　　　　　　　　　　　295
제6장 • 기도와 선교　　　　　　　　　　　　298
제7장 • 복된 길　　　　　　　　　　　　　　301

에필로그　　　　　　　　　　　　　　　　　　304
　_ 하나님의 선교 안에 살면서 나눈 행복
참고 문헌　　　　　　　　　　　　　　　　　310
선교 활동 사진 자료　　　　　　　　　　　　321

프롤로그 — Prologue

선교사의 삶, 행복, 하나님의 선교 이야기,
『부르심과 보내심』

하나님의 은총으로 태어나서 어린 시절부터 교회와 학교라는 울타리에서 배움의 길을 걷다가 기독교 신앙의 감동을 받아 교회 학교 교사와 목회자, 그리고 선교사로 부름받아 대한민국과 선교 현장에서 60년간의 세월동안 하나님의 은혜와 도우심을 체험하였다.

'선교'라는 말은 기독교 선교만을 의미하지는 않는다. 타종교도 선교를 하기에 이슬람 국가가 아닌 6대 종교를 인정하는, 그리고 누구나 하나의 종교를 택하여 신앙생활을 의무적으로 하도록 하는 인도네시아는 종교 간의 갈등을 유발할 것을 미리 예방하기 위해 국법으로 '선교 금지'를 정해놓고 있다. 그러므로 선교사로 부름을 받아 보냄을 받았지만 선교 활동이라는 것은 법의 테두리 안에서 '자국의 지도자를 양성하고 지도하는 것'에 국한되어 있기에 신학교 교수와 교회 목회 사역, 교회 개척, 유치원 사역, 재난지 구호, 의료 및 편부모 자녀 사역을 하여 왔다.

그런데 필자가 본서에서 사용한 '선교'라는 용어는 신구약 성경에서 보여주신 하나님의 사역을 의미하며, 우리 기독교인들이 믿는 하나님이 친히 행하신 복음으로서의 선교를 의미한다. 그러므로『부르심과 보내심』은 우리들의 삶의 이야기이자 하나님의 선교 이야기이다. 이 책에서 독자들이 하나님의 선교가 복음이라는 사실과 우리의 삶의 구체적인 모습에서 하나님이 개입하시고 섭리하신다는 신앙을 갖게되고 고백하며 구원과 생명을 위한 부르심을 받은 존재로서 다시금 세상의 구원과 하나님의 나라 사역자들로서 보내심을 받았다는 자긍심을 가지고 그러한 선교적 삶을 살게 된다면 더 이상 바랄 것이 없을 것이다.

코로나-19를 예방하기 위해 개척하고 섬기는 교회와 학교들에 속한 2,500여 명의 성도들을 위하여 마스크 지원 사역도 근래에 감당하였다. 코로나-19의 영향으로 이동이 제한되어 있는 시대에 자녀의 결혼식을 앞두고 고국에 안식년 출장 허락을 받았으며 예식을 마쳤다. 안식년의 기간을 보내는 동안 과거를 돌아보며 작은 기록을 남겨 정리하고 앞으로 선교를 위해 헌신하는 분들과 선교를 위해 떠나는 젊은 청년들을 위해, 선교를 위해 시간과 물질과 마음을 드리기를 원하는 사역자들과 후원자, 기독교 신앙을 필요로 하는 분들을 위해 글을 쓰게 되었다.

제1부에서는 선교를 위해 부르심을 받기 전 하나님의 은총으로 남해에서 신앙인의 부모를 둔 자녀로서 태어나 보낸 어린 시절과 학교와 교회 생활, 결혼 및 선교사로서 첫 번째 입국한 싱가포르까지의 삶의 과정을 기록하였다.

제2부에서는 선교사로서 사역을 위해 익혀야 할 반둥에서의 언어 훈련, 신학교 교수 사역, 목회 사역 등 선교 경험을 기록하였다.

제3부에서는 칼리만탄의 개척 사역과 자카르타의 신학교 교수 사역, 재난을 당한 현지 주민들을 위한 구호 활동을 하며 경험한 선교 활동의 여정과 삶의 이야기들을 기록하였다.

제4부에서는 필자의 주안대학원대학교 선교학 철학 박사 논문 『인도네시아 교회 갱신을 위한 하나님의 선교와 선교적 교회론 연구』의 한 부분인 '하나님의 선교'를 선교적 교회론의 성경적 기초와 이론을 제공하기 위하여 기록하였다. 선교에 대한 성경적 이해를 나누기 위해 이 책에 기록하였다. 하나님의 선교에 대한 바른 이해는 선교를 위해 헌신하거나 부름을 받아 나선 우리 모두에게 중요하다. 하나님의 선교에 있어서 선교사나 교회는 하나님의 나라를 위한 선교의 참여자이며 하나님의 선교의 도구이다.

제5부에서는 '선교적 교회론'의 배경과 선교적 교회론의 대가인 뉴비긴과 대럴 구더의 교회론과 선교적 교회론의 특성을 기록하였다. 뉴비긴은 영국인으로서 인도에 파송되어 35년간 선교사로서 인도 교회의 연합을 위해 헌신한 선교사이며 선교 학자였다. 하나님의 선교, 부르심과 보내심, 평신도의 역할, 교회의 연합, 뉴비긴의 교회론의 요점을 독자들을 위해 기록하였다. 또한 대럴 구더는 독일에서 칼바르트의 신학을 공부하였고 개혁파 목회자로 선교 단체에서 경험을 쌓았으며 늦은 나이에 프린스튼 신학교에서 선교학과 에큐메니칼 교수로 연구활동을 했다. 그는 미국인 선교 학자로서 북미를 포함하여 국제적인 선교적 교회 운동을 이끄는 가장 대표적인 분이다. 필자는 축소주의를 극복하는 교

회론, 보내심을 강조하는 교회론, 복음을 강조하는 교회론, 선교적 해석학, 선교적 연계성, 구더의 교회론의 요점, 선교적 교회론의 특성 등으로 나누어 기록하였으며 마지막 장에는 선교의 도구로서의 교회라는 글을 써 교회의 존재 의미와 본질을 밝혔다.

제6부에서는 인도네시아 교회 갱신을 위한 선교적 교회론을 기록하였다. 이 부분은 PGI(인도네시아 교회 협의회)와 필자가 협력 사역을 하였던 교단인 GKSI(인도네시아 기독교단)의 갱신을 위한 선교적 교회론이다. 제4부에서 6부까지의 내용은 거의 대부분이 주안대학원대학교 박사 학위 논문의 내용이다.

제7부에서는 미래를 향하여 우리가 어떻게 살아야 할 것인가에 대하여 기록하였다. 필자는 우리 모두가 선교적 존재들로서 다가오는 미래의 삶에서 중요하고도 의미있는 삶을 살아가야 하며 선교적 부르심을 입은 하나님의 사람들이기에 하나님의 뜻에 순종하여 하나님의 나라를 위한 선교의 목적에 충실하며 성령의 인도하심을 따라 선교적 그리스도인으로서의 삶과 함께 선교적 교회의 일원으로서 믿음과 사랑으로 말미암은 소망 가운데에 살 것을 기도하는 마음으로 기록하였다.

필자의 짧은 삶의 경험과 선교 신학의 나눔은 주님 안에서 고민하였던 삶의 애환, 체험, 그리고 배움을 나눔으로 해서 우리 모두가 선교의 참여자로서 서로의 생각을 나누는 소통의 필요성과 함께 바르고 좋은 디딤돌이 필요하다는 마음 때문이다. 우리를 존재하게 하시고 구원하시며 늘 함께하시는 삼위일체 하나님의 선교는 역사 가운데서 우리에게 구원과 은총으로 말미암은 생명을 주시기 때문에 복음이다. 이러한 하나님의 선교는 일회적 사건이 아니고 계속적으로 우리에게 다가오는 하나님의 사역이다.

하나님의 은총과 평강을 기원하며, 기억나게 하시고 깨닫게 하시며, 회복하시며 도우시는 성령 하나님의 역사가 우리 모두에게 임하셔서 세상 끝날까지 하나님의 선교에 동참하여 선교적 도구로서, 참여자로서, 보냄을 받은 자로서 살아가며 믿음과 소망과 사랑의 사람들, 선교적 그리스도인들의 삶이 하나님의 나라 안에서 영원하기를 기도드린다.

우리 가운데에는 삶의 여정에서 고통을 겪으며 아직도 여러 인생의 문제로 인해 낙심하거나 도리어 절망적인 삶 가운데 삶을 포기하는 분들이 있다. 그러나 우리를 존재하게 하신 하나님과 우리의 존재를 가능하게 하신 모든 여건을 마련하신 창조주 하나님의 살아계심과 그의 선교를 우리의 삶에 받아드리기를 소망한다. 하나님의 선교는 우리를 부르시고 보내시는 선교적 도구로서만이 아니라 우리의 삶을 윤택하게 하고 더욱 풍성하게 하려 하신다. 그러기에 하나님의 선교는 세상에 살아있는 모두 피조물에 대하여 진정한 하나님의 나라의 삶을 살게 하시는 그의 능력이며 은총이다. 선교를 위해 헌신적인 삶을 살다가 돌아가신 모든 분들과 그의 가족, 후손들에게 하나님의 큰 상급과 은총이 있기를 바라며 아직도 세상에서 어려운 현실 가운데서 선교에 참여하는 모든 사람들과 삶을 영위하는 모든 사람들에게 주의 평강과 은총을 다시 한번 기원한다.

제1부

은총의 삶

제1장

하나님의 은총

　나는 대한민국(大韓民國)의 보물(寶物)섬이라는 남해도(南海島)[1]에서 태어났다. 경남 남해군[2]은 남해읍을 비롯한 9개 면(面)이 있고 남면 소재지에서 4km 떨어진 상가리 547번지의 작은 집에서 태어나 자랐다. 그것은 하나님의 은총(恩寵)이었다. 창조주 하나님의 섭리(攝理), 선교(宣敎)의 주(主)가 되신 하나님의 은총으로 태어났음을 고백하며 감사한다. 하나님의 지으신 아름다운 세상(世上)에서 삶을 시작하게 된 것은 축복(祝福)이요 은총이었다.

　집 앞에는 저수지가 있고 멀리 바다가 보이며, 좌우로 천황산과 기왕산(105m)이 있고, 뒤에는 명산봉과 귀비산이 있다. 오백 미터쯤 걸어가면 임진

---

[1] 경상남도 남해군의 본섬으로 창선면 소속의 창선도를 제외한 남해군 거의 대부분이 남해도에 있다. 제주도, 거제도, 진도, 강화도에 이어 다섯 번째로 큰 섬으로, 면적은 301㎢이다. 섬이라지만 제주도와 달리 지금은 북쪽으로 남해 대교와 노량 대교를 통해 하동군과 연결되어 있고, 창선도와 창선 삼천포 대교를 통해 사천시와 육로로 연결되어 있다.

[2] 대한민국 경상남도 서남부의 군이다. 남해상의 남해도와 창선도 두 큰 섬을 중심으로 이루어진다. 1973년 660m의 남해 대교가 개통되면서 육지의 하동군과 연결되었고 1980년 창선교가 놓이면서 남해도와 창선도가 연결되었다. 군청 소재지는 남해읍이고, 행정 구역은 1읍 9면이다. 면적은 357㎢, 인구는 2020년 통계로 42,958명이다. 군목은 비자나무, 군화는 치자꽃이며 군조는 백로이다. http://www.namhae.go.kr ; ko.m. wikipedia.org 참고.

1-1-1 고향 마을

1-1-2 집 앞의 저수지, 바다

산성이 있다. 들과 바다, 울창한 산이 있어 주위 경치가 좋았다. 지금은 교회 건물을 옮겼지만 어린 시절 당시 교회당이 집 바로 옆에 있었으니 신앙생활(信仰生活)하기에 큰 복이 아닐 수 없었다. 할아버지와 자녀들, 성도들이 함께 세운 교회당(敎會堂)이었는데 교회 이름은 상덕교회였다. 어린 시절 교회에서 하나님의 말씀을 듣고 예배하는 경건한 마음과 복음을 듣고 찬송하는 기쁨과 행복을 체험했다.

어머니의 등에 업혀 부흥회가 있는 남면 소재지에 있었던 율곡교회까지 간적도 있고 다니던 교회에서도 부흥 집회가 열리면 꼭 참석하였다. 그때 담임 교역자를 하신 분은 매우 신실하면서도 열정적으로 설교를 하셨고 우리 어린이들을 잘 가르치셨다. 하나님의 섭리 안에서 교회는 삶의 중심에 있었고 모든 필요를 채워주는 곳이었다. 특히 어릴 때에는 풍금에 맞추어 찬송을 부르는 것을 좋아했다.

1-1-3 기황산, 논 길을 따라 학교로 갔다.

'하나님은 나의 목자(牧者)시니 내게 부족함이 없으리로다. 나로 하여금 푸른 풀밭에 눕게 하시며 잔잔한 물가로 인도하여 주시네. 내 영혼(靈魂)을 구원(救援)하시오니 내게 감사함이 넘치나이다. 나로 하여금 모든 고난을 참게 하시며 하늘의 평안을 입게하여 주시네. 하나님이 함께 하시오니 내게 두려움이 없으리로다. 나로 하여금 땅에 살아도 진리(眞理) 안에서 이기고 이기게 항상 능력 주시네.'(찬송가 568장)

상가리에는 유치원이 없었다. 초등학교 시절부터 공교육(公敎育)의 혜택을 누릴 수 있었다. 집에서 바다 방향으로 1.5km 떨어진 곳에 초등학교가 있었고 집에서는 늘 바다를 바라볼 수 있어 좋았다. 초등학교 1,2 학년 때에는 학교에서 그렇게 우수한 학생이 아닌 중간 정도의 성적을 얻었다. 내 부족함을 어떻게 하면 채울 수 있을까 하는 내적 갈등(葛藤)과 욕구(慾求)가 마음 깊숙이 자리잡고 있었다.

할아버지는 양봉(養蜂)을 하거나 농사를 하셨고, 대밭에서 나오는 대나무로 여러 가지 생활에 필요한 바구니나 가재도구를 만드는 기술이 뛰어나 시장이 열리면 만들어 놓은 것들을 팔았다. 큰 아버지와 아버지, 작은 아버지, 고모님이 다섯 분 있었다. 시골에 살던 아버지의 형제들은 주로 농사를 지었다. 어른들은 여러 땅에서 농사일을 하므로 늘 피곤한 몸이었다. 그래서 어렸지만 마냥 공부만 할 수 없었고 어릴 적부터 종종 논과 밭에서 일을 하였고 지게를 지고 산에 가서 솔잎(갈비)을 갈구리로 모아서 가져와야 했다. 그리고 그것을 밥을 할 때나 방을 따뜻하게 데울 때에 사용하였다. 간혹 고구마를 굽고 삶는 데 사용하기도 했는데 그 맛은 일품이었다. 소 풀을 베는 일을 하기 싫을 때도 있었지만 누구나 해야 했고 그 일을 하는 것을 피할 수 없었다. 종종 임진산성에 올라 바다를 바라보며 나라의 안위와 나라를 지키기 위해 순국한 열사의 정신을 본받아야 함을 깊이 생각하며 국가를 위해서도 때가 되면 맡겨진 소임을 다할 것을 다짐하였다.

하나님의 은총으로 시작한 삶이었지만 그것을 받아 누리는 데에는 주위 분들의 수고와 희생이 따름을 깨달았다. 내게 주어진 삶의 과업이 늘 있다는 것은 살아가면서 깨닫게 되었다. 초등학교 어린 때였지만 소 풀을 베고 나무를 하러 다녔고 아버지를 따라 2시간이 넘게 걸리는 먼 곳까지 지게나 망태를 힘겹게 지고 굽은 길과 비탈진 산길을 내려와야 했다. 조금씩 쉬면서 말이다. 아! 그 때를 생각하면 너무 힘든 삶을 산 것 같기도 하다. 어렸을 때가 더 힘들었다.

왜 그렇게 힘든 삶을 살았는지……. 그렇게 살지 않으면 먹고 살기 힘든 때가 있었다. 꽁보리밥을 먹고 가끔씩은 고구마 밥이나 수제비로, 또 그것도 부족하면 산에 가서 소나무 가지에서 나오는 하얀 살과 칡뿌리를 캐서 먹기도 하였다. 논 고동을 잡고 개구리를 잡아 구워먹은 추억이 고스란히 남아 있다. 쌀밥을 먹는 것은 특별한 날, 잔치가 있을 때에야 먹었다. 학교에서 주는 옥수수 죽이 그렇게 맛이 있었고, 배급 빵도 그렇게 달콤할 수밖에 없었다. 우리들에게 그 당시 먹을거리가 귀했고 춘궁기나 겨울에 먹을 고구마, 빼떼기[3] 등 음식 장만 때문에 매우 힘든 삶을 살았다.

동물들의 사료 마련하는 일은 온 집안의 일이었다. 고구마 줄기를 보관하고, 볏짚을 집안에 쌓아두었다. 그것은 시시때때로 여물을 쑤어 소에게 주기 위해서였다. 작두를 가지고 볏짚을 썰기도 하고 고구마 줄기를 썰기도 하였다. 힘든 일 가운데서도 나는 장래에 희망이 있다는 사실을 믿음으로 받아들이고 환난(患難) 중에서도 인내(忍耐)하며 소망(所望)을 품고 장래를 준비하는 일을 하는데 나의 작은 시간을 쪼개어 살았다. 우리 이웃들은 논에 모내기를 할 때에는 함께 연합하여 모내기를 하며 상부상조(相扶相助)하였고 중요한 일을 연합하여 이웃의 문제들을 해결하며 살아왔다. 이러한 것이 우리 부모들의 삶이었고 하나님의 은총 안에 있는 우리들의 역사(歷史)이다. 아직도 내 기억 속에 추억이 깃든 인생 여정과 삶의 모습이 알알이 그대로 남아있다.

---

[3] 고구마를 얇게 썰어 햇볕에 말린 것이다. 겨울철의 간식거리였다.

제2장

시골의 삶

고향 상가리는 읍에서 약 8km 거리에 있는 시골 마을이었다. 남면 소재지를 가려면 4km를 걸어야 했고, 상가리에서도 가족이 살고 있는 지역은 동네에서 100여 미터 떨어진 그 당시에 6 가정이 사는 곳이었다. 남해 읍으로 가려면 2시간 동안 빠른 걸음으로 걸어야 했다. 가는 길에는 고실곡이라는 산언덕이 있었기 때문에 땀을 흘리지 않고는 그 길을 갈 수가 없었다. 세배를 하러 외갓집에 종종 간 것으로 기억한다.

아버지는 어릴 때에 남명초등학교를 다녔고 그 후에 진학하여 그 당시에 남해읍에 있었던 농업전수학교를 기숙사에 거주하며 학교를 다녔다고 한다. 그 때에는 거의 대부분의 학생들이 먼 거리를 책 보따리를 만들어 등에 짊어지고 다녔다. 어머니는 늘 신앙생활을 하면서 성경을 읽으셨고 찬송을 아주 잘 부르셨다. 곱고 아름다운 음성을 가졌다. 어머니는 모내기를 할 때에나 일을 할 때에 찬송을 잘 부르셨고 기도를 열심히 하신 분이셨다. 새벽 기도는 어김없이 참석하시는 분이셨다. 가장 좋아하시는 찬송은 370장 '주 안에 있는 나에게'라는 찬송 곡이었고 늘 부르시곤 하셨다.

'주안에 있는 나에게 딴 근심 있으랴 십자가 밑에 나아가 내 짐을 풀었네.
그 두려움이 변하여 내 기도 되었고 전 날의 한 숨 변하여 내 노래되었네.
내 주는 자비하셔서 늘 함께 계시고 내 궁핍함을 아시고 늘 채워주시네.
내 주와 맺은 약속은 영 불변하시니 그 나라 가기까지는 늘 보호하시네.
후렴: 주님을 찬송하면서 할렐루야 할렐루야 내 앞길 멀고 험해도 나 주님만 따라가리.'(찬송가 370장)

어머니의 찬송을 들으면 그 애환(哀歡)을 믿음 안에서 승화(昇華)시키며 어머니의 삶을 그대로 나타내는 고백적인 찬송이라고 여길 만큼 감동적이었다. 어디서 특별히 배우시지는 않았지만 어머니의 고운 음성에서 나오는 믿음 있는 찬송은 자녀들과 주위의 사람들을 감동시키셨다. 나의 작은 가슴에 큰 위로(慰勞)와 소망(所望)을 주었다.

나의 어린 시절은 참으로 시골의 한 모퉁이 삶이었고 희망과 꿈을 얘기하기에는 상당히 먼 경제적으로 어려운 환경이었다. 고구마 밥과 고구마를 말려서 만든 빼떼기를 끓여 죽으로 배를 채웠고 자주 밀가루로 만든 칼국수나 수제비를 먹었다.

시골의 한 기슭에 하나님은 늘 오셔서 말씀으로 약속하셨고 꿈을 심어주셨다. 어린 시절에는 마냥 즐거운, 세상의 아픔이나 고통을 깊이 알지 못하는 천진난만한 아이로 자랐다. 큰 형이 병이 들어 죽는 가정의 아픔도 있었지만 부모님은 마음에 가진 아픔을 애써 감춘 것으로 보인다. 그리고 열심히 신앙생활을 하는 분들이셨다.

할아버지, 할머니도 평소에 성경을 읽고 기도하는 모습을 보여주셨다. 큰 형이 열병에 걸려 죽음으로 모든 가족, 친지들에게 고통과 슬픔이 되었고 상당한 세월이 지나서야 아픔을 이겨냈다. 시골에서 주님에 대한 신앙과 은혜 안에서 복된 삶을 누리기도 했지만 인간이면 누구나 겪는 고통과 죽음의 생생한 현실을 겪어 나가야 하는 삶이었다.

제3장
초중고 과정

초등학교는 세 학교를 다녔다. 첫 번째는 상덕초등학교[4]이었다. 상덕초등학교는 학교 공교육의 첫 추억(追憶)이 온전히 담겨있는 정다운 곳이다. 학교를 가려면 수업 시작 30분 전에 집을 나서서 멀리 보이는 학교를 향해 걸어내려 가야만 했다. 그때의 선생님들은 상당히 엄격한 분들이었다. 나는 그 분들에게 늘 마음에 어느 정도의 두려움이 있었다. 회초리를 맞는 것을 준비해야 했다. 시골 학교에는 문제도 가끔씩 발생했다. 어느 학생이 자신의 물건을 잃어버리면 선생님은 그 문제를 해결하기 위해 상당한 노력을 기울였다. 모든 학생들이 걸상을 들고 책상 위에 올라가야 하는 벌을 당한 적도 있다.

선생님들은 엄격한 면이 있었지만 자애롭고 따뜻한 점도 있었다. 제자들을 잘 가르치려는 모습도 있었다. 그 중에는 김종림 선생님도 계셨다. 그랬기에 나는 개인적으로 마음을 진정시키며 학교를 계속 다닐 수 있었다. 초등학교 저학년 시절에는 공부하는 데 시간을 많이 할애하지 않아서 그런지 성적이 좋지 못하였다. 그러면서도 무언가는 해보려고 애를 쓰는 자신의 모습을 보면서 나

4　지금은 남면 소재지에 있는 남명초등학교와 통합을 하였다.

1-3-1 남해읍 전경

1-3-2 남해 마을 전경

라와 민족과 인류를 위해 필요한 사람이 되려는 작은 비전을 키워갔다.

학교는 종종 강냉이 죽을 쑤어 주곤 하였는데 배고픈 나에게는 허기를 면하기도 좋았지만 상당히 맛이 있었다. 배급 빵도 주었는데 구수한 그 맛을 아직도 잊을 수 없을 만큼 좋았다. 점점 왜 공부를 해야 하는지 존경하는 선생님들의 가르침을 통해서 배움의 중요성을 가슴깊이 새겨 나갔다.

초등학교 2학년 2학기에 남해읍으로 이사를 가서 살게 되었다. 외삼촌이 부유한 분이셨다. 남해군 농협장도 하신 분이었으니 사회적인 명망이 있는 국회의원이나 유지들과의 관계를 많이 맺는 분이셨다. 외삼촌이 초청을 해서 소유한 농지들에서 농사를 지으며 사는 것이 좋겠다고 의견을 내었고 부모님은 여러 가지 이유로 이사를 결정하였다. 교육 환경도 더 나아졌고 경제적인 형편은 조금 좋아졌다.

두 번째는 남해읍에 있는 남해초등학교에서 2학년 2학기부터 5학년 1학기까지 다녔다. 4학년 때에는 고전 읽기 반에서 고전(古典)을 읽는 시간들을 가졌고 비교적 열심히 공부에 집중하며 남해읍교회를 열심히 다녔다.

세 번째 학교는 해양초등학교였다. 농사를 위하여 이사를 가므로 가까운 학교(學校)를 다닌 것이다. 읍내에는 두 초등학교가 있었는데 남해초등학교는 오래된 학교였고, 해양초등학교는 설립된 지 얼마 되지 않은 학교였다. 해양초등학교에서 5학년 2학기, 6학년을 졸업할 때까지 다녔다. 열심히 공부하여 졸업(卒業)을 할 때에는 우등상(優等賞)을 탔고 공부하는 것이 즐거워 책을 읽는 것을 좋아하는 학생(學生)이 되었다. 간혹 바쁜 농사철에도 책을 읽느라고 꾸중을 들은 적도 있다.

신앙생활(信仰生活)은 줄곧 남해읍교회를 출석(出席)하며 교회학교 초등부, 중고등부를 다녔다. 성탄절 시기가 되면 성경(聖經)을 암송하여 발표(發表)하는 일과 성가대 찬양(讚揚)하는 일을 하였다. 성탄 절기에는 엄숙하고도 즐거운 분위기 속에서 성탄 찬양을 부르는 것을 좋아했으며 성탄일 새벽 어둠이 채 가시기 전에 성도들을 방문(訪問)하며 먼 곳까지 추위 가운데서도 산속의 눈길을 걸으며 인도자를 따라 성탄 찬양을 불렀다. 모든 일정을 마친 후에는 교회로 돌아와서 함께 떡국을 먹었다. 추위와 피곤에 지친 몸과 마음에 새로운 힘을 북돋게 하는 음식이었다.

6학년 때에는 교회 학교 어린이 예배 때, 담임 목사님이셨던 신창수 목사님께서 예배 시간에 지휘를 하도록 하셔서 서투른 솜씨이지만 지휘를 맡아 하였다. 또한 같은 시기에 성가대에서 성가를 불렀고 주일 예배 시간에 성가대원으로 봉사를 하게 되었다.

　중학교 2학년부터는 교회 학교 교사(教師)가 되어 섬겼고 배우는 학생 신분이지만 교회의 초등학교 어린이들을 가르치는 일을 하게 되었다. 가르치는 일은 쉽지 않았지만 점점 익숙해졌고 학생회 활동을 하며 여러 임원을 맡은 경험이 있으며 학생회장의 책임을 맡아 봉사하였다. 그러한 섬김의 삶은 교회 생활에 더욱 시간을 할애하도록 하였다.

　평일에는 학교에서 공부하고 주말에는 교회에서 생활하고 가끔씩 주일 오후에는 비교적 먼 지역에 가서 친구들과 전도지를 돌리며 전도를 함께 했다. "할아버지, 할머니! 예수님을 믿어야 합니다. 그리고 천국의 삶을 누리세요!" 시골의 어른들은 전도하는 우리들을 박대하지 않고 쉽게 받아들였다. 그 당시에는 전도지로 '사영리'라는 책자를 사용하여 복음을 전하는 것이 대세였는데 그러한 전도적 접근 방법은 우리 학생들에게 전도를 쉽게 하도록 도왔다.

　청소년 시절에 남해읍교회에 부임하셨던 목사님은 그 당시 남해읍교회를 다녔던 우리들에게 많은 감명과 도전을 주었다. 또한 특별히 나에겐 목회와 선교의 길을 가는 데 큰 지도와 도움을 주었다. 토요일 오후에 있는 학생회 예배 시간에 나는 빠짐없이 참석하였다. 담임 목사님께서 지도하셔서 학생들이 영어 성경을 차례대로 읽는 시간을 가졌는데 참 좋았다.

　요한복음을 영어 성경으로 함께 읽고 공부했다. '1 In the beginning was the Word, and the Word was with God, and the Word was God. 2 He was with God in the beginning. 3 Through him all things were made;

without him nothing was made that has been made. …… 12 Yet to all who did receive him, to those who believed in his name, he gave the right to become children of God - 13 children born not of natural descent, nor of human decision or a husband's will, but born of God.'

10명 이내의 학생들이 둘러 앉아 담임 목사님과 함께 성경을 읽는 그때가 너무 좋았다. 성경을 읽는 음성뿐만 아니라 그 내용이 위대하고 감동적이었기 때문이다. '태초에 말씀이 계셨고 그 말씀이 하나님이시다.'(요한복음 1장 1절), '영접하는 자 곧 그 이름을 믿는 자에게는 하나님의 자녀가 되는 권세(權勢)를 주신다.'(요한복음 1장 12절). 학교에서 영어로 많은 내용을 읽어 보았지만 이런 위대한 내용을 읽지 못했는데 세상의 놀라운 비밀, 하나님께서 인류에 대한 구원의 계획을 보여주는 말씀, 복음을 생생하게 공부하는 나에게는 매우 감동스럽게 다가왔고 신앙적으로 성장해가는 시간이었다.

남해군 내에 있던 교회들의 친선 배구대회는 매우 흥미로운 것이었다. 교회 내에 부설로 설립된 중등학교가 있었고 교회와 학교 사이에 배구장이 있어 종종 목사님과 함께 학생들이 배구를 즐길 수 있었는데 목사님은 배구를 썩 잘하셨고 우리들과 함께 운동하는 것을 좋아하셨다. 교회 대항 친선 배구대회가 열리고 10개 교회가 넘는 교회들이 배구대회에 참석하여 성황을 이루었다. 손에 땀이 날 정도로 긴장되는 순간들, 너무 힘들어 다리에 쥐가 나는 선수들도 있었다. 그렇게 잘하지 못하였지만 필자도 함께 선수로 뛸 수 있었다. 멀리 떨어져 살던 각 교회 성도들이 친선을 하며 자신들의 기량을 나타내는 시간들이 매우 좋아보였는데 각 교회의 연합과 친선을 위한 고귀한 시간이었기 때문이었다.

교회당에는 예배를 위한 피아노와 학교 교실에는 작은 풍금이 있었다. 중학교 시절부터 풍금과 피아노를 치는 것이 좋아서 고양이 왈츠나 찬송가를 배우고 박행련 사모님의 권유로 피아노 연습을 종종 교회당에서 할 수 있게 되었다. 처음에는 바이엘을 가지고 독학을 하게 되었는데 그 후에는 찬송가를 조금씩 연습하며 더욱 익숙해지고 잘 할 수 있게 되었다. '나의 죄를 씻기는 예수의 피밖에 없네.' 찬송을 4부로 칠 수 있도록 맹연습을 하여 자연스럽게 칠 수 있게 되어 익숙해졌고 토요일마다 교회에 가면 성가대 찬양 연습을 마친 후에 피아노를 치는 연습을 하였다. 이러한 생활은 대학 시절에도 계속되어 대학 시절에 학부 동기인 이언구 전도사의 요청으로 자신의 고향 교회의 어린이 성경 학교에 반주자로 초청받아 간적이 있고, 교회 사역을 할 때에도 필요할 때엔 예배시간에 반주로 도왔다.

중학교 2학년 때에 유도반에 들어가 유도를 배웠고 낙법하는 것을 좋아하여 종종 낙법하면서 신체적 능력을 키웠고, 달리기도 체육 선생님이 가르쳐 주는 연습대로 하였더니 고등학교 때에는 100미터를 12초 4에 달릴 수 있었고 종종 릴레이 선수로 나간 적이 있다. 고등학교 때에 제식 훈련이나 총검술 등 교련 시간에 선생님이 가르쳐 주시는 것이 어딘지 모르게 어렵고 힘들었다. 방과 후에 책가방을 들고 집으로 돌아올 때 호흡이 가빠 힘들었던 적이 종종 있었다. 감사하게도 하나님의 은혜로 건강하여졌고 졸업할 때에는 우등상도 받았다. 힘든 학창 시절이었지만 훌륭한 선생님들의 교훈과 지도가 없었으면 이러한 과정을 극복해 낼 수가 없었을 것이다. 그런 점에서 선생님들의 수고와 제자들을 가르치는 정성에 감사한 마음을 가지고 있다. 하나님의 은총 아니면 어떻게 살 수 있었을까! 청소년 때의 배움의 과정을 잘 지내온 것은 섭리하시는 하나님의 도우심과 인도하심임을 믿고 감사드린다.

제4장
고향으로

고등학교를 졸업한 후 대학 진학에 실패하고 사촌 형의 서점에서 일을 하며 공부를 하였다. 큰 아버지 댁에 자녀가 없었기에 양자(養子)로 선택되어 남면 할아버지와 큰 아버지가 살고 계시는 집에 들어가 살게 되었고 함께 예배를 드렸다. 나의 생애에 새로운 도전을 준 삶과 함께 내가 가진 작은 꿈을 이룰 수 있을 것인가 고민도 하면서 열심히 일하였다. 다시 상가리로 거처를 옮겨 고향으로 간 것이다.

아침이면 일어나 큰 아버지가 하는 일을 도왔고 틈틈이 공부를 하고 싶었는데 마침 할아버지께서 친히 책상을 만들어 주셨다. 내가 공부를 할 것인가 아니면 일찍 장가들어 새로운 삶을 시작할 것인가 하는 인생의 갈림길에서 나는 전자(前者)를 택할 수밖에 없었다. 하나님께서 내게 주신 작은 비전이 있었기 때문이었다. 꿈을 이루기 위해 일하면서 공부해야 하는 자신을 격려하면서 삶을 이어나가는 필자를 하나님은 늘 말씀으로 인도하고 도와주셨다. "너희는 마음에 근심하지 말라. 하나님을 믿으니 또 나를 믿으라."(요한복음 14장 1절).

상덕교회에 다니는 아이들과 함께 하는 시간들은 좋은 추억이었다. 교사로서 봉사하며 아이들을 가르쳤는데 아이들은 무척 잘 따랐다. 남해읍교회에서 어린이 찬양경연대회가 열리게 되었는대 그 대회에 어린이들이 참가하여 자신들의 실력을 발휘할 수 있도록 하기 위하여 열심히 가르쳤다. 피아노는 없었고 풍금을 반주하며 아이들을 가르쳤다. 합창도 준비하였지만 독창을 하는 아이 중에 꽤나 잘 하는 아이가 있어서 열심히 가르쳤고 여러 번 모여서 연습을 하곤 했다. 대회가 있던 전날 밤에는 아이들이 찬송가를 잘 부르도록 그리고 좋은 결과를 얻기를 바라는 마음으로 혼자 교회당에 앉아 철야로 기도하는 시간을 가졌다. 아이들이 좋은 성적으로 입상하도록 하나님께서 도와주시기를 바라는 간절한 소원이 있었기 때문이었다.

마침내 남해읍교회에서 어린이찬양대회가 열리는 날이 되었고 함께 차를 타고 남해읍교회로 갔다. 아이들이 호흡을 가다듬으며 찬송을 부르는 모습을 지켜보는 나의 마음은 긴장이 되었고 큰 기대는 하지 않았지만 독창 부문에서 우수상으로 입상해서 어린이들은 매우 기뻐했다. 하나님에 대한 감사도 충만했다. 그동안의 일에 대한 하나님의 상급같이 느껴졌다. 그때 함께 했던 모든 하나님의 자녀들이 행복한 삶을 누리기를 지금도 기도하며 소원한다.

고향에서 마냥 있을 수만은 없었고 내 마음은 공부를 해야 하고 아버지의 마음은 시골에 눌러 앉아 농사일을 돕는 것이었다. 일찍 장가들어 대를 잇는 결혼을 해야만 할 것 같았다. 그래서 나는 빨리 결단을 해야만 하였고 그 사실을 말씀드렸다. 아버지는 크게 반대하셨다. 대학에 대한 공부 자체도 반대하셨을 뿐만 아니라 앞으로 들어갈 학비도 부담이 되셨던 것 같았다. 나의 마음은 편안할 리가 없었다. 부모의 마음을 아프게 하면서까지 공부를 해야 하는가 하는 생각도 있었지만 주님이 주신 꿈을 이루기 위한 마음 때문에 고향을 떠나는 것에 대해 망설임이 없었다.

　남해읍에 와서 도서관에 자리를 잡고 공부를 시작하였다. 함께 공부하는 분들이 있어서 좋았다. 대학 입시를 준비하거나, 공무원 시험을 위해 공부하는 분들도 있었는데 모두들 열심히 공부했다. 도시락을 준비해서 아침에 일찍 도서관으로 갔고 점심 시간이 되면 도시락에 있는 밥과 깍두기 반찬을 먹고 공부를 하였으며 밤늦게까지 공부하였다. 피곤한 일상이었지만 미래를 위해 자신을 헌신하는 귀한 시간들이었다. 하나님의 인도하심으로 인해 그러한 생활들이 삶의 의미를 주고 희망을 가지고 도전하는 삶으로 이어졌다.

제5장

부르심

장로회신학대학교에 합격하여 입학한 것은 순전히 하나님의 은혜요 내게 부어주신 하나님의 복이었고 참 감사한 일이었다. 담임 목사님의 추천과 시험의 과정이 있었지만 시골의 한 청년이 서울의 가장 좋은 대학에 입학하였고 세상의 학문뿐만 아니라, 경건의 학문인 신학과 기독교 교육을 함께 배울 수 있었으니 내겐 가장 좋은 대학이 틀림없었다. 교수님들도 모두 훌륭한 분들이셨는데 그분들의 가르침은 훌륭했다. 날마다 예배하는 시간들을 통하여 은혜로운 말씀들을 배울 수 있도록 하셨고 새벽마다 경건의 시간에 참석하여 기도하는 시간을 가지도록 지도하셨다. 그 뿐만 아니라 수업 시간마다 교수님들이 감동적인 강의를 통하여 학생들을 진리의 길로 인도하셨다.

장로회신학대학교 대학부의 신학과와 기독교 교육학과에 들어온 급우들은 신앙인의 집에서 훌륭하게 잘 성장한 신실한 학생들이어서 시골에서 성장한 나에게 그들은 매우 인상적이었고 친절하며 늘 미소로 다가와 주었다. 80학번으로 입학한 장신대 대학부 학생들은 신학 전공과 기독교 교육 전공으로 나누어졌다. 신학 전공 학생은 Th.B 학위를 기독교 교육 전공 학생은 B.A의 학위를 받았다.

장신대 학부 과정에서 181학점을 이수하였다. 교직 과목을 함께 이수하여야 하였기 때문에 이수 학점이 많았고 많은 시간을 들여 공부를 하였다. 교생 실습은 숭실고등학교에서 하였는데 그 당시 교목을 맡고 계셨던 신종혁 목사님이 우리들을 안내하고 지도하였다. Mission School에서 교사로서 실제적인 체험을 하였고 국민윤리 2급 정교사 자격을 획득하게 되었다. 이러한 교직 과정은 교사로서 필히 이수해야 할 과정이었는데 공교육의 현장에서 학생들과 마주하며 수업을 진행하고 가르침과 배움의 과정을 통하여 실제적인 체험을 할 수 있어서 상당히 의미있는 시간들이었다.

장신대 학부와 신대원을 졸업하는 날까지 피아노 치는 연습은 계속되었다. 자주 음악회에 참석하여 음악을 감상하고 혼자서 연습실에서 새벽 기도회를 마친 후에 피아노를 쳤다. 찬송가나 복음송을 반주하는 연습을 하였다. 부족한 자신을 돌아보며 언젠가 쓰임을 받기 위해서 시간과 정성과 노력을 들이지 않으면 안 되었다.

장신대를 졸업하는 데는 많은 어려움들이 있었다. 등록금을 마련해서 납부하는 과정에서 주위 분들의 도움을 많이 받았다. 부모님의 경제 사정으로는 대학을 마치기에는 어려워 남해읍교회의 박성우 장로님을 비롯한 여러 성도님들이 도움을 주셨고, 2학년 때부터는 신창수 목사님을 통해 소개받은 을지로교회 남기자 권사님과 김영신 장로님의 장학금을 받았다.

남기자 권사님께서는 장학금에 대한 약속을 주시면서 빌립보서 4장 6-7절 말씀을 적어 주셨다. "아무것도 염려하지 말고 다만 모든 일에 기도와 간구로, 너희 구할 것을 감사함으로 하나님께 아뢰라 그리하면 모든 지각에 뛰어난 하나님의 평강이 그리스도 예수 안에서 너희 마음과 생각을 지키시리라." 내게 매우 적절한 말씀을 주셨기에 고맙고 감사한 마음이 들었다. 남 권사님은 자신이 선교사님의 도움으로 공부한 것을 말씀하시며, "김 전도사님도 앞으로 선교사로 봉사할 수 있었으면 좋겠다"고 말씀하셨다. 선교사의 길을 가도록 하시는 하나님의 섭리는 우리가 예상치 못하게 늘 준비되고 있었다.

간혹 학교에서 주는 장학금도 학교 공부를 하는데 보탬이 되었고 교육 전도사를 하면서 받는 사례비는 생활비와 교통비로 사용하였다. 한 때는 식권이 없어 음식을 먹지 못하고 굶고 있을 때에 아무도 모르게 내 책상 서랍 안에 식권을 넣고 가는 기숙사 동료나 선배도 있었다. 눈물겹도록 주의 사랑을 동료나 선배들을 통해서 느끼며 살아왔다. 감사하고 또 감사하며 살 수밖에 없었다.

졸업 후에 신대원 입학시험을 치루고 합격은 하였지만 교육부 신학석사 학위를 받는 정원에 들지는 못해서 등록은 하지 않았다. 군복무를 마치고 다시 시험을 치루고 싶었기 때문이다. 1984년 봄에 신체검사를 받고 시력이 나빠서 지역 사병으로 군에 입대하였다. 그 당시 군 병력 운용 계획에 의해 전방 부대를 후방 부대에 배치하고 해안 경계를 강화하는 군 전략에 의해서 현역 부대정원이 늘고 지역 사병 숫자도 늘려야 했기 때문에 우리 남해군의 많은 인력 자원이 현역으로 보다는 지역 사병으로 차출되었다. 39사 훈련소에서 훈련을 3주간 받고 남해 해안1대대에 배속이 되었고 대대본부 인사계원으로 그 역할을 맡아 1년 2개월 동안 복무하였다.

훈련소 시절은 여러 가지 훈련에서 교육 담당 계원으로 일하며 훈련에 임하였고 매 주일마다 돌아오는 예배와 체력 훈련이 즐거운 시간이었다. 39 사단에서 군종으로 보직을 받는 것이 어떻겠냐는 제안이 들어왔지만 고향에 돌아가서 교회에 봉사하며 부모님을 모셔야 한다고 하여 그 제안을 거절하였다. 처음에는 읍에서 가까운 지역에서 근무하였고 몇 개월이 지난 후에 남해 해안 지역 대대 본부로 이사하여 현역 자원들과 함께 인사과에서 근무하였다.

인사과가 지원과로 바뀌면서 지원과장 대위 한 명과 중위 한 명이 직속상관으로 근무하였지만 지역 사병 업무는 나의 주 업무였기 때문에 그들의 훈련과 인사는 내가 기안용지를 작성하여 과장과 대대장에게 보고되어 처리되었다. 650여 명이 넘는 자원을 관리하는 보직의 업무를 일병이 관장하기에는 벅찬 일이었지만 주위에서 많은 분들이 도와주었고 특히 전수천 대대장님의 신뢰로 인해 그 임무를 완수할 수 있었다. 모든 일을 완벽하게 처리할 수 없는 일도 있었고 군에서 어려운 일들도 많이 있었지만 모든 과정 속에 하나님께서 은혜와 피할 길을 주셔서 모든 소임을 마칠 수 있었다. 부족한 사람을 도와주고 이끌어준 모든 분들께 감사한 마음이 늘 있다.

신학대학원 입학 전에 남해의 시골 교회에서 6개월 동안 전도사로 사역을 하였다. 새벽 기도와 각종 예배를 인도하는 것이 쉬운 일은 아니었지만 주의 종의 길을 가는 여정에 꼭 필요한 과정이라고 여겨 봉사하였다. 신학대학원 입학 시험에 응시하고 문교부 정원에 드는 신학과에 하나님의 은혜로 입학할 수 있었다. 신학대학원 과정을 공부하면서 신촌에 있는 염리교회를 1학년에 교육전도사로 섬겼고 강남에 있는 천성교회에서 2학년부터 3학년 졸업할 때까지 섬겼다.

염리교회에서는 중고등 학생들을 지도하였고 주일 아침 예배 시간에 설교를 맡아 하였다. 학생들이 종종 전도사님의 설교는 길다고 불평하는 말을 들었다. 나는 말씀에 은혜를 받아서 믿음으로 전하였지만 학생들에게는 그렇지 않은 것 같았다. 그러나 예배의 말씀 사역을 통해 학생들의 모습이 성장하는 것을 보면서 사역의 보람과 의미를 찾을 수 있었다.

강남에 있는 천성교회에 교육 전도사로 1년간 초등부 어린이를 지도하고 그 후에 1년은 중고등 학생들을 위하여 봉사하였다. 염리교회도 그렇지만 천성교회 또한 장로님들과 권사님들이 친절하였고 집사님들이 모두 신실하였다. 초등부, 중고등부 교사들도 각자 맡은 일에 소임을 다하였고 좋은 교사로서 모범을 보여 주어 사역하기에 어려움이 없었다. 천성교회에서는 장학금을 지원해 주어서 고마웠다.

장신대 교수님들의 강의는 모두 훌륭하였다. 경건과 학문의 시간들을 장신대 교정에서 보낸 것을 하나님께 감사드린다. 제자들을 가르치느라 열심과 정성을 다하신 교수님들께 늘 감사한 마음이 있다. 장신대 신대원 논문은 임창복 교수님의 훌륭하신 지도로 『정경적 성서 해석과 기독교 교육 연구』를 제출하고 졸업을 하였다.

제6장

보내심

　대한민국 지도를 볼 때면 경북 지역을 유심히 바라보았던 내게 경북 지역에 가서 살 수 있는 기회가 왔고 물이 맑고 좋다는 예천에서 목회와 결혼을 할 수 있도록 하나님은 인도하셨다. 1989년 2월 신대원을 졸업한 후에 황주룡 목사님께서 사역하셨던 예천교회 전임 전도사로 가게 되었다.

　눈으로 가득히 쌓인 이화령 고개를 넘어 가는 버스 안에서 본 풍경은 한 폭의 그림같이 아름다웠다. 산골을 지나서 예천으로 가는 길은 상당히 멀게 느껴졌고 마음 한편에는 '설교만 한 번 하고 예천으로는 가지 말아야겠다.'라고 생각하였다. 수요일 밤에 예천교회 첫 설교를 마친 후에 여러 장로님들이 교회에서 마련한 숙소에 찾아와 적극적으로 예천교회에 전임 전도사로 부임해 달라고 하였다. 기도하면서 생각해 보겠다고 말씀드렸다. 서울에 있는 지역 교회에 있으면서 진학을 하여 공부를 더 하고 싶었기 때문이었다. 그러던 중 담임 목사님이 전화를 하셔서 예천교회로 꼭 와달라고 말씀을 하셨다. 기도하는 가운데 나의 꿈과 계획보다 하나님의 섭리와 부르심에 응답하는 마음으로 예천으로 가게 되었다.

　예천교회는 읍 소재지에 있는 교회였고 500여 명의 성도들이 예배에 참석하

1-6-1 예천교회 청년들과 함께

1-6-2 울산제일교회 청년들과 함께

는 교회였다. 새벽 기도회를 마치면 담임 목사님과 선임 류인원 전도사님과 함께 테니스를 치게 되었다. 두 분은 먼저 테니스 치기를 시작해서 그런지 실력이 좋았고 나는 신대원 시절에 몇 번 해본 경험은 있었지만 초보자의 실력이었다. 매일 새벽 기도회를 마치고 담임 목사님과 함께 치는 테니스는 늘 수밖에 없었다. 그리고 상당한 취미로 발전하게 되었고 싱가포르, 인도네시아에 살면서 선교사들과 교제하는 좋은 운동이 되었으며 인도네시아 초교파 선교협의회 부부 테니스 시합 때에 우승을 할 정도로 실력이 향상되어 있었다.

예천에 간 지 2개월 만에 예천군 보건소에 근무했던 김미영 간호사를 선임 전도사님이 소개해 주어서 알게 되었다. 담임 목사님은 나를 결혼시키려고 봉화에 있는 어느 목사님의 처제와 맞선을 보라고 일정을 정해 놓은 상태였는데 어느 날 아침 조례 시간에 직원들이 앉아 있는 시간에 김미영 간호사의 이야기가 나와서 내가 '참 좋아보였다'고 하는 말에 담임 목사님은 당장 맞선 일정을 취소하고 중매를 하도록 그 당시 원로 장로님에게 연락하여 장로님과 셋이서

밥을 먹게 되었다. 서로를 잘 알지도 못하였지만 순수한 시골 아가씨 같았다. 기도해 왔던 사람같이 보여 우리는 결혼을 결정하기까지 그렇게 시일이 걸리지 않았고 예천에 간지 3개월만에 결혼식을 올렸다.

1991년 3월 6일 영주노회 시에 목사 안수를 받았고 황주룡 목사님의 따뜻한 사랑과 세밀한 지도 아래 부목사로서의 목회 사역을 감당하였다. 부목사의 목회사역 가운데서 중고등 학생들을 지도하는 일과 서 선교구를 맡아 심방을 담당하는 일, 찬양 예배 시에 격주로 설교를 맡아 하였다. 해마다 봄이 다가오면 각 성도 집을 방문하며 구역별로 심방하는 일이 있었다. 심방이 오후에 끝나면 지친 몸이지만 늦게 먹은 점심 식사로 인해 배부른 몸을 소화시키기 위해 담임 목사님과 테니스를 쳤다. 다음날도 역시 심방 일정이 있어서 구역과 가정을 다니며 심방했고 두 달 넘게 일정을 마치기까지 담임 목사님과 교구를 다니며 심방 일정을 보내었다.

참으로 감사한 것은 예천교회에서 부교역자로 사역하면서 우리 가정이 당시 한 평의 건축비로서 150만원을 예천교회당 건축 헌금으로 드린 것이다. 그 당시 초창기 6개월간의 교역자 생활비였다. 비록 가진 것은 없지만 주님의 은혜에 감사한 마음이 충만했었기 때문에 우리의 살림살이의 큰 부분을 교회를 위해서 마음껏 드릴 수 있었다. 하나님의 은혜 가운데 1991년 7월 15일 울산제일교회의 청빙이 있어 부임해 갔다. 울산제일교회에서 급히 부교역자를 찾는다는 말씀을 담임 목사님에게서 듣고 목회 사역 교회를 이동하는 것에 동의하여 울산으로 이동했다. 예천보다 더 넓고 큰 사택과 교회, 신학대학원에서 함께 하였던 동역자들이 있는 노회로 반갑게 맞이하여 주었는데 울산 지역 교회는 지금도 그렇지만 대형 교회 몇몇을 제외하곤 중 소형 교회이다. 그러나 모두 어려운 여건 가운데에서도 성실하게 목회하는 분들이 많다. 몸이 불편한 분들도 있지만 모두 성실한 삶을 사는 분들이었다.

기도원에서 찬송 인도, 예배 시간에 찬송 인도를 하고, 간혹 부흥회 때나 필요한 때에 가끔씩 피아노 반주도 하면서 심방을 하는 생활을 하였다. 넓은 교회당이라 설교하는 것도 상당히 부담이 되었지만 점점 익숙해져 갔다. 좀 더 기도하는 시간을 많이 갖는 것이 필요하다는 사실을 깨달으면서 울산 지역의 복음화를 위해 내가 할 수 있는 일이 무엇일까 생각해 보았다. 내가 맡은 일에 최선을 다하는 것이라고 생각하며 틈틈이 운동을 하는 일을 잊지 않았다. 바다가 가까이 있어 손승원 목사님과 직원 가족 수련회 겸 친교 모임을 바다 해변에서 가진 적도 있었다. 그 날은 성게를 잡으며 시간을 보내었는데 남해 출신이라 바다 수영도 부담없이 할 수 있었다. 종종 넓은 바다를 바라보며 시원한 바다 바람을 마시곤 하였다. 교회 권사님들의 사랑과 친절함은 예천이나 울산이나 마찬가지였다. 그분들의 미소와 따뜻함을 늘 보고 느끼면서 삶에 만족함을 더해 가고 있었다. 그러면서도 울산을 한 번 벗어나 보고 싶은 마음이 생길 즈음에 손승원 담임 목사님의 제의가 들어왔다.

울산노회에서 인도네시아에 교수 사역을 할 총회 파송 선교사를 보내려는데 김 목사님이 적격인 것 같아 추천을 하고 싶은데 어떻게 생각하느냐고 말이다. 인도네시아 현지 주민들이 노래를 잘하는데 김 목사님은 찬양을 잘하고 사모님은 간호사 자격이 있으니 선교사로 사역하면 잘하겠다는 생각이 들어 선교사로 가는 것을 추천하여도 좋겠다는 말씀을 하셨다. 나는 주님의 섭리임을 생각하고 마음속으로는 즉각 찬성이었지만 아무래도 아내의 의견을 들어보고 말씀드리는 것이 좋겠다고 생각하고 즉답은 하지 않고 시간을 달라고 말씀드렸다.

1-6 선교사 파송 예배 후 기념사진

    집에 와서 아내에게 그 사실을 전하니 갑작스러운 소식에 매우 당황하는 것을 보았다. 때가 오고야 말았다는 듯 한 얼굴을 하며 한 이틀 정도 눈물나게 울었다. 그 후에 아내는 자신의 신앙인으로서의 고백을 조용히 털어 놓았다. 사실은 학생 시절에 부흥회에 참석하였는데 '선교사로 지원하여 오지에서 선교할 사람들은 일어나라'고 할 때에 자신도 하나님 앞에 서약하였다는 것이다. '그러면 그렇지 하나님과 약속을 하였으니 당연히 하나님이 불러 쓰시려고 한다.'고 생각하니 안심이 되었다.

    평소 어디든지 주님께서 가라하시면 가야한다는 것이 제자와 종의 사명이요 태도라고 여기고 있던 나는 더 망설일 필요가 없었다. 목사님께 말씀드리고 가겠다고 하였더니 우선 선교사 훈련을 받아야 한다고 말씀하셔서 장신대 세계선교원으로 가서 선교 훈련을 제12기로 받게 되었다. 함께 훈련받은 사람들은 처음 보는 사람들이 대부분이었고 모두 12가정에 싱글 선교사 5명이었다.

1992년 가을은 유난히 하늘이 맑고 청명했으며 좋은 날씨가 많아 우리 훈련생들에게는 너무나 좋았다. 서정운 장신대 총장님과 이광순 훈련원장의 지도 아래 여러 교수님과 목사님, 전문가들의 지도에 따라 상당히 많은 여러 훈련을 받은 것으로 기억한다. 평소에 가르쳤던 스승님들이 대부분이었지만 선교사로 가는 사람들이라 그런지 좀 더 신중하게 가르치는 모습으로 보였다. 나는 훈련을 받는 과정에도 틈틈이 나의 취미를 살려가며 생활했다. 운동, 산책, 기도와 등반, 꿀밤줍기, 피아노 치기 등의 삶을 이어갔다.

가끔씩 시간을 내어 장신대에 공부하러 온 인도네시아인 학생에게 인도네시아어(Bahasa Indonesia)도 배울 수 있었다. 배워도 처음에는 무슨 말인지 통 귀에 들어오지도 않았고 익숙하지도 않았다. '아빠 까바르?(Apa kabar?)'(안녕하세요?) '까바르냐 바익-바익(Kabarnya baik-baik)'(잘 지냅니다)라는 말을 배우고 사뚜(satu,하나), 두아(dua,둘), 띠가(tiga,셋), 음빳(empat,넷), 리마(lima,다섯)를 배우면서도 머리에 기억하는 것이 쉽지 않았다. 영어의 철자와 같지만 발음이 다르고 의미가 달랐다.

새로운 문화와 생활, 언어를 익히는 것은 선교사에게 매우 중요한 일이다. 잘 배우고 적응해야 선교사로서의 삶을 유지하고 사역을 잘 할 수 있다고 생각하니 먼저 언어 배우는 것에 신중해 질 수밖에 없었다. 그렇다. 사실 완전히 다른 세계에서 살아가야 하고 생활을 해야 하는 것이지만 그런 현실을 직시하기에는 나의 경험이 부족하였다. 해외에 한 번도 나가보지 못한 나로서는 그런 사실을 알지 못하는 것이 매우 당연하였고 단지 문헌으로서만 공부하고 준비할 수밖에 없었다.

훈련 기간 동안 여러 교회를 방문하고 예배를 드리며 성도들의 사랑도 많이 받았다. 선교사로 나갈 사람들이라 그런지 교회의 대접은 융숭하였다. 무슨 특별한 대접들을 하기 위해 애쓰는 모습들이었다.

우리는 선교사 훈련을 무사히 마치고 선교사로서의 소정의 과정을 이수하였다. 총회 선교사 파송 예배는 1992년 11월 13일(금) 오전 11시 울산제일교회당에서 드렸다. 30대 초반의 파송받는 선교사 부부가 존경하는 울산 노회 노회원님들, 세계선교부 총무 임순삼 목사님, 예천교회 담임 황주룡 목사님, 양부이신 김옥주 장로님, 가족들, 훈련동기 김경일, 이은주 선교사님 가족, 서숙자 선교사님, 신대원 82기 동기 목사님들, 제일교회 성도님들이 예배에 참여하여 드리는 예배는 감격적이었고 은혜로운 시간이었다. 파송장 수여와 서약식이 있었으며 하나님의 은혜 가운데 신실한 선교사로서의 사역을 다짐하며 총회와 노회가 파송하는 선교지인 동남아 지역(싱가폴, 인도네시아, 말레이시아)에서 선교 활동을 하기로 서약을 하고 참여한 분들의 축하를 받으며 예배를 마쳤다.

1992년 12월 10일 우리는 싱가포르로 가는 항공기 위에 올라 미지의 땅으로 출발하여 갔다. 모든 것이 새로운 곳으로 가는 선교사 부부와 딸 지혜가 동승하여 싱가포르 항공기 승무원들의 친절한 안내를 받으며 창이(Changi) 국제공항에 착륙하였다. 손중철 선교사님은 꽃다발을 손에 들고 우리들을 기다리고 있었고 반갑게 환영해 주셨다. 열대 우림의 따가운 열기를 가득히 느끼며 숙소를 향하여 가면서 고층 빌딩과 싱가포르 사람들이 사는 모습을 볼 수 있었다.

우리 가족 일행은 싱가포르 중심부에서 약간 벗어난 싱가포르 한인교회 선교관이 있는 16 Barker Road에 마련된 숙소에 짐을 풀고 피곤한 몸을 쉴 수 있었다.

하나님의 인도하심 가운데 선교지에 발걸음을 내딛었고 하나님의 섭리하심 가운데 하나님의 나라를 위해 헌신할 것을 다짐하며 기도하는 가운데 우리의 선교 여정은 시작되었다.

제7장

훈련

아침에 일어나니 싱가포르의 새들이 반갑게 지저귀고 있었고 열대 우림의 아름다운 모습이 눈 안에 그대로 들어왔다. '아, 여기가 싱가포르인가!' 싱가포르는 화려했다. 빌딩, 거리, 백화점 등 모든 면에서 세계인들의 여행지로 주목받는 곳으로 잘 정리되고 깨끗한 도시란 점에서 부족함이 없었다. 서울시만한 넓이의 작은 섬이지만 세계인의 이목을 받는 곳이었고 주변국 선교사들도 비자 갱신을 위해 자주 찾는 곳이기도 하였다.

1992년 12월 18일 가족을 포함한 선교단 일행은 인도네시아 바탐으로 배를 타고 가서 선교사들과 여러 지역의 선교지를 돌아보았다. 나는 바탐에서 신학교 교수로서 사역할 계획과 울산제일교회에서 헌금해 주신 기금으로 교회를 건축할 계획이 있었다. 그러므로 사역할 나라에 입국하고 현장을 돌아보는 것은 내게 매우 중요한 일이었다. 인도네시아 첫 입국 일자는 이 날이다. 김부열 선교사의 인도로 바탐의 지역을 돌아보고 교회에서 감격적인 예배를 드렸다. 선교지를 돌아보면서 선교 활동의 어려움이 현실로 다가왔다.

나는 먼저 선교관을 맡아서 관리하는 업무와 함께 주일날 1부 예배를 맡아 예배 인도와 설교를 하였다. 주간에는 싱가포르 중심부에 있는 City Training Center에서 영어 수업에 참가하여 영어에 익숙해지는 훈련을 하였다. 먼저 첫 수업으로서 Intermediate 과정을 들었다. 그것은 3개월의 과정이었는데 중학교 학생의 연령대와 청년들이 섞여 있는 반이었다. 영국인이 강사로서 가르쳤는데 상당히 잘 가르쳤다. 3개월 후에는 Advanced 1, 다음에는 Advanced 2를 공부하게 되었다. 공부를 하면서 영어 표현 능력도 점점 늘어가면서 생활에 익숙해지고 자신감도 붙게 되었다. 영어말하기 시험에서 10점 만점에 선생님이 9점을 주시다가 다시 10점을 고쳐 주시는 것을 보았다.

싱가포르에 있으면서 손중철 선교사님의 의도와 계획으로 케냐 나이로비에서 열렸던 세계선교사 대회와 이어서 열리는 선교사들의 단체 이스라엘 성지 순례에 참여했던 것도 큰 도움이 되었다고 생각한다. 울산제일교회에 있을 때 성지 순례를 위해서 교회에서 지원자들을 대상으로 조금씩 예금을 하게 하였는데 선교사로 가는 바람에 성지 순례를 못 가게 되었다고 생각하였다. 그러나 하나님은 그의 놀라운 은혜와 섭리로 선교사들과 함께 먼저 이스라엘 성지를 방문하는 은총을 받게 하셨다.

이집트에서 시내산으로 출발하기 전에 1979년 7월 11일 순직하신 GMS 소속 이연호 선교사님의 묘를 방문하여 예배를 드렸다.[5] 방지일 목사님은 설교에서 먼저 돌아가신 선교사님의 삶의 흔적을 보며 우리도 주님의 발자취를 따라가는 삶을 살아야 할 것을 강조하셨다. 홀로 남겨졌지만 선교사의 삶을 계속

---

[5] 이연호 선교사는 1976년 6월 18일 파송받았으나 순직하였고, 아내인 김신숙 선교사는 이집트에서 사역하고 있었다.

살아가려는 김신숙 선교사님의 모습에 결연한 의지를 볼 수 있었다. 나는 하나님이 함께 하셔서 여성 독신 선교사님의 삶이 어렵지 않도록 주님의 도우심을 간구하였다.[6]

노령에도 불구하고 시내산을 오르는 방지일 목사님의 모습이 매우 늠름하게 보였고 늘 무언가를 골똘하게 생각하며 연구하시는 학자의 모습과 성실한 선교사와 목회자로서의 삶의 품격이 느껴지는 모습이었다. 일행은 시내산에 동트기 전 어두운 새벽에 올랐으니 시내산 전체를 볼 수 없었다. 정상은 매우 쌀쌀한 날씨였으므로 추위를 피하기 위해 옹기종기 앉아 새벽 동트는 모습을 보기 위해 기다리며 찬송을 부르고 예배도 함께 드렸다. 붉은 태양이 떠오르자 우리는 감격에 차 기도의 함성을 마음껏 우렁차게 발하며 주님을 불렀고 미래에 남은 선교적 삶을 위해 통성으로 살아계신 하나님께 정성과 마음을 다하여 기도 드렸다.

시내산은 거의 바위로 구성된 바위산이었고 모세가 바위에서 하나님이 주시는 물을 마시도록 인도한 사연이 생각났다. '물이 없었다면 사막에서 어떻게 생존할 수 있었을까?' 생각해보면 참으로 하나님은 모든 것을 그의 백성들을 위해 예비해 놓으셨다. 시내산을 내려오는 길은 험했기에 조심하여 내려오지 않으면 낭떠러지로 떨어질 수 있는 위험한 길이었다. 광야 사막 길을 거쳐 우리는 이스라엘의 관문으로 향하였다.

---

[6] 김신숙 선교사는 칼빈신학대학원과 풀러신학교를 졸업하고 문학 석사와 선교학 박사 학위를 받았고 중동 파송 한국인 여성 선교사 1호로 현지에서 40여 년을 사역하였다.

고고학 박사의 인도와 안내로 이스라엘에 대한 자세한 설명을 들으면서 2주간 이스라엘 성지를 돌아볼 수 있었다. 30대 초반에 예수님이 가신 그 길을 걷는다고 생각하였는데 안내하시는 분은 "우리는 지금 예수님이 걸어가신 길이 아니라 1m 위의 길을 걷고 있습니다. 오랜 세월동안 흙이나 먼지 등 퇴적물이 쌓여 예수께서 걸어가신 그 길은 저 아래에 있습니다." 안내자의 정확한 표현이었다. 지나간 세월을 생각하면 그럴만도 하였다.

예루살렘, 베들레헴, 지중해, 사해, 갈릴리 호수, 므깃도 등 역사적 현장들을 돌아보며 주님의 발자취와 그 말씀들을 생각하는 인생의 의미있는 시간들을 가졌다. 갈릴리 호수에서 배를 타고, 베드로 고기를 먹으면서 끼니를 해결한 기억들, 함께 선상에서 찬양을 불렀던 우리의 동료들이 있었다. 하나님의 은총 속에서 그 시간들을 의미 있게 보내고 감사한 마음으로 성지 순례를 하였다.

싱가포르에 돌아오기 전에 우리 일행은 로마와 프랑스로 갔고 거의 귀국 길에 올랐지만 나는 프랑스에서 사역하는 이극범 선교사의 소개로 영국으로 혼자 가서 영국에서 사역하는 분을 만나 영국의 런던과 박물관을 보며 역사적 현장을 체험하고 들으며 배웠다. 며칠을 묵은 뒤에 런던에서 서울로, 다시 예천으로 가서 출산을 한 아내와 가족을 만났다.

대한민국으로 돌아온 나를 아내와 딸 지혜, 장인, 장모님은 따뜻하고도 반갑게 맞이하여 주셨다. 영광이는 무럭무럭 자라나는 모습이었다. 1993년 6월 15일에 태어났으니 거의 2달이 되어서야 아들을 보게 된 것이다. 우리는 함께 짐을 싸서 싱가포르로 다시 돌아오게 되었다.

싱가포르에서 우리는 문화 적응 훈련과 언어 훈련을 받아야 했다. 처음에 말이 빨랐던 나를 싱가포르의 환경은 천천히 말하도록 안내하였다. 더운 나라이기에 빠르게 말하는 모습을 거의 보지 못하였고 천천히 말하여야 그들과 조화를 이룰 수 있는 것 같았다. 싱가포르는 너무 작았다. 자주 비자를 갱신하기 위하여 조호바루(Johor Bahru)로 가기도 하고 선교 탐방을 위해서 차를 직접 운전하여 쿠알라룸푸르(Kuala Lumpur)나 다른 도시로 가서 전체적인 모습들을 눈에 담아보기도 하고 선교를 위해 지어진 건물들이나 교회를 방문하였다. 앞으로의 선교 사역을 위하여 모든 경험을 축적하고 준비해야 했기 때문이었다.

* 삶과 선교 여정에서 발견한 한 줄 멘토링 1

하나님은 필요한 사람을 불러서 연단과 훈련의 과정을 통하여 믿음의 사람으로 성장하게 하시고 선교의 도구로서 사역자로 보내신다.

제2부

선교 경험

제1장
반둥으로

  언어 훈련(言語訓練)과 문화 적응(文化適應)은 선교사가 되기 위한 필수 과정이다. 그래서 우리는 싱가포르에 머물면서 영어 훈련을 하였고 바하사(Bahasa)라는 인도네시아어를 배우기 위해 인도네시아 반둥으로 갔다. 인도네시아는 매우 큰 나라였다. 2억 5천 이상의 많은 인구를 대상으로 복음을 전하기 위해 선교사는 그들의 많은 종족 언어를 다 배울 수 없다. 그러나 대표적 언어인 인도네시아어를 배우기 위해 1993년 12월 18일 반둥으로 갔다. 싱가포르에서 자카르타로, 자카르타에서 다시 소형 비행기를 갈아타고 반둥으로 날아갔다.

  반둥은 상당히 높은 지역에 위치해 있었다. 작은 비행기가 높은 곳으로 계속 오르다 다시 내리며 몇 번을 회전하더니 비틀거리며 겨우 방향을 잡아 공항에 착륙하였다. 오후 늦게 반둥에 도착하였다. 먼저 와서 언어 학교에서 훈련받는 선교사님들이 마중을 나와 주어서 매우 고마웠다. 우리 가족은 같은 예장 통합 세계 선교부에서 파송받은 서광종, 이성일 선교사님의 안내를 받았고 선교사님 댁에서 언어 훈련을 받고 거처할 집을 구하는 동안 극진한 사랑을 받았다.

  반둥시는 인도네시아 제4의 도시로서 해발 768 미터의 높이에 위치해 있다.

2-1-1 언어 연수 시절의 가족(지혜와 영광)

날씨가 시원하여 에어컨이 필요 없고 가끔씩은 춥다고 느낄 정도이며 일조량이 적어 햇빛을 의도적으로 받아야 건강을 유지할 수 있는 곳이었다. 북쪽 먼 곳에 탕쿠반 쁘라후(Tangkuban Perahu) 화산[1]이 있고, 남쪽으로도 까와 푸티(Kawah Putih)[2]라는 화산의 흔적이 호수로 남아 있어 남북이 산으로 둘러 쌓여있다. 교육 도시인 반둥시는 주변에 600만이 넘는 인구가 반경 30-60Km에 살고 있다. 비행기 생산 공장도 있으며 많은 생산 공장들이 있어 한국 기업도 반둥 지역 여러 곳에 위치하고 있다.

나는 먼저 온 선교사의 도움으로 찌움불루잇(Ciumbuleuit)의 꺼본 뚜주

---

[1] 인도네시아 자바섬의 반둥 북쪽 근교에 있는 거대한 성층화산으로서 활화산(2,084m)이다. 지금도 유황 연기가 나오며 뜨거운 온천수가 나와 계란을 삶아 먹을 수 있다.

[2] 인도네시아 서부 자바에 있는 반둥시 남쪽으로 약 50km 떨어진 화산 분화구에 생긴 호수이자 관광 명소이다. 고도 2,430m 이다.

2-1-2 언어 학교 방문 선교부 총무님과 선교사들

(kebon tujuh) 마을의 작은 집을 사용하기로 계약을 하고 이사를 하였다. 그 동네에는 예장 고신 총회선교부에서 파송 받은 강원준 선교사님 부부가 있었고 자주 만나 교제하며 서로의 힘든 과정을 이기는 동지가 되었다. 종종 어시장에 가서 생선을 사서 직접 매운탕 요리를 하여 함께 먹는 일이 있었는데 내가 요리한 매운탕을 아주 맛있게 잡수시고 극진한 칭찬을 하였다. 함께 새벽에 시장을 가기도 하고 낮은 언덕을 등산하기도 하였으며 자카르타에서도 종종 만나 운동을 함께 한 군목 출신 선교사님이었다. 또한 여러 다른 동네에 흩어져 선교사들이 기거하며 IMLAC에서 언어 연수를 하고 있었다.

아씨와 야야라는 인도네시아 인을 가정부와 보모로 두고 두 자녀를 맡기고 IMLAC(언어 연수원)에 앙꽃이라는 작은 버스를 타고 가서 강의를 들었다.

IMLAC[3]은 상당히 조직적이고 체계적인 강의를 제공하는 선교사 언어 연수원이었다. 여러 나라 선교사들이 와서 언어를 배우고 있었다. 1단계 과정은 거의 영어로 언어를 배웠다. 아침부터 정오까지 하는 수업(1- 3단계), 낮 1시부터 오후 4시까지 하는 수업(4-6단계), 그리고 7-9단계는 오전에 다시 수업을 하였다. 매 단계마다 진급 시험이 있어 상당한 긴장감이 있는 언어 훈련이었다. 시험에 낙방이라도 한다면 다음 단계를 올라갈 수 없기 때문이다.

학생들은 매일 오후에 뼹알라만(Pengalaman: 경험)을 해서 다음날 아침에 수업을 시작하면서 발표를 해야 했는데 그것은 우리의 학습에 도전이 되면서 큰 도움이 되었다. 오전 수업을 마치면 앙꼿(Angkot: 작은 버스)을 타고 여러 사람들과 대화를 해서 그들의 상황을 파악하는 즉, 정보를 습득하는 훈련을 하였다. 누구를 만났는데 그의 이름과 직업, 가정의 상황, 사는 곳 등 여러 가지를 묻고 기록했다가 다음날 발표를 하였는데 경험담을 말하는 시간을 가진 것이다. 처음에는 간혹 학생들 중에 발표를 하지 못하는 이들이 있었지만 시간이 지나갈 수록 자신감있게 자신들의 경험담을 나누는 것을 보았다.

대체로 서구 선교사들은 초급 단계에서 어려움을 느껴 힘들어 했고, 한국 선교사들은 초급 단계에서 쉽게 적응을 하지만 고급 단계로 올라갈수록 힘들어하는 모습을 보였다. 그러한 교육을 하는 선생님들은 인도네시아 전역의 여러 종족 출신들이 교사가 되어 가르치고 있었다. 똑같은 단어라도 그들의 발음이나 억양이 조금씩 달라 선교사들이 그들에게 배우면 쉽게 현장에서 의사 전달과

---

3 Indonesian Multi Language Acquisition Center(IMLAC), Jl. Gunung Agung No. 16, Ciumbuleuit, Kec. Cidadap, Kota Bandung, Jawa Barat 40142, Indonesia. 1975년에 설립된 인도네시아 다국어 획득 센터로서 바하사 인도네시아어와 순다어 및 자바어를 가르친다.

소통을 잘하게 하기 위한 목적이 있었다.

선교사들은 거의 대부분이 2달이 되면 일종의 신고식을 치르는데 뎅기열 병을 앓고 시달리는 병이었다. 반둥에서 언어 훈련을 받으면서 지나치게 운동이나 외부 활동에 시간을 많이 할애하여 피곤하고 지쳐서 필자 또한 병에 걸렸다. 병원에 가서 진단을 받고 하루 정도 체류한 다음 병원의 환경이 좋지 않아 집에서 치료를 받기 위해 집에 돌아왔다. 치료 도중에 링거를 한 번 맞고 충분하다고 생각하였는데 두 번째 맞는 순간 쇼크가 와서 거의 죽을 뻔 하였다.

동료 선교사들의 병문안도 있었고 아내의 치료도 정성스러웠지만 여전히 몸은 완전히 회복되지 않았다. 몸이 불편한 가운데서 빵안다란(Pangandaran)이라는 6시간 정도 걸리는 바닷가를 향해 작은 버스에 가족들과 몸을 실었고 그 바다에 가서 짠 바닷물에 몸을 담구며 회복을 할 수 있었다. 그런 경험으로 인해서 나는 몸에 이상이 있고 힘이 들면 종종 바다에 가서 바닷물을 몸에 적시며 회복을 하는 습관이 생겼다.

선교사들은 누구나 새로운 문화를 접하며 그 문화에 적응하기 위해 힘을 쏟는다. 외국인 선교사 가정이 우리가 살고 있던 인도네시아 산골로 와서 언어 공부를 하려고 왔다. 그들은 집에 쥐가 나오자 겁에 질려 더 살지 못하고 싱가포르로 이동하였다. 쥐나 박쥐, 라얍(Rayap)[4], 뱀 등 심심찮게 집에 손님으로 들어온다. 한 번은 쥐가 새끼를 낳아 아내는 손에 비닐봉지를 끼고 한 마리, 한

---

4   Rayap은 한국에서는 볼 수 없는 엄청난 생존력이 있는 바퀴과에 속하는 흰개미로서 나무나 시멘트 등을 갉아먹어 집이나 가구, 책들을 훼손시키는 벌레이며 물리면 상당히 아프다.

마리씩 잡아 소탕한 적이 있다. 뱀이 오면 내 담당이었다. 길다란 막대기로 뱀을 잡는 일은 그렇게 어려운 일이 아니었다. 조금은 징그러운 면도 있지만 집안에서 유일하게 내가 하지 않으면 안 되는 일이었다.

대변을 본 후 왼손으로 물로 씻어 몸을 청결하게 하는 습관은 인도네시아 인이라면 누구나 생활 속에서 익숙해 있다. 그렇기 때문에 그들은 왼손으로 악수하거나 왼손을 청중에게 보이는 것을 금기시한다. 오른손으로 악수하고 밥을 오른손으로 먹는다. 공용 화장실에 가서도 늘 물을 사용하므로 물이 준비되어 있다. 백화점이나 호텔 등 특별한 곳이 아니면 화장지를 따로 준비해 두지 않는다. 물을 사용하여 손으로 처리한다. 그리고 대형 백화점이 아닌 곳에는 화장실 이용료를 받는다. 작은 금액이지만 화장실의 관리를 위해 받는 돈인데 필자에게는 생소한 일이었다. 그런면에서 한국의 고속도로 휴게소는 매우 특별한 공간이다.

인도네시아 바틱 옷과 무늬는 매우 유명한 문화적 산물이다. 솔로나 반둥, 자카르타 어느 도시든지 바틱 거리가 있고 바틱 상품이 진열되어 있다. 선교사 초기 시절부터 바틱 제품의 옷을 늘 입고 다니는 것을 선호했다. 공식적인 예배나 설교 자리에서도 긴 팔의 바틱 옷을 입으면 정장 차림을 한 것으로 간주한다. 개인적으로 편하고 좋아서 바틱 옷을 잘 입고 다녔다.

나는 종종 시장을 찾아 배추나 무, 시금치, 과일, 생선을 사서 가져왔다. 선교사 초기 반둥에 갔을 때에는 배추가 1kg에 1,500 루피아 정도 하였다.[5] 값

---

[5] 당시에 1달러는 약 2,000루피아로 환전되었다. 당시에 1달러에 800원으로 환전하였으니 1,500

이 싸서 그렇게 부담이 없었다. 요즈음에는 배추 값이 1kg에 13,000 루피아 (천원) 정도를 한다. 물건 값을 인도네시아에서는 어디에서나 흥정을 한다. 따와르-머나와르(Tawar-menawar)라고 하는데 일반 시장이나 심지어 정찰 가격으로 파는 백화점에서도 할 수 있다. 흥정 문화는 그들의 인간 이해에 대한 삶의 한 단면이다. 가격은 부한 사람에게는 올라가고 가난한 사람에게는 내려간다. 자국민에게는 조금 싸게 팔고 외국인에게는 비싸게 부르는 모습도 볼 수 있었다.

반둥 시에서 북쪽으로 차로 30분 정도 거리에 있는 땅꾸반 프라우 화산과 찌아뜨르 온천은 유명하다. 많은 외국인들이 방문하고 그 모습을 카메라에 담으며 즐긴다. 유황 냄새가 코를 찌를 듯이 들어오며 유황 연기 또한 자욱하다. 해발 1850m 높이 지점에서 아래로 내려다 보이는 차밭과 찌아뜨르 온천을 인도네시아 인들과 외국인들은 종종 방문하여 피곤한 몸을 적시기도 한다. 산 중턱 지점에는 달걀을 익혀 먹을 수 있을 만큼 뜨거운 물이 솟아 오른다.

임순삼 선교부 총무님께서 오셨을 때 모시고 간 적이 있는데 선교사들과 함께 온천에 가서 유익한 시간을 보냈다. 인도네시아는 많은 종족이 살고 있어 그들의 고유한 언어를 가지고 있지만 인도네시아어라는 통일된 언어가 있고, 빤짜실라(Pancasila)[6]가 있어 서로가 연합하고 하나 되려는 생각들이 마음속

루피아는 한화로 600원의 가치이다.

[6] 산스크리트어로 빤짜(Panca)는 다섯을, 실라(Sila)는 이념을 의미한다. 건국 이념이며 국민 철학인 빤짜실라의 다섯 개의 이념은 1. 유일신에 대한 믿음, 2. 공정한 인본주의, 3. 국가통일(민족주의), 4. 민주주의, 5. 사회 정의이다.
Song, Seung-Won, Back to Basics in Indonesia? Reassessing the Pancasila and Pancasila State and Society, Ohio: Ohio University, ProQuest, 2008, 37-40.

에 있다. 역사 속에서 종족 간의 갈등과 전쟁도 있었고, 아직도 그 갈등들이 모두 사라지지는 않았지만 조심스럽게 생활하며 언어와 문화 적응을 해 나갔다.

반둥(Bandung)에서 언어 연수를 마치고 수마트라의 메단(Medan)까지 성탄절 탐방 여행을 한 적이 있다. 봉고형 미니버스를 직접 운전하여 약 5,000km를 10일 동안 왕복 여행하는 여정이었다. 우리 가정 4명과 동료 선교사 가족 등 총 9명이 함께 여행을 하게 된 것이다. 반둥에서 출발한 일행은 자카르타에서 휴식을 취한 다음 중간 목적지 람뿡(Lampung)으로 향했다. 자바 섬과 수마트라 섬을 이어주는 정기 여객선이 있는데 차를 배에 싣고 2시간 걸려 수마트라 섬으로 이동할 수 있었다.

람뿡에 도착한 후에 합동개혁교단 선교부에서 파송 받은 박성호, 고맹례 선교사님의 집을 방문하였고 서로를 위해 기도하는 시간을 가졌다. 친절한 고맹례 선교사님은 우리를 위해 따뜻한 밥을 지어주시고 하룻밤을 쉬고 갈 수 있도록 하였다. 새벽 일찍 기상 나팔이 없었지만 모두 일어나 6시경에 출발을 하였다. 해가 뜨면 일어나 차를 운전하고 저녁이 되면 근처 숙박 시설에서 잠을 잤다. 가는 길에 식당이 있으면 밥(Nasi)에 닭다리 혹은 생선 한마리를 먹고 끼니를 해결하였다. 그 누구도 멀고 힘든 길이었지만 불평하지 않고, 그 길을 갔다 왔다.

벙꿀루(Bengkulu) 지역, 부킷 띵기(Bukit tinggi), 토바 호수(Danau Taba) 안에 있는 사모시르 섬(Pulau Samosir), 그리고 빠라빳(Parapat)에서 각 1박씩을 하고 메단으로 가서 2박 3일을 머무른 뒤에 다시 뻐칸바루(Pekanbaru)를 거쳐 잠비(Jambi), 빨렘방(Palembang)을 거쳐 람풍, 자카르타,

반둥으로 돌아왔다. 수마트라 횡단 여행을 통하여 얻은 점이 많다. 인도네시아가 엄청난 문화적 보고라는 점, 거대한 지역에 자라고 있는 산림들의 변화, 다양한 문화적 탐방을 통하여 인도네시아를 더욱 잘 이해할 수 있었다. 인도네시아가 도로에 대한 관리가 부실한 점, 각 종교의 거점 지역에 대한 예배 처소가 판이하게 다른 점 등도 놓칠 수 없는 점이다. 토바 호수 지역과 메단은 마을마다 교회가 세워져 있었고, 다른 지역들은 회교 사원이 마을마다 서 있었다. 우리가 인도네시아를 위해 할 수 있는 일들이 있다. 국민들이 좀 더 잘 살 수 있는 민족이 되도록 우리가 가진 믿음과 지혜를 나누며 행복한 하나님의 나라로 인도하는 사역을 감당해 내는 일이다.

제2장

신학교에서

언어 훈련을 마쳤을 때에 심각한 고민을 하였다. 바탐에서 사역을 할 계획이었지만 아직 신학교 건축 설계도만 있고 설립 허가나 학생들이 없어 얼마나 기다려야 할 지 알 수 없는 일이었기 때문이다. 기도하면서 준비하고 있을 때에 마침 자카르타에서 반둥에 온 마티우스(Matius) 학장을 만나게 되었으며 그를 통해 복음선교신학대학교(SETIA)로 초청을 받았고 그 사실을 손승원 목사님께 말씀드리고 허락을 받아 자카르타에서 교수 사역을 시작하게 되었다. 자카르타에 있는 신학교로 가는 길은 그 당시에 퍽 멀게 느껴졌다. 지금은 고속도로가 있지만 그 당시는 없었기에 일반 도로의 산 길, 150여 킬로 거리를 차로 4시간 정도 가야 했다. 신학교에서 가르치고 다시 반둥으로 올 때는 쁠라부한 라투(Pelabuhan Ratu) 지역을 거쳐 바닷가 어시장에서 갈치를 사서 밤 11시경에 돌아오곤 하였다.

필자는 언어 연수를 마친 후에 반둥 남쪽에 있는 Kopo 지역에 1년 동안 주택을 빌려 살면서 자카르타 복음선교신학대학교 교수 사역을 하였다. 또한 교회 개척을 하는 인도네시아 전도사님을 도와 함께 선교 사역을 하였다. 하나님께서 시작하게 하셔서 성령의 열매를 맺는 사역은 작은 일부터 시작하여 주택

2-2-1 신학교에서 마티우스 학장 부부와 함께   2-2-2 복음선교 신학교 졸업생들

을 빌리고, 성도들과 함께 모여 예배드리는 작은 공동체로 시작했다.

    우리 가족은 자카르타 보고르 지역에 모임이 있어 참석한 후에 잠시 보고르 지역에 있는 'Taman Safari(따만 사파리)'라는 동물원을 방문한 적이 있다. 싱가포르에 있을 때에 주롱 새 공원에 가보았고, 자카르타의 따만 미니 인다 (Taman Mini Indah) 공원에 가서 여러 곳을 둘러 보았지만 따만 사파리 (Taman Safari)는 매우 넓은 공간에 잘 조성된 공원이었다. 여러 지역을 돌아보며 동물들을 관찰하고 신기한 듯 사진을 찍었다. 필자는 운전을 하기 때문에 특별히 사진을 찍기에는 어려움이 있어서 아내에게 찍도록 하였다. 동물들 중에 사자, 호랑이, 곰 등을 관리하는 곳은 특별한 주의를 요하였다. '차의 창문을 닫아야하고, 차에서 내리지 말아야 한다.' 주의 사항이었다.

    곰들이 머무는 곳에 이르러 서너 마리가 모여 놀고 있었다. 잠시 사진을 찍도록 아내에게 말한 후 에어컨 시설이 좋지 않아 창문을 내렸다. 아내가 가진 카메라가 촛점이 잘 잡히지 않아 지체 되었고 내가 고개를 아내를 향해 돌리는 순간 갑자기 뒤쪽에서 '탁 탁 탁'하는 세 번의 소리가 들린 다음 내 어깨를 치는 무언가를 느낄 수 있었다. 나는 처음에 생각하기를 동물원 관리인이 반갑다고 나의 어깨를 손으로 치는 줄 알았다. 그래서 고마운 생각이 순간적으로 들었다. 그런데 그것이 아니었다. 잠시 후에 나의 어깨는 고통이 밀려왔다. 뒤를 돌아보지 않아 사람인지 곰인지 모르는 순간이었다.

고개를 돌리며 화가 난 목소리와 함께 큰 소리로 외쳤다. "뭐야?" 고개를 돌리는 순간 곰이 떡 쳐다보며 나를 보는 것이 아닌가! 곰도 화를 내는 나의 모습에 조금 놀라는 눈치였다. '뭐 이런 인간이 있어? 나를 보고 무서워하지도 않는군!' 하는 눈치였다. 나의 머리는 쏜살같이 회전을 하였다. '아! 문을 열어 놓으면 안 되는데 열었군.' 나의 고함 소리에 옆에 있는 곰들이 차량 정면에 엎드려 공격 자세를 취하였다. '이 곰들이 차량을 뒤집어 엎으면 어떻게 하지. 가족들이 모두 무사하지 못하겠군' 하고 생각하면서 곰을 노려보며 창문을 닫기 위해 오른 손으로 고리를 돌렸다. 그랬더니 곰은 앞 오른 발을 내려 놓으며 차량에서 조금 떨어졌다.

시동을 걸고 그곳을 빠져나오며 다친 어깨를 확인해 보니 피가 조금 보였다. 바틱 옷을 입고 있었는데 찢어진 것이다. 재빨리 관리인에게 상황을 말하니 가장 가까운 병원에 내려가서 치료를 받도록 안내해 주었다. 마침 병원에 대기하는 의사 선생님이 있어 바늘로 다친 부위를 꿰매고는 약봉지를 받아 상처의 고통을 느끼며 반둥 집으로 돌아왔다. 약 두 달 동안 가슴에 통증을 느끼며 어깨 바로 뒤의 등 상처 부위를 치료해야 했다. 지금도 등에는 곰의 발톱 자국의 상처의 흔적이 희미하게나마 남아있다.

2-2-3 복음선교신학대학교 제자들   2-2-4 선교 센터에서 신학생 교육(2012.04.22)

'호랑이에 물려 죽은 사람도 있다'는 말을 나중에 듣게 되었다. 곰의 공격을 받고 살아남았으니 참 다행이라는 생각과 주님께 감사하는 마음이 있었다. 주께서 곰을 보내 내게 무엇을 말씀하셨는가를 곰곰이 생각해 보았다. '겸손히 주님의 뜻에 따라 살라'는 말씀으로 이해하였다. 좀 더 신중한 믿음의 삶을 살기로 다짐하였다.

신학교는 자주 금식을 선포하고 학생들은 열심히 기도하며 신학교 수업에 임했다. 천여 명의 학생들이 점점 그 수를 더하였다. 청년들이 공부를 하기 위해 각 시골에서 신학교가 있는 자카르타 마카사르 깜뿡 뿔로(뿔로 마을)에 왔고 필자는 신학교에서 강의를 하게 되었다. 신학교 교수 사역을 하는 것이 그렇게 쉬운 것은 아니었다. 언어를 상당히 열심히 공부했지만 의사소통을 하는 정도이지 가르치려면 더 많은 과정의 언어 연구가 필요했다. 그렇지만 성령의 능력에 의지하여 가르치는 사역을 성실히 임했다. 많은 과목을 맡지는 않고 첫 과목으로 헬라어를 가르쳐 달라는 요청이 들어와서 그렇게 하기로 하였다.

제3장

교수 사역

헬라어 강의는 인도네시아 신학생들에게 한 나의 첫 과목이다. 대부분의 교수들이 하듯이 첫 강의는 자기소개를 하면서 시작하였다. '김종련'이라는 이름을 먼저 한글로 쓰고 영어로 'Jong lyeon kim'을 칠판에 기록하였다. 안녕하세요! 여러분을 주님 안에서 만나게 되어 기쁘게 생각합니다. 먼저 나 자신을 소개하지요. (Selamat siang! Saya senang sekali bertemu dengan saudara sekalian di dalam Tuhan Yesus. Saya mau memperkenalkan diri.) 나의 조국 대한민국, 선교사로서 이 땅에 오게 된 경위, 과목의 목적과 필요한 자세 등을 전달하고 돌아가면서 학생들이 자신을 소개하도록 시간을 주었다.

학생들은 자신을 소개하는 것이 그렇게 능숙한 것 같지는 않았다. 어떤 학생은 자신을 소개하고 찬양을 하도록 시키기도 하였다. 일주일에 한 번 오는 헬라어 강의는 반둥에서 아침에 출발하여 자카르타에 도착하면 강의를 마치고 집으로 돌아가는 여정이었다. 주로 문법을 배우기 때문에 한 과를 배울 때마다 시험을 치루기도 하고 단어에 대한 이해와 문장을 이해하도록 하는 데에 중점을 두었다. 헬라어 시제 또한 중요한 내용이었다.

2-3-1 신학교에서 가르친 제자들   2-3-2 시험치는 학생들

　　인도네시아 언어로 헬라어를 가르치는 것이 내겐 새로운 경험이었지만 학생들 또한 전혀 새로운 배움이었다. 신학생들이 신약 성경 원문을 제대로 읽고 원문의 뜻을 이해하기 위해서는 헬라어를 배워야 한다. 그러므로 헬라어를 배우는 것은 신학생들이나 목회자들에게 매우 기본적이며 중요한 일이었다. 장신대 박수암 교수님께 아침마다 배운 헬라어를 선교사가 되어 인도네시아 여러 지역에서 온 신학생들에게 가르치고 있다는 것은 감개무량한 일이었다.

　　헬라어 수업에 들어온 학생들은 니아스, 칼리만탄, 술라웨시 지역 학생들이 많았다. 헬라어 강의를 통해 학생들과 대화하고 그들의 모습과 태도를 보며 인도네시아 인을 좀 더 가까이 이해할 수 있었다. 어려운 환경에서 자란 학생들의 모습은 늘 힘이 없고 목마른 모습이었다. 더위에 있는 학생들이 목말라 하는 것은 당연하였다. 그들에게 무엇인가 교수로서 할 수 있는 일이 많지 않았다. 간혹 그들에게 빵 하나와 음료수 한 병 정도를 사서 제공하는 것이 고작이었다. 수업에 집중하며 공부하는 그들을 위해 최선을 다해 가르치려 노력했다. 그 중에는 뛰어난 학생들이 서너 명 있었지만 대체로 성적은 좋지 못했다.

헬라어를 가르치면서 좀 더 헬라어를 깊이 연구할 수 있는 기회를 가지게 되었다. 물론 인도네시아어를 통해서 가르치기 때문에 쉬운 일은 아니었다. 하지만 수업을 진행하는 데는 문제가 없었다. 수업을 준비하는 과정에서 충분히 내용을 숙지하고 학생들과 만나기 때문이었다. 질문을 하기 전에 질문을 먼저 하고 단어와 문법 위주의 수업으로 시작하여 연습 문제에서는 헬라어 문장을 해석하고 인도네시아어를 헬라어로 만드는 문제들을 풀이하였다.

요한복음 1장을 헬라어로 읽고 발음을 바르게 하는 연습도 학생들에게 가르쳤다. 앞으로 신학을 공부하는 과정에서 성경을 더욱 깊이 연구하는데 꼭 필요한 것은 성경 본문을 제대로 읽는 것은 참으로 중요하다. 헬라어를 가르치면서 더욱더 헬라어를 연구하고 단어를 외우는 일에 집중하게 되었고 학생들과 공부를 하는 것에 즐거움을 느끼며 선교사 생활에도 많은 도움이 되었다.

 제4장

교회 개척

 므라문과 빨로안 지역은 서부 칼리만탄에 위치한 마을이다. 자카르타에서 비행 편으로 1시간 25분 정도를 타고 뽄티아낙(Pontianak) 수빠디오(Supadio) 공항에 가서 다시 차량으로 5시간 정도를 가면 빨로안(Paloan) 마을이 나오고 다시 두 시간을 더 가면 소속(Sosok)이라는 면소재지가 나오고 거기서 정글 지역으로 걸어서 3시간 반을 가면 므라문(Meramun)이라는 마을이 나타난다. 처음 므라문 마을에 갈 때는 교수와 학생 서너 명과 함께 현장을 방문하고 마을의 추장 집에서 예배를 드렸다.

 작은 마을이지만 깊은 정글 속에 작은 나무 집들이 여기저기 흩어져 있었고 아직도 교회당이 없어 가정집을 방문하여 선교사가 온다는 소식을 듣고 방과 마루가 꽉 차고 넘치도록 모인 어린아이들부터 어른까지 남녀노소 모여 예배를 드리게 되었다.

 므라문까지 비행기를 타고, 그리고 차를 타고 가는 여정도 멀지만 걸어서 3시간 반을 열대 우림 더운 지방을 걸어서 간다는 것은 쉬운 일이 아니었다. 물통은 필수, 체력은 선택이라고 하면 어떨지 모르지만 우리들은 그런 먼 길을

2-4-1 교회 개척 및 건축시 모라문교회 (1994)

가야만 했다. '너희는 가서'라는 주님의 음성에 순종하는 마음으로 그 먼 길을 마다않고 서로를 격려하며 가고 또 갔었다.

땀이 채 식기도 전에 도착한 후 바로 예배를 드리고 말씀을 전해야 했다. 어린 아이들의 찬송 소리가 내 귓전을 때리며 마음 깊숙이 파고들었다. '주께서 나를 위해 십자가에서 죽으셨네. 나를 위해 죽으셨네.' 아이들의 찬양 소리는 마치 천사의 음성처럼 아름답고 깊은 신앙에서 우러나오는 찬양으로 들렸다. 먼 길을 걷고 피곤에 지친 선교사가 위로와 격려를 받기에 충분한 내용이었다. 너무나 감격적인 찬양이 아닐 수 없었다. 그들의 뚜렷한 눈망울 속에, 그들의 마음과 작은 입술에서 나오는 아름다운 찬양은 참으로 감동적이었다.

주의 말씀을 전하기 위하여 본문은 로마서 요한복음 3장 16절과 로마서 5장 8절 말씀을 읽었다. 그런 후에 말씀을 전하였다. 하나님의 사랑을 믿고 확신하

2-4-2a 므라문교회 성도들에게 세례주는 모습

도록 주의 말씀을 힘 있게 전하였다. 그들의 뜨거운 가슴에 믿음의 기름을 붓고 성령의 불길이 솟아오르고 은혜가 충만하도록 회개와 말씀의 확신을 요청하였다. '우리가 아직 죄인 되었을 때에 그리스도께서 우리를 위하여 죽으심으로 하나님께서 우리에 대한 자기의 사랑을 확증하셨다'는 말씀이 므라문 성도들에게 믿음을 갖게 하는 큰 계기가 되었다. 교회당을 건축하고 완공하여 헌당 예배를 드릴 때에는 51명의 사람들이 동네 위에 있는 작은 호수에서 세례를 받게 되었다. 므라문교회가 날로 성장하여 그 마을의 교회로 위치하게 되었다.

빨로안교회는 성도들이 점점 늘어나 작은 모임이 큰 모임이 되었고 150여명이 넘는 공동체로 발전하였다. 20명 남짓 들어갈 수 있는 건물에서 150여명이 들어가는 교회 예배당을 건축하고 그 지역의 선교적 교회로 성장하게 되었다. 유치원을 설립해서 아이들을 위해서 기독교 교육을 실시하고 선교하시는 하나님의 사랑과 진리의 말씀을 전하며 찬양을 가르쳤다. 해를 거듭할 수록 교회는

2-4-2b 세례받은 성도들

성장하여 점점 자립하는 교회로 발전하게 되었다.

므라문과 빨로안의 교회 개척은 교수 사역에만 머물지 않고 교회가 인도네시아 선교 현장에서 실질적으로 하나님의 선교에 동참하는 일을 하도록 하는 선교적 교회로 성장하도록 하는 의미가 있다. 학교와 교회에서 선교적 임무를 감당하며 더욱 현지인들에게 가까이 나아가게 되었다.

2-4-3 울산제일교회 선교팀 방문 2006

2-4-3a 므라문 마을

2-4-3 a1 므라문 엘림교회 건축, 므라문 아이들의 환영

2-4-3-a2 기공 예배에 참석한 권신철 목사님과 조용윤 사모님

2-4-3b 므라문 엘림교회 헌당식

2-4-3c 헌당 예배 후

2-4-3d 므라문 엘림교회

2-4-4 므라문교회와 유치원 전경

2-4-5 유치원 건축 선교팀 봉사

2-4-6 빨로안교회와 유치원

제5장
선교학 석사 과정

    선교사는 안식년을 얻어 다음 사역을 위한 준비와 후원자들을 만나게 된다. 또한 선교 보고의 시간을 갖기도 한다. 현지 체류를 하는 기간뿐만 아니라 사역에 상당한 긴장감을 갖고 생활할 수밖에 없다. 그래서 적당한 쉼의 기간은 필요하여 안식년의 기간을 얻게 된다. 1992년도에 파송되어 1996년 첫 안식년을 맞이하여 6개월 기간을 3개월씩 나누어 장신대에서 선교학 과정을 수학하게 되었다. 선교학을 좀 더 깊이 있게 공부하기 위한 의미도 있지만 계속적인 선교 사역을 위한 학위 과정으로서 필요하였다. 같은 반에는 5명이 함께 공부하였다.

    장로회신학대학교 세계선교대학원을 1996년 3월 4일에 입학하여 1999년 8월 19일에 졸업하였다. 선교학 석사 과정에서 1996년도 1학기에는 교회성장이론, 성서선교신학, 현대선교신학, 전도학, 선교운동사, 선교학개론 등을 이수하였고 2학기에는 타문화권 선교연구, 교회와 선교 과목을 공부하였다. 1996년 winter 학기에는 선교 현장연구 과목을 공부하여 학과목에서 27학점, 논문 6학점을 이수해 33학점을 이수해 졸업을 할 수 있게 되었다. 논문은 『인도네시아 한국선교실태 연구』라는 제목으로 서정운 총장님의 지도를 받고 학위 논문을 제출하였다.

선교 현장 연구 과목으로 1997년 1월에 2주간 동안 OMSC(Overseas Ministry Study Center)의 과정을 이수하고, 예일(Yale), 프린스톤(Prinsten), 샌프란시스코(Sanfransisco), 풀러(Fuller)신학교를 방문하였는데 1주일 기간을 들여 신학교를 방문하고 교수들에게서 강의를 들었다. 서정운 총장님은 평소의 온화한 지도력으로 미션 스터디 그룹을 잘 지도하고 인도하셨다. 나는 이러한 과정을 통하여 선교학에 대한 지식과 실제를 익히는 좋은 경험을 하였다.

안식년 기간이었기에 공부를 하면서 쉬는 시간에는 서정운 총장님과 학교 테니스 장에서 단식 테니스 시합을 하기도 하고 교제의 시간도 가졌다. 총장님의 테니스 실력은 축구 실력과 함께 뛰어나셨다. 총장님은 테니스를 잘 치셨고 나를 이기셨다.

장신대 성악 강사님에게 성악 실기를 지도받는 기회도 있었다. 힘든 과정이었지만 유익한 경험이었고 꼭 필요한 과정이었다. 서정운 총장님, 이광순 교수님, 한국일 교수님, 김영동 교수님을 비롯한 모든 교수님들이 잘 지도해 주신 것에 깊은 감사를 드린다. 무엇보다도 선교학 석사(Th.M in Missiology) 학위를 획득함으로 이후의 선교를 위한 교수 사역에 필요한 요건을 갖추게 되어 그 의미가 크다고 생각한다.

제6장
자카르타로

1997년 3월에 세계선교대학원 학과목 과정을 마치고 인도네시아로 다시 입국하게 되었다. 맡겨두었던 짐을 찾아 반둥에서 수도 자카르타로 이사를 하였다. 김정환 권사님의 소개로 Pondok cibubur에 오래되고 낡은 집을 사용하게 되었다. 반둥에서 자카르타로 이사를 한다는 것은 물가에 대한 부담과 집세에 대한 부담, 그리고 날씨에 대한 부담을 안고 이사한다는 의미이다. 물가는 대도시라서 더욱 비싸고 집세 역시 그랬다. 반둥의 시원한 날씨보다 자카르타의 후덥지근한 날씨는 그렇게 유쾌하지는 않았다. 그러나 자카르타에 이사한 것은 신학대와 가깝고 교수 사역을 위해서는 필요한 일이었다. 자카르타는 수도이기에 모든 지방으로 가는 항공편이 연결되어 편리한 점이 있었다.

이사를 한 후에 우리 가족은 첫째 자녀인 딸 지혜의 초등학교 입학 문제로 홍역을 치렀다. 반둥에서 현지 유치원을 다녔던 지혜는 인도네시아어도 잘 할 수 있었고 유치원에서 배운 춤과 노래를 잘 하였다. 울산제일교회 권사님들 앞에서 추었던 지혜의 춤을 보고 모든 권사님들이 지갑을 열 수밖에 없었다. 주님의 은혜로 노래도 잘하여 사람들의 귀여움을 받기에 충분했다.

2-6-0 자카르타의 전경

    집에서 제일 가까운 인도네시아 국립초등학교에 지혜를 데려가서 입학금과 수업료 등 기타 여러 상황을 파악한 후에 현지 아이들에게 지혜를 소개했다. 그런 후에 집에 돌아왔다. 그런데 지혜는 인도네시아 학교에서 공부하는 것을 싫다고 하였다. 지혜를 달래려고 근처 빵집을 찾아 빵을 사왔다. 그런데, 지혜는 "아빠, 나 빵 안 먹을래요. 대신에 한국 학교에 보내주세요. 난 한국 학교에서 공부하고 싶어요."라고 엉엉 울면서 말했다. 우리 부부는 그 모습을 보고 눈물로 기도하지 않을 수 없었다. 얼마되지 않아 울산제일교회 여전도회와 예천교회 여전도회에서 도움을 주셔서 지혜를 한국 학교에 보낼 수 있었다.

    한국 학교를 보내기 위해서는 수업료로 1인당 매달 300불 정도의 비용이 들고 입학금으로 1500불 정도가 필요한데 그 당시 선교사 생활비로는 턱없이 부족했다. 초기에는 6개월 정도 후원생활비가 입금이 안 되어 애를 태운적도 있었다. 노회의 담당 장로님은 "바빠서 생활비 지출하고 송금하는 것을 잊어먹었

2-6-1 지혜의 인니 친구들

2-6-2 가족

다"는 대답이었다. 그 후 정상적으로 생활비를 초기에는 150만원, 10년 후에는 180만 원 정도를 받았지만 선교사들이 받는 생활비는 세 자녀를 교육하는 데 50%가 소요되었다.

선교사는 초기 5년 정도 연금을 보조받았지만 그 후에는 총회 연금을 우리의 생활비에서 겨우 내곤 했다. 2015년 노회가 후원을 끊기 전 3년을 일부 지불해 주었지만 선교사 생활은 주택비, 비자비, 활동비, 자녀교육비, 연금 등을 지불해야 하기 때문에 어려운게 사실이었다. 선교 센터 건립비를 모금해 놓고 3년간 렌트 비용과 운영비를 지불하곤 선교사 후원을 중단하였다. 비록 나만이 겪는 일은 아니었다. 다른 선교사님도 비슷한 경험을 이야기한다. 그러나 우리는 하나님께서 주신 더 크신 은혜와 사랑으로 걱정, 근심과 분노를 주님께 맡기고 극복할 수 있었다.

주님은 십자가를 지고 골고다 언덕을 향하여 뚜벅뚜벅 걸어가셨다. 그런데 우리가 어떻게 이 길을 생활비, 후원 비용에 대한 잘못된 태도로 인해 멈출 수

2-6-3 인도네시아 국방어학원 학생 한글 교육을 마치고(장녀 김지혜 사역)   2-6-4 김미영 선교사 군인 한글 교육 후

있는가? 하나님이 엄연히 살아계시고 선교를 주도하기에 그분을 보며 위안을 삼고 반듯한 선교사의 마음을 가지고 믿음으로 나아가야 했다. "후원비가 적으면 적은대로 많으면 많은대로 잘 사역할 수 있어야 합니다." 김부열 선교사님의 경험에서 축적된 지혜로운 말씀이 내 귀와 마음에 생생하게 남아있다. "선교사들이여! 후원이 중단되었다고 낙심하지 말고 주님의 음성을 듣고 믿음으로 순종하라." 대장되신 주님께서 십자가를 지고 앞에 나아가시니 하나님의 은혜를 받은 우리는 하나님의 사랑을 전하며 그 길을 기쁨으로 나아가야 합니다.

자카르타는 약 664.01㎢ 넓이를 가진 수도이다. 인도네시아 34개 주 가운데서 가장 작은 넓이를 가지고 있지만 인구는 10,562,088명(2020년 통계)이며, 세계적 도시이다. 위치는 자바 섬 북서 기슭에 있으며 주변 지역 도시인 보고르(Bogor), 땅으랑(Tangerang), 브까시(Bekasi), 데뽁(Depok) 등을 합하면 3100만 인구를 훨씬 넘어 국가 전체 인구의 10% 이상이 이 지역에 집중되어 살고 있다. 옛 지명은 바타비아(Batavia)이며 관광 명소로서 따만 미니 인도네시아 인다(Taman mini Indonesia Indah), 국립박물관, Monas 독립광

2-6-5 어학원 기독 장병들과 예배 후   2-6-6 김지혜 교사의 이임식을 마치고, 어학원 단장과 국방무관님

장, Ancol 유원지, 이스티크랄(Istiqlal) 사원[7], 까떼드랄(Cathedral) 대성당[8], 역사박물관, 라구난(Ragunan) 동물원, 안쫄 씨 월드(Ancol Sea World), 따만 앙그렉(Taman Anggrek), 뽄독 인다몰(Pondok Indah Mall), 끌라빠 가딩몰(Kelapa Gading Mall) 등을 가지고 있으며, 2억 5천이 넘는 인구를 가진 나라의 수도로서 조금도 손색이 없다. 자카르타는 인도네시아 700여 종족의 언어와 문화의 집산지라고 볼 수 있다. 빤짜실라(Pancasila)를 가진 나라인 인도네시아의 정치, 문화, 교육, 종교, 경제 등 모든 시설들이 집중되어 있고 국가가 인정하는 6대 종교의 예배 처소도 도시 전체에 분산되어 위치해 있다.

---

7   동남아에서 가장 큰 규모의 이슬람 사원이다. 세계적으로는 세 번째이다. 1978년에 준공된 사원은 다양한 상징으로 구성되어 있다. '이스티크랄'은 아랍어로 '독립'이라는 단어이다. 즉, 네덜란드에서의 '독립'을 의미한다. 이 사원은 방문객들로 인해 늘 붐비는 곳이다.
    7개의 출입구와 5층으로 구성되어 있다. 출입구는 이슬람에서 말하는 7개의 천국을 의미하고 5층은 이슬람 신자의 5대 의무를 의미한다. 신앙 고백, 라마단(30일간의 낮 금식), 기도, 자캇(구빈세), 성지 순례이다.
8   이 성당은 1829년 네덜란드 식민지 시절에 지어졌다. 1829년에 지어졌다가 1890년에 붕괴되어 1901년에 새로 지어졌다. 신고딕 양식의 건축물이며 앞쪽 첨탑의 높이가 60m에 이른다. 건축가는 Marius Hulswit이며 1899년부터 1901년에 지었다.

2-6-7 김지혜 교사의 인니군인 한글 교육 후   2-6-8 인니 군인과 활쏘기 체험 후 (김진호 양궁장)

자카르타에서 우리 가족은 뽄독 찌부부르(Pondok Cibubur)에서 5년을 살고 현재 거주하고 있는 부킷 쁘러마이(Bukit Permai)에 이사하여 줄곧 살고 있다. 그런 결과로 마을을 지키는 사람들이나 이웃들이 서로를 잘 알고 있다. 장녀 지혜가 인도네시아 국방부 산하 어학원에서 대한민국과 인도네시아의 협약에 의하여 대사관 국방무관의 지도하에 한국 국방부의 파견 교사로서 인도네시아 하사관이나 장교들을 대상으로 한글을 6년 가까이 가르쳤다.

종종 군부대 행사가 있으면 부대에 오는 국방부 중요 인사들을 만나고 서로 인사를 할 기회가 있었는데 한 번은 인도네시아 국방부 장관이 참석하여 나를 보더니 아주 반갑게 인사하며 악수를 청하여 함께 수행하던 사람들 앞에서 대한민국 국방무관 부부와 국방부 장관 부부와 필자가 손을 잡고 서로의 협력을 기대하며 기념사진을 찍었다. 인도네시아를 돕고 언어를 가르치는 딸을 통하여 많은 군인들을 만나고 대화를 나누었으며 기독교인 장병들의 예배에 초대되어 함께 찬송하며 기도하며 간단한 메시지를 전하였다.

2-6-9 안동서부교회에서 이정우 목사님과 인니 공군 장교들과 함께

2-6-10 한국으로 가는 인니 국방무관에게 한국 문화 교육 후

한국에 나와서 있을 때에는 한국에서 훈련을 받고 있는 인도네시아 공군 장교들이 연락을 해 와서 그들을 초대해서 예천의 식당에서 식사를 대접하고, 김진호 양궁장에서 활쏘기 체험을 시키고, 안동서부교회를 방문하고 이정우 담임 목사님의 안내와 융숭한 대접을 받고 교회의 역사와 선교에 대한 이야기를 함께 듣고, 한국 문화와 교회에 대한 좋은 이미지를 갖게 하고 전도의 기회를 가졌다.

제7장

담임 목사와 교수

　인도네시아 입국을 위해 공항으로 가는 중에 전철 휴식 터에 앉아 있었는데 마침 임순삼 선교부 총무님이 지나가시기에 인사를 드리고 함께 기도하게 되었고 제2기 사역을 시작하게 되었다.

　선교사가 현지 사역을 함에 있어서 종종 담임 목사직을 수행하는 경우가 있다. 필자도 현지 인도네시아 교단장의 요청으로 Sekolah Tinggi Teologia Injili Arastamar(SETIA: 복음선교신학대학교)라는 학교에서 교수 사역을 하면서 임마누엘 깜뽕뿔로교회 담임 목사직을 맡아 2년 반 동안을 섬겼다. 주로 예배 인도, 설교, 행정, 심방 등을 하면서 신학대학교에 소속된 교수 및 직원 가족, 학생들을 대상으로 목회 사역을 하였다. 비교적 짧은 선교사 경험으로 언어에 능통하지 못하였지만 설교를 하고 예배를 인도하며 가정을 돌며 심방을 하였다.

　교수 사역을 하며 심방을 하여야 하니 바쁜 일정 가운데 살았다. 주일날 드리는 예배 시간에 드리는 찬양들은 참 은혜가 되고 좋았다. 설교를 할 땐 일일이 문장을 기록하여 준비해서 담담히 설교할 수 있었다. 선교사의 설교를 듣고

2-7-1 담임 목회 교회 중직자 교수들 및 직원

은혜를 받는 모습을 보면서 내 마음에도 감동이 되었고 그러한 사역을 계속할 수 있었다.

인도네시아 찬양 'Betapa baiknya Engkau Tuhan(당신은 얼마나 좋으신 하나님이신지요)'과 'Itu semua berkat karunia Allah yang agung maha kuasa(모든 것이 하나님의 은혜의 축복입니다)'라는 찬양곡과 가사가 더욱 은혜가 되어 선교지에서나 고국에 돌아와서 찬양을 할 때에 많이 부르곤 하였다. 수업 시작하기 전에도 찬양을 한 곡 함께 부르고 기도하고 가르쳤다. 인도네시아 신학교가 대부분 그런 것 같다. 박명우 박사가 인도네시아에 머물며 자카르타 신학교에 교수 사역을 한 적이 있고 필자가 인도네시아 통역을 맡아 한 일이 있는데 거기에서도 그랬다. 찬양을 부르고 기도를 하는 동안 학생들의 마음에, 교수의 마음에 큰 은혜와 감동이 임하게 되니 가르침과 배움에 도움이 되었다고 생각한다.

2-7-2 예배 및 성찬식 집례 　　　　　2-7-3 깜뽕뿔로교회 성가대

목회 사역과 교수 사역을 하는 가운데서 주선애 교수님도 저희 학교를 방문하셨다. 장로회신학대학교 장영일 총장님도 학생들과 함께 오셔서 말씀을 전할 때에 통역을 맡아 하였다. 원고 없이도 인도네시아 말로 설교하고 강연하는데 담대함이 생겼다.

사람들과 만나고 상황과 부딪혀 말하는 것을 계속하다 보면 언어 능력은 발전된다. 사람들이 싫어지고 만남을 적게 하면 언어 능력은 급격히 줄어든다. '현지인들을 사랑하라 그리하면 너의 선교는 즐거워지고 너의 말은 더욱 부드러워지고 유창해지게 될 것이며 그들의 마음을 알게 될 것이다.'라는 말이 나의 경험에서 나온 나의 격언이 되었다.

* 삶과 선교 여정에서 발견한 한 줄 멘토링 2

현지인들을 사랑하라 그러면 그들을 얻을 것이며 모든 필요를 채워 사역의 즐거움을 얻을 것이다.

제3부

선교 여정과 성령

제1장

개척과 사역

    인도네시아의 선교 특성상 교수 사역을 하면서 개척 교회 사역을 함께 하였다. 방학 때는 여러 지역을 다니며 선교하고 교회를 개척하는 일들을 하였다. 보통 추장이나 믿음 있는 성도의 가정에서 시작하여 몇 가정이 모이면 집회할 처소가 필요하였는데 마을 공회를 빌려 쓰거나 추장 집에서 예배를 드리다가 15가정 정도가 되면 교회 건물을 위하여 기도하였다. 자주 현장에 나가 예배를 드리고 말씀을 전할 기회는 없지만 방학을 맞이하여 틈틈이 현장에 가서 복음을 전하였다.

    므라문(Meramun)교회나 빨로안(Paloan)교회가 선교 초기에 교수 사역을 하면서 개척한 대표적인 교회였다. 1995년도에 교회의 예배당을 건축하고 헌당식을 하였으니 선교 사역 초기인 점에서 상당히 빠른 시기에 교회당을 짓게 되었다. 므라문교회는 많은 돈을 들이지 않고 나무로 예배당을 지었다. 빨로안 교회는 사용하던 작은 예배 처소를 옮겨 새로운 지역에 터를 마련하고 기도하던 중 예배당을 마련할 후원금이 생겨 주블라나 전도사님, 성도들과 아이들이 힘을 합하여 기초 공사에 필요한 자갈과 돌, 모래 등을 채취하여 교회까지 운반하였고 그 후 벽돌과 나무로 건축하며 개척 교회 예배당의 모습을 갖추게 되

3-1-1 이사알마쉬교회 개척 및 성전 건축 후   3-1-2 자카르타 이사알마쉬교회 노회 선교단 방문

었다. 그 당시 필자가 가진 적은 돈으로 땅을 매입하고 그 땅에서 기도하고 예배당을 세웠다. 선교의 열정이 불타오르던 시기에 감격적인 건축과 함께 뜨거운 성령의 역사를 체험하며 예배당을 완공하고 헌당 예배를 드렸다.

두 교회의 예배당이 완공된 후에 잠시 안식년의 기간을 가지게 되었고 장신대 세계선교대학원에서 선교학 석사 과정을 이수하게 되었다. 선교지에 와서 사역은 계속하였고 개척 사역을 위해 노력하였다. 선교사는 늘 고국을 방문하게 되면 초청을 받거나 방문을 하게 되는 교회에서 설교나 간증을 하게 되는데 이러한 예배 시간이 끝나면 간혹 선교 헌신자들이 나타나게 되고 교회 건축을 위한 기금이 마련되게 되었다. 또한 노은희 권사가 헌금을 하고 손미향 사모가 밍크 코트를 포기하고 예배당을 건축할 기금으로 기부한 적도 있다. 뿌아제(Puaje)교회와 깜뽕바루(Kampung Baru)교회가 그러한 교회였다.

서부 칼리만탄의 소속(Sosok) 지역에 있는 소속대신교회는 울산대신교회의 담임이셨던 박한기 목사님께서 현장에 도착하여 예배에 말씀을 전하고 예배당

3-1-3 이사알마쉬교회 사택 건축

3-1-4 자카르타 이사알마쉬교회 교사들

에 필요한 지원을 해주셔서 완성된 교회였다. 처음 현지 목회자에게 예배당을 건축하는 기초 공사를 시켰더니 초기에 너무 많은 비용을 사용하는 바람에 준비된 예산으로는 턱없이 부족할 판이었다. 모든 건축비를 절약하여 사용하기로 하고 건축 인부와 자재 등을 직접 현장에 가서 준비하게 되었다. 건축 인부를 구하는 것도 쉬운 일은 아니었으나 하나님께서 잘 인도하여 주셔서 두 세 사람을 세워 건축을 시작하도록 하고 건축 자재는 직접 가까운 자재 상점에 가서 주문하여 실어 왔다. 어렵게 시작한 예배당 건축이 완공되고 헌당 예배를 드렸다.

잔장교회는 소속에서 약 9km 걸어서 들어가는 지역인데 손순자 권사님의 도움으로 교회 건물을 세웠다. 소속이라는 면지역에 세 교회를 세웠고 예배를 드리는데 부족함이 없이 각각 목회자들을 세워 선교적 기틀을 마련하였다. 하나님의 역사하심을 따라 순종하여 믿음으로 응답하였더니 기적같은 일들이 일어났다. 하나님의 함께 하심은 선교사와 현지 성도들의 기도를 응답하셨고 예배당을 통하여 하나님께 예배하는 삶과 하나님의 말씀을 배우는 은총의 삶을 누릴 수 있게 되었다.

3-1-5 이사알마쉬교회 성탄 행사를 마치고

3-1-6 자카르타 이사알마시교회 주일 예배를 마치고

3-1-7 이사알마쉬교회 성도들

3-1-8 편부모 자녀 신앙 교육을 마치고

제2장

선교 여정

칼리만탄 선교(宣敎)는 주로 서부 칼리만탄을 중심(中心)으로 이루어졌다. GKSI(인도네시아 기독교단) 교단과 협력으로 STT Injili Arastamar(복음선교 신학대학교) 교수 사역을 하면서 각 지역에 흩어져 사역하는 사역자들을 지원하고 격려하며 선교를 위한 기틀을 마련하기 위하여 교회 개척을 목적으로 선교 여정을 시작하게 되었다. 그 시작은 1994년 빨로안 지역과 므라문 지역을 방문하면서 이루어졌다.

대체로 항공편을 많이 이용하였지만 가끔씩 배로 이용하면 38시간이 걸렸다.[1] 항공기로는 1시간 25분 정도 걸리는 거리였다. 자카르타(Jakarta) 수카르노 하타(Sukarno Hatta) 공항에서 폰티아낙(Pontianak)의 수파디오(Supadio)

---

[1] 자카르타 만중 쁘리옥에서 출발하는 배는 Belitung 섬을 거쳐 서부 칼리만탄의 주도 폰티아낙(Pontianak) 항구에 도착한다. 란닥 강(Sungai Landak)을 거슬러 올라가는 지역에 항구가 있기 때문에 바다의 조류에 따라 3-4시간을 바다에서 대기하고 기다렸다가 바닷물이 차면 강으로 접근하여 항구에 도착할 수 있다. 배를 타고 가는 시간 동안 식사는 제공된다. 밤에 출발하기 때문에 배에서 두 밤을 지내고 그 다음날 도착한다. 시간은 38시간 이상 걸린다. 티켓 가격은 최근(2020년)에 27만 5천 루피아(Rupiah) 정도였다. 선교 현장에 가져갈 짐이 많으면 배를 이용하는 것이 유리하다. 1인당 50kg까지 가져 갈 수 있다.

3-2-0 빨로안동성교회 담임 목사님과 함께   3-2-1 세례식 후 빨로안동성교회 성도들

공항으로 가서 예약된 차량을 인도받아 운전하여 지역 도시들을 거쳐 선교 현장으로 들어갔다.

칼리만탄(Kalimantan)은 우기와 건기가 상당히 차이가 많았고 대체로 더운 편이었으나 간혹 비가 올 때면 시원한 면도 있었다. 도로는 심히 패여 있어서 주의를 하지 않으면 차량이 심각한 손상을 입거나 사고로 이어질 가능성이 있다. 포장도로를 갈 때도 있지만 자갈밭이나 험한 산 길을 갈 때에는 탱크를 몰고 자갈밭을 다니는 것처럼 소리가 요란하고 곡예하듯이 운전하여야만 한다. 그러한 길을 오가며 선교지 방문을 하는 선교사의 입장에서는 자연스러운 일이지만 잠시 선교 지를 탐방하거나 건축지원차 오시는 분들은 두려움과 스트레스를 받는 모양이다. "선교사님, 우리가 도와서 건축할 교회는 좀 큰 길이 있는 쪽으로 해 주세요!" 어느 목사님의 말씀이다.

"선교사님, 왜 이런 험한 곳을 다니며 선교하십니까? 이런 곳이 아닐지라도 얼마든지 쉽게 선교할 수 있을 텐데……. 선교사님이 안타깝습니다." 어느 장

3-2-2 빨로안동성교회 성도들

3-2-3 예배드리는 모습

로님의 연민의 정으로 하시는 말씀이다.

　선교는 하나님이 인도하시고 이끄시기에 하나님의 계획 안에서 순종하며 나아가는 것이 선교사의 길이다. 한국에서 목회하는 것도 어렵지만 선교하는 현장이 쉬울 리가 없지 않은가? 길이 비록 험하고 멀더라도 가야만 하는 것이 선교사의 길이라 여긴다. 비가 자주 오는 우기가 오면 선교 여정은 더욱 힘들어진다. 더위가 가시고 시원한 면은 있지만 정글을 들어가는 여정에 비는 그다지 반가운 손님은 아니다. 가는 길이 진흙탕 길로 바뀌면 교통 수단들을 이용하는데 아주 불편하기 때문이다. 종종 비를 흠뻑맞으며 선교 현장을 가기도 한다. 우산이 있어도 세찬 바람과 함께 내리는 소낙비를 막아내기가 어렵다. 다행히 인도네시아 인들은 비는 하나님의 축복이라고 여긴다. 그들은 비를 맞으며 축구 시합도 하고 야외에서 수영을 즐긴다. 선교사도 그들의 삶에 점점 동화되어 가고 있는 것을 느낀다.

　므라문에 가기 위해서 숙소에서 자카르타 공항까지 1시간, 기다리는 시간 1

3-2-4 김미영 선교사 의료 사역

3-2-5 빨로안 유치원생, 교사

시간, 비행기로 이동하는 데 1시간 25분, 공항에 내려서 차량으로 6시간(225킬로), 다시 3시간 반(15킬로)의 시간 동안 정글 길을 걸었다. 새벽 4시에 집을 나서서 6시에 비행기를 타면 칼리만탄 공항에 7시 반에 도착하고 다시 차량을 인수받는 데 약 한 시간 정도 걸리면 8시 반 정도 되어서야 폰티아낙을 출발 할 수 있게 된다. 그러면 오후 3시 정도 되어서야 소속에 도착하고 어둑어둑해지는 오후 6시 반 정도 되어서야 므라문 마을의 전경을 마주하게 된다. 거의 밤 시간에 예배를 드리고 간증, 찬양 및 설교 시간을 갖고 함께 기도하게 된다. 1995년 므라문교회 첫 헌당식에는 51명의 마을 성도들이 복음을 듣고 믿음을 가지게 되어 세례를 받았다. 놀라운 하나님의 섭리와 은혜였다.

몇 년이 흘러 세 번째 건축을 할 때에 권신철 목사님(천곡제일교회)이 교회 건축기공식에 참석하여 설교를 하였다. 선교 여행에 참여했던 다른 분들은 차량이 진흙탕에 빠진 영향으로 시간적인 문제가 발생하여 예배에 참석하지 못하였고 권 목사님과 필자만 오토바이를 이용하여 현장에 가서 성도들과 예배를 드렸다. 나는 몇 번이나 방문하여 건축 지도를 하였고 필요한 모든 자재를 사

3-2-6 빨로안 유치원생   3-2-7 배에서 주는 음식

는데 협력하였다.

    예배당 건축이 끝난 후에 엘림선교회를 대표하여 목사님 네 분이 므라문교회 헌당식을 위해 방문했을 때에는 은혜로운 헌당식과 예배가 진행되었다[2]. 설교와 기도와 찬양, 특별 찬양 등 모두가 감격적인 예배를 드렸다. 나는 폰티아낙에서 므라문까지 왕복 15시간을 운전하였다. 2시간을 예배 드리고 다시 폰티아낙 숙소로 왔을 때는 피곤하여 녹초가 될 지경이었다. 그러나 선교적 과업을 함께 나누고 이루는 기쁨은 그 무엇과도 비교할 수 없는 것이었다. 그 당시 후원해 주었던 엘림선교회 회원들과 참석하여 수고하였던 목사님들께 깊은 감사를 드리며 하나님의 은총이 함께 하기를 기도드린다.

---

2   엘림선교회는 울산노회 목사 장로로 구성된 선교회였다. 므라문교회가 세 번째 교회당을 지을 때 후원 협력하였고 외부에서 헌당식에 참석한 사람은 필자와 함께 김상호 목사, 전주열 목사, 김승홍 목사, 윤재덕 목사였다. 그들의 수고와 헌신은 참으로 아름다웠고 선교사에게 큰 힘이 되었다.

선교 현장을 향하여 권신철 목사님 부부

3-2-8 빨로안 초등학교 아이들과 빨로안 마을

    선교사가 마을에 도착한다고 하면 많은 이들이 모여 예배의 분위기를 더욱 뜨겁게 하였다. 평소에 찬양을 잘하고 연습을 많이 한 것처럼 더욱 정성을 다하여 부르는 찬양이 하나님께는 영광이 되고 선교사에게는 큰 은혜와 감동으로 다가왔다. 어린이들의 모습과 젊은 청년 남녀, 노인 가릴 것 없이 해맑은 마음으로 선교사를 환영하고 반갑게 악수를 나누었다. 세례를 주는 현장에서도 세례를 받고는 물속에서 선교사의 발을 잡고 반가움을 표시하는 성도들도 있었다. 소중히 모아둔 음식들을 내어놓아 먹도록 하는 현지 성도들도 있었다. 헤어질 때면 아쉬운 듯 다시 만날 날을 기약하며 작별 인사를 하였다.

    빨로안의 성도들은 좀 더 길에서 가까이 사는 마을의 사람들이다. 폰티아낙에서 약 130km 지점에서 2-3km 도로를 따라 주택들이 들어서 있다. 대부분이 시멘트와 벽돌, 나무로 지은 건물이었다. 초등학교는 하나가 있고 마을의 가옥이 약 150여 채 되었다. 초등학교에서 1km 떨어진 곳에 마을 사무실이 있고 그 앞에는 운동장이 있다. 마을 사무실에서 가까운 곳의 땅을 사서 교회당을 지었고, 유치원을 지었다. 마을 사무실을 중심으로 볼 때에 왼쪽 편에는 교

3-2-9 빨로안 초등학교

회 유치원, 오른쪽에는 예배당이 건축되었다. 현재 빨로안동성교회는 성도들이 많이 부흥되어 150여 명을 넘고 자립하는 교회로 성장하고 있으며 신학생으로 지원한 지원자가 일 년에 6명이나 되는 때도 있었다.

빨로안 동네의 젊은이들이 교회로 많이 출석하고 신앙의 기쁨을 알고 전도하는 분위기여서 그런지 무슬림의 자녀들 중에 한 여학생이 교회를 출석하고 신앙을 갖게 되어 신학교에 입학을 하였다. 집에서는 핍박이 꽤 심하였지만 믿음의 길을 가는 모습을 보면서 늘 기도하고 하나님의 도우심을 구하였다. 자카르타 우리 집에도 방문하였기에 어려움을 듣고 말씀으로 격려하며 함께 기도하였다.

빨로안 마을에 사는 성도들과 주민들을 위하여 한 번은 이인호 한의사 부부와 목회자 부부(권신철 목사, 조용윤 사모)를 인도네시아에 초청하여 필자 부부가 의료 사역을 위하여 모시고 간 적이 있다. 동네에 아픈 분들이 종교적 신앙과 관계없이 아픈 몸을 이끌고 와서 침술 치료를 받고 약을 받아가게 되었다. 아무 부작용이 없이 치료를 받은 분들의 반응은 매우 좋았다. 감사한 일이었다. 수고한 분들에게 감사를 드린다. 아내가 간호사로서 보건소에 근무한 경험이 있어서 종종 약을 가지고 선교 현장에 가서 그분들이 필요로 하는 약품들을 제공하고 기도하며 섬기는 일을 하였다. 그들에게 작은 약이지만 소중한 마음으로 준비하여 제공할 때에 그들의 마음의 문이 열리고 친 형제자매처럼 복음의 씨를 뿌릴 수 있었다.

뿌아제, 깜뽕 바루, 로사, 몬쪽 교회들은 훨씬 더 멀리 가야만 하는 선교 여정이었다. 몬쪽교회를 건축하고 개척하는 과정에서 핍박이 심하였다. 그 동네의 이웃에 가톨릭 교회가 있는데 개신교 교회당이 들어서면 가톨릭 신도까지 뺏길까 염려하는 사람들이 교회 건축을 방해할 목적이 있어 핍박을 하였다.

몬쪽 교회당은 손정례 권사님이 후원하여 지을 수 있었는데 현지 가톨릭 성도들의 핍박이 심하여 많은 고초를 겪으면서 완공할 수 있었다. 그 마을 부근에는 시멘트를 파는 가게는 있는데 모래를 파는 곳이 없어서 멀리 가서 사가지고 와야만 하는 환경이었다. 다행히도 냇가에 모래가 많이 있어서 그 모래들을 모으고 퍼 날라서 벽돌을 만들어 교회당 건물을 지을 수 있다는 성도들의 제안으로 그 일을 시작하게 되었다. 그 당시 고등학생이었던 필자의 첫째 아들, 영광이도 몬쪽 마을의 아이들과 함께 모래를 채취하고 퍼 나르는 일에 동참하였다. 체구가 작은 교회 아이들이 교회를 건축한다는 일념으로 힘겨운 일에 앞장서는 모습을 보면서 하나님의 은혜에 감사하며 감동이 되었다. 아들 영광이는 입이 짧아 반찬 투정을 하는 편인데 선교 현장에서 봉사 활동을 한 후로는 밥을 먹을 때 항상 감사하며 먹는다.

잠자는 곳이 마땅치 않아 몬쪽교회 전도사님의 장인 집에서 거처를 마련하여 잠을 며칠 자게 되었는데 마지막 날 밤에 그 마을 사람들 30여 명이 몰려 와서 더 이상 교회를 건축하지 못하도록 압력을 행사하였다. 한 젊은 청년은 나를 때리려 팔을 휘둘러서 약간을 맞았다. 마을 사람들의 거친 표현에 기분이 좋지 않았고 그곳을 떠나야만 하는 상황이었다.

현장을 벗어나기 위해 차에 시동을 걸고 몇 킬로를 갔는데 개울을 건너는 지점에서 그들이 차의 타이어에 못을 양쪽으로 박아 타이어 펑크가 나도록 한 모습을 발견하였다. 몇 시간을 기다려도 아무도 지나가는 사람들이 없었다. 그러한 상황에서 하나님께 드리는 기도는 더욱 간절했고 주님의 도우심만을 기다리고 있었다. 타이어 펑크는 났고 구사일생의 순간을 경험하였다. 마침 전도사님이 오토바이를 타고 와주어서 우리 가족은 그 마을에서 멀리 떨어지지 않은 다른 전도사님의 집에서 하룻밤을 자며 하나님의 도우심을 구하였다. 이틀 후에 상당한 시간을 기다린 후에야 펑크 난 두 타이어를 다행히 교체하고 우리의 선교 여정을 계속할 수 있었다. 핍박과 고난 속에서도 하나님의 선교하심은 멈추지 않아 교회당은 완성되었고 서동오 목사님 부부와 성도들, 현지 성도들이 함께 참석하여 헌당 예배를 드릴 수 있었다.

빨로안 지역에 살만(Salman) 목사라는 분이 있다. 그분은 그 부근의 모든 교회들을 관리하고 책임지는 분으로서 초등학교 교사의 일들도 함께 하는 분이다. 늘 서부 칼리만탄에 가면 그 집을 방문하고 잠을 자거나 교제를 하며 선교적 업무를 의논하는 분이시다. 선교 여정에 핍박과 어려움이 있었지만 친구 같은 현지 목회자들이 있었기에 함께 위로하고 격려하면서 어려움들을 이겨낼 수 있었다. 성령 하나님께서 믿는 자들을 통하여 위로와 격려를 주시며 말할 수 없이 크고 좋은 은혜와 은총을 우리들에게 주심을 체험하였다.

제3장
개척과 건축

 교회 개척과 예배당 건축은 긴밀한 관계에 있다. 자카르타, 칼리만탄 및 술라웨시 선교지에 개척되는 교회들의 성도수가 늘어나게 되고 예배를 위한 집회 장소가 필요하게 되었다. 가정에서 시작된 정글 지역 작은 예배 공동체들이 하나의 교회로 세워지고 성장하게 되었다. 그러한 과정에는 하나님의 성령의 역사로 말미암은 성도들의 헌신이 있었고 한국 교회의 도움도 있었다.

 1997년 초에 신학대학 교수 가족과 직원, 신학생들이 성도가 되는 자카르타 임마누엘 깜뽕뿔로교회의 담임 목사직을 맡아 2년 6개월을 사역하였다. 하나님은 필자를 자카르타는 물론 칼리만탄 지역, 술라웨시 지역에 인도네시아 원주민 교회들을 개척하는 사역을 하도록 하고 교회가 성장하여 예배를 드리는 처소들을 마련하는 일을 섬기도록 인도해 주셨다. 정글 지역에 예배 처소를 마련하는 일은 큰 예산이 드는 것이 아니었다. 처음에는 150만원 정도로 예배당을 나무와 시멘트로 지을 수 있었다.

 제일 먼저 므라문 지역에 우리 가족의 작은 마음을 모아 나무로 된 교회를 건축하게 되었고, 그 다음에 빨로안 지역에 교회를 건축하는데 협력하였다. 또

3-3 M1 무오교회 건축 전경   3-3 M2 무오교회당 모습

한 술라웨시 지역에 손순자 권사님의 지원으로 보네뿌떼교회를 개척하는 일에 협력하였고, 서부 칼리만탄 소속 지역 잔장교회 개척에도 협력하였으며 울산제일교회 이종근 장로님(최미대좌 권사)이 지원하여 자카르타 따만미니 이사알마쉬교회를 개척할 수 있었다.

박재영 집사님의 씨누교회 지원, 노은희 권사님의 뿌아제교회 지원, 손미향 사모의 깜붕바루교회 지원, 최후남 권사, 박계숙 권사, 정진희 집사, 윤미옥 집사, 권미선 집사, 인자사랑 예천선교회의 무오교회 지원, 이필국(권해숙 권사) 집사님 가정의 자녀 이경생 사모가 후원하여 까랑안 빠찌교회 지원, 울산 온양 대신교회의 소속대신교회와 딴잔대신교회 지원, 동성교회의 빨로안교회 지원,

3-3 M3 무오교회 성도들

3-3 M4 무오 마을에서 교회 건축을 위해 기도하는 모습

염포교회의 바엘교회 지원, 하늘빛교회 손정례 권사님의 몬쪽교회 지원, 울산 남선교회의 살래교회 지원, 서울 아름다운교회의 산잔 아름다운교회 지원, 엘림선교회의 엘림므라문교회 지원, 복음의 삶의 로사교회 지원, 마르투리아 선교회의 마르투기아 교회 지원이 있었다.

노회와 교회, 선교 후원자들의 협력이 있어 각 지역에 교회를 개척하고, 유치원을 설립하는데 큰 힘이 되었으며 하나님의 선교에 참여하였다. 온양대신교회(박한기 목사), 울산동성교회(배창호 목사), 염산교회(김종익 목사), 충절로교회(김지영 목사), 섬김의교회(이도행 목사), 열매맺는교회(안준호 목사), 부성교회(김성구 목사), 안동서부교회(이정우 목사), 비전교회(이정인 목사), 영은교회(이승구 목사), 제주큰빛교회(김용남 목사), 주안교회(주승중 목사), 대구원대교회(김우혁 목사), 소망교회(김경진 목사), 인자사랑예천선교회[3], 가족

---

3   황미화 권사, 송애자 권사, 오복순 권사, 임영희 권사, 정귀선 권사, 배상선 권사, 김귀순 권사,

3-3 R1 서부 깔리만탄 로사교회 성전 건축 기공 예배를 마치고

선교회[4]가 선교 협력 교회와 선교회로 참여하여 선교를 돕고 있다.

므라문과 빨로안이 초기 개척한 교회이며, 그 후에 소속대신교회, 잔장교회, 씨누교회, 로사교회, 깜뽕바루교회, 뿌아제교회, 이사알마쉬교회, 보네뿌떼교회, 까랑안빠찌교회, 로사교회, 딴잔대신교회, 몬쪽천상교회, 살래교회, 바엘교회, 산잔아름다운교회, 마르투기아교회, 무오교회, 자카르타 제일교회를 개척하였다. 꺼따방교회와 타파교회 건축을 위해 자재를 지원해 주었다. 현재는 자카르타, 칼리만탄 신땅에 예배 처소와 학교를 세워 계속적인 선교 활동을 할 계획으로 기도하고 있다.

강명자 권사, 황중가 집사, 변선희 집사, 김태숙 집사 등이 회원들이다.

[4] 김종성 집사, 최후남 권사, 김순자 권사, 문일성 장로, 김미해 권사, 김도훈(김미선) 원장, 이철수 집사, 김미정 집사, 김경록 집사, 권미선 집사, 박지연 집사, 조민재 집사, 박향연 집사, 김판석, 김지혜 가정, 김영광군 등 후원처가 후원을 중단했을 때 가족들이 모두 힘을 합쳐 생활을 도왔다.

3-3 S1 씨누교회 건축 후 전경

교회 개척 과정에 유치원을 설립, 건축하는 일을 하였다. 박수찬 집사님의 가정을 통해 므라문교회와 빨로안 유치원의 건물이 마련되었고, 산잔 아름다운교회 유치원은 선교회의 도움으로, 타파, 딴잔 유치원은 온양 대신교회(박한기 목사)의 도움으로 설립되었다. 빨로안 유치원에 신학생을 교사로 파송하여 유치원 사역을 하는 일에 재정으로 도왔다. 현재까지 이러한 유치원을 위해서 마스크나, 색연필, 볼펜과 연필 등 여러 가지 교육에 필요한 자재와 물품을 지원하고 있다. 선교 사역에 후원 교회와 성도들, 선교회원들, 예천교회 어린이들(지도: 김귀순 권사)의 선교 헌금과 응원 편지가 있었다. 어린이들의 선교 응원편지와 정성어린 헌금은 선교사의 마음에 진한 감동을 주고 눈물을 흘리게 만들었다.

주 후원처가 끊어지고 아내가 낙심하고 있을 때 첫째 딸 지혜가 "이번에 열리는 미국 세계선교사대회 참석하셔서 힘을 얻고 돌아오세요."라며 우리 부부의 항공 티켓과 여행비를 지원해 주었다. 우리를 보내놓고 마침 방학을 맞았던 지혜는 필자가 그동안 개척해 놓은 칼리만탄 선교지를 다녀왔다. 우리에게는 다녀오고 나서야 이야기했다. 칼리만탄 폰티아낙에 혼자 도착한 지혜는 온양대신교회가 후원, 협력하는 미아(Mia) 목사님 안내를 받아 왕복 14시간의 차와 오토바이 여정으로 여러 지역을 돌아보았다. 십여 년 전에 비해 많이 나아진 도로상황에도 쉽지 않았던 여행이었다고 했다.

딸은 나에게 많은 힘과 격려를 주었다. "아빠가 많은 일을 하셨더군요. 여러 교회들이 감사한 마음으로 신앙생활을 잘 하고 있었어요." 지혜는 미아 목사님이 사역중이던 유치원 아이들을 만나 참관도 하고 짧은 시간에 한국어도 가르칠 기회도 가졌다고 했다. 칼리만탄의 머나먼 숲, 타파 지역에 타파 유치원을 세우고, 무오 지역에 무오교회당을 세우게 된 동기가 되었다. 무오교회를 위해 기도 했다. 박계숙 권사의 선교 여행 지원으로 무오교회를 방문하여 예배드리고, 밥을 지어 성도들과 함께 먹으면서 '한국 교회도 교회를 건축할 때 온 교우가 모래와 돌을 가져오고, 벽돌을 만들고 헌금을 하여 지었다.'고 얘기해 주었다. 성도들과 함께 땅에 무릎꿇고 기도하며 예배당 건축을 소망했다. 무오교회 성도들이 모래와 돌을 가져오고, 벽돌을 만들고, 나무를 잘라 힘을 모아 교회를 짓게 된 것이다. 하나님은 어려운 사역들을 함께하셔서 믿음으로 준비하게 하셨고, 다음 세대를 위해 행하고자 하시는 하나님의 선교 사역을 바라보는 희망을 주셨고 돕는 분들과 함께 주의 일에 참여하는 기쁨을 얻게 하셨다.

자카르타 공항에서 칼리만탄 수빠디오(Supadio) 공항으로 가거나 배를 타고 폰티아낙(Pontianak) 항구로 가는 길을 통해서 각 지역에 개척 사역을 하였다. 선교의 결실로 구성원들이 늘어나고 교회가 하나 둘씩 개척되면서 예배를 위한 공간, 교육을 위한 공간이 필요하게 되었다. 모여 예배를 드리고 말씀을 통해 믿음의 삶을 살도록 지도하고 가정 수가 늘어나고 적당한 터전이 준비되면 필요한 교회당을 위해서 기도하였다. 초기에는 대부분이 가정 집에서 예배를 드리거나 공회당을 이용하여 예배를 드리고 찬양과 기도의 시간을 가졌다. 지금도 20개 교회의 2,500여 명의 성도들이 각 지역에서 기독교 신앙으로 예배하며 삶을 영위하고 있다.

3-3-P 뿌아제교회에서

3-3-S 산잔아름다운교회 교회당 모습

3-3-S 산잔아름다운교회 유치원생들과 함께

3-3-S 산잔아름다운교회 유치원생들의 공부하는 모습

3-3-S 소속대신교회 예배 후

3-3-T3 딴잔대신교회 성도들

제4장

협력과 기도

하나님은 우리 가정을 인도네시아에 보내시고 계속해서 후원자들과 교회들을 통하여 귀한 사역을 감당하도록 하셨다. 신앙의 동지들이 함께 기도하고 어려움에 닥칠 때마다 여러 교회들이 협력하여 선교의 일을 하도록 하였다. 하나님은 선교 역사에서 주동적으로 일하시고 역사하심을 보았다.

우리는 자녀들을 양육하며 선교지에서 하나님의 말씀과 사랑으로 지도하는 일에 상당한 시간과 물질을 사용하여 왔다. 우리 가정에 주신 세 자녀를 하나님의 은총 가운데 잘 양육하는 것은 중요한 사역의 하나였다. 반둥에서 첫 딸 지혜와 아들 영광이를 데리고 자카르타에 이사했을 때에 지혜를 한국 학교에 입학시키는 일과 영광이를 유치원에 다니도록 하는 일에 관심을 가지고 시간과 물질을 투자하였다.

선교사가 받는 선교비로 자녀를 양육하기에 상당한 어려움이 있음을 알게 된 것은 초등학교에 입학하려면 입학금과 수업료에 대한 부담이 컸을 때였다. 1,500불을 입학금으로 지불했고, 월 수업료도 약 1,000불(3명)을 내야했기에 초기에 비용이 많이 들었다. 이러한 금액은 해마다 드는 주택비와 비자 비용,

3-4-1 신학생들을 위한 음식 봉사(한국의 닭도리탕을 제공하다)

차량비 등 기본 생활에 필요한 모든 비용에 추가하여 지불해야 하는 금액이었다. 학자금에 대한 비용이 부담이 되어 현지 학교에 보내려고 노력을 해 보았다. 하지만 많은 장애가 있었다. 아이가 현지 학교에 들어가는 것을 원하지 않았고 한국 국제 학교가 자카르타에 있는데 한국어 교육을 받을 수 있는 기회를 갖지 못하도록 하는 것은 부모로서 큰 부담이 되었다.

특별히 개인적으로 부요한 사람에게 도움을 요청할 만한 사람이 주위에는 없었다. 선교보고서에 우리의 어려운 사정을 기록하고 보고하였으며 기도함으로 모든 상황을 해결하여 주시도록 하나님께 우리의 사정을 아뢰었다. 그럴 때마다 하나님은 우리의 기도를 응답하여 주셨다.

교회를 개척하는 일, 비자비와 주택비 등 굵직굵직한 예산에 하나님은 늘 도우시고 교회를 통하여 믿는 동료와 친구를 통하여 역사하여 주셨다. 후원노회

3-4-2 신학생들이 종교적 핍박으로 야외 생활을 하는 모습

와 예천교회 김상섭, 한영자 장로님의 차량 지원과 울산제일교회 문영란 권사님의 장학금 및 선교비 지원, 우수경 집사님의 선교비 지원, 아름다운교회, 예천인자사랑선교회, 천안인자선교회, 후원교회와 후원자들의 후원과 기도가 큰 도움이 되었다. 교회 개척과 건축하는 일에 어느 것 하나 저절로 된 것은 없었다. 하나님의 성령의 역사와 도우심으로 가능하였고 하나님의 인도하심과 간절한 소원과 기도로 이루어졌다.

후원노회의 협력으로 운영된 자카르타 선교 센터에서는 신학생과 지도자 선교 훈련을 진행하였다. 노회의 파송으로 천곡제일교회 권신철 목사님 부부, 대신교회 박한기 목사님 부부께서 큰 수고를 감당해 주셨다. 참여한 신학생과 지도자들이 많은 감명과 은혜를 받고 각자 처소에서 하나님의 선교에 참여하고 있다. 한국의 많은 젊은이들이 방문하고 단기 선교 과정에 요긴하게 사용하였을 뿐만 아니라 선교사, 현지 목회자, 신학생 훈련을 위하여 선교 센터가 중요

3-4-3 선교 센터에서 신학생 지도를 마치고 (20130823)

한 역할을 하였다. 손달익 부총회장님의 방문, 김태영 세계 선교부장님(백양로 교회)의 방문, 현지 선교회 선교사님들의 모임 등 각계 각층의 관심과 협력과 기도로 유익하게 사용되어졌다.

자카르타 선교 센터를 위해서 노회에 소속된 교회들이 연합하여 '김종련 선교사 부부를 위해 식사를 한 끼 대접한다.'는 마음으로 성도 한 사람이 2만원씩 헌금을 하였고, 노회 여전도회에서 자카르타 선교 센터 건립을 위한 음악회까지 열어 선교 헌금을 열정적으로 기도하면서 모금을 하였다. 여기에는 노회의 거의 대부분의 교회와 목회자들, 성도들이 협력하였고 염포교회에 시무하셨던 이승일 노회장님의 특별한 추진력과 노회원들의 협력이 있었기에 가능하였다. 우리들이 한 마음이 되고 참다운 우정이 계속되면 놀라운 일을 할 수 있음을 보여 주었다. 참여하신 모든 교회 성도들의 마음과 믿음에 하나님의 큰 은총이 함께 하실 것을 믿는다. 애써주신 이승일 노회장님을 비롯한 전 노회장

3-4-4 인자선교회 회원들과 함께

김진봉 목사님, 모든 목사님들과 각 교회 성도님들, 울산노회 여전도 연합회 회원들께 감사드린다.

울산동성교회는 창립 30주년을 맞이하여 빨로안동성교회당을 새롭게 건축하는데 협력을 하였다. 울산노회 남선교회는 살렘교회를, 염포교회는 바엘교회를 위해 협력을 하였다. 울산노회 여전도회는 선교비로 협력하였다. 그들의 우정과 선교 협력에 감사하며 선교적 삶을 영위할 수 있었다. 역사 가운데서 선교하시는 하나님은 믿음의 사람들을 통해서 그의 선교를 이루어 가심을 보았다.

제5장
메단(Medan)과 아체(Aceh)로

　현장에 도착한 나는 '하나님! 어찌합니까?' 충격을 받을 수밖에 없었다. 고통으로 죽어간 많은 희생자들에게서 나는 냄새는 코를 찌르며 들어왔고 현장의 그 참혹한 모습을 보며, 울부짖는 기도와 한숨을 쉴 수밖에 없었다. 누가 절망하지 말라 했던가? 절망의 구렁텅이에 빠진 사람들을 돕기 위해 온 구호 팀의 일원으로 필자는 구호 사역과 구호 팀의 안내와 통역, 임시 주택의 계약서를 만드는 과정에 참여하면서 시편 90편, 하나님의 사람 모세의 기도를 여러 번 반복하며 읽고 또 묵상하게 되었다.

　2004년 12월 26일 해저 지진과 쓰나미가 인도양 해안 지역에 있는 인도네시아 부근에서 시작하여 인근 국가에 막대한 인명과 재산 피해를 입히는 사건이 발생했다. 지진계로 9.1-9.3 사이의 강력한 해저 지진으로 인도네시아 지역에서는 북 수마트라주와 아체주가 막대한 피해를 입었다. 30미터 높이의 파도가 해안 지역을 강타하여 내륙 깊숙이 쓸고 들어간 흔적을 선명하게 직접 현장에서 볼 수 있었다.

　인명 피해는 아체주에서만도 17만 명이며 전체는 31만 명이 희생되었다. 성탄절의 분위기를 즐기던 해안 지역 주민들의 주택, 교회당, 사원, 전봇대, 배,

3-5-1 아쩨 쓰나미 현장 3-5-2 아쩨 지진 및 쓰나미 현장 건물

차량 등 대부분이 막대한 피해를 입었다. 전봇대도 칼에 벤 듯 넘어져 있었고, 큰 나무들도, 선박들도 모두 엉망진창으로 뒤섞여 있었고 희생자의 목이 꺾인 채 물에 둥둥 힘없이 떠 있었다. 수백의 시신들이 쓰나미로 인해 몰살당한 현장도 있었다. 너무나 참혹한 모습이 아닐 수 없었다.

지진과 쓰나미의 소식은 온 세계로 방영되며 자카르타에 있는 많은 구호 팀은 물론 전 세계의 구호 팀이 앞을 다투어 사람들을 구호하기 위하여 각 지역으로 몰려갔으며 최대 피해국인 인도네시아로 여러 국가의 구호 팀이 항공기와 선박을 통해 물자를 전달하고 구호하기 위해 의료 팀과 봉사 팀이 몰려 왔다.

자카르타에 거주하고 있던 숙소로 늦은 밤에 한 통의 전화가 걸려왔다. 한국에서 온 구호 팀 단장이라는 분이 전화 한 것이었다. '현장으로 가서 구호를 하려는데 통역이나 안내를 맡을 분이 필요하다. 좀 도와 달라!' 나는 여권과 필요한 옷들을 챙겨서 자동차를 타고 항공기가 착륙해 있던 할림(Halim) 공항으로 급히 갔다. 이해찬 국무총리가 함께 타고 구호 팀을 이끌고 온 비행기였다.

3-5-3 아쩨 지진 쇼핑센터 현장

3-5-4 쓰나미 희생자들

어둑어둑한 밤이 거의 다 되어갈 시간이기에 할림 공항에 정문으로 들어가는 것이 여의치 않아 뒷문으로 비행기 착륙해 있는 곳으로 가서 주차를 한 다음 비행기 안으로 들어가서 단장과 팀장들을 만나게 되었다. 쓰나미 현장에 함께 가서 도와 달라는 것이었다. "저를 어떻게 알게 되었느냐?"고 물었더니 그는 "인도네시아 선교사님들을 찾기 위해 문서를 보았더니 인도네시아에 대하여 쓴 분이 선교사님이라 좀 더 잘 안내할 것 같아서 연락드렸다."고 하였다.

선교사로서 구호 복구를 해야 할 의무감에 사로잡혀 있던 나에게 함께 가 달라고 하니 당장 그렇게 하겠노라고 대답하였다. 하지만 단장이나 팀장의 요청과는 달리 아시아나 항공기 사무장은 "선교사님은 이 비행기로 갈 수 없습니다. 이 비행기는 아직 정식으로 인도네시아에 입국한 것이 아니기 때문에 함께 타고 가면 출입국 문제가 발생할 수 있습니다."라고 하였다. 다른 방법을 선택해야 했다. 일반 비행기를 타고 가는 것이었다. 나는 민간 항공기를 타고 메단(Medan)과 아체(Aceh) 주로 들어가서 만나기로 하고 집으로 돌아왔다. 그날 밤에 그 비행기는 메단과 아체 공항으로 2-3시간 가서 새벽 늦게까지 상당

3-5-5 지진에 의해 2층 건물이 1층으로

3-5-6 피난민 구제 활동

한 시간 선회 비행을 하다 각국에서 온 항공기로 인해 결국 착륙할 곳을 허가 받지 못해 다시 자카르타로 새벽에 돌아왔고 구호 팀은 며칠 동안 자카르타에 머물게 되었다.

나는 다음날 수카르노 하타(Sukarno Hatta) 공항으로 가서 메단(Medan) 행 항공기를 타고 메단 공항에 도착하여 선교사들의 안내를 받았으며 함께 국제 구호 팀이 있는 본부로 가서 회의에 참석하고 어떻게 구호를 위해 함께 노력할 것인가를 의논하였다. 메단(Medan)에서 며칠을 지체하니 마음이 급해졌다. 만나기로 한 구호 팀들이 아체에 먼저 들어갔으면 어떡하나 하는 염려도 있었다. 항공기를 알아보니 마침 아체로 들어가는 항공편이 있었다. 현장에 도착해 보니 거의 아수라장과 같은 모습이었다. 시신들은 여기 저기 포장되어 있고 아직 수습되지 않은 시신들도 보였다. 시신들에게서 나오는 냄새는 지독하였고 비참한 모습을 보면서 충격과 고통을 경험하였다.

인도네시아 신학생 모세가 머물고 있는 숙소로 안내하여 함께 거처하였고 계

3-5-7 글로벌 케어 팀과 피난민 어린이 영양제 배급 활동

3-5-8 난민촌 현장

속해서 여러 구호 팀들의 모습과 현장들을 볼 수 있었다. 숙소가 있는 집은 연세가 든 분이 주인으로서 2층 집을 소유하고 있었고 바로 옆에 다른 허름한 2층 건물을 지어 세를 주고 있었다. 두 사람이 함께 2층 방을 사용하고 화장실은 1층에 있어 내려가야만 사용할 수 있었다. 아체에 머무는 동안 날마다 여진이 발생하여 진동을 느낄 수 있었고 도시 거의 반이 피해를 입고 심지어는 도시 사람들의 50%가 희생되었기에 아체 사람들은 다 놀라서 대부분 도망가고 그 도시의 사람들은 거의 남아있지 않은 상태라 거의 외부에서 온 사람들이 구호 활동에 참여한다는 것이었다.

인도네시아는 화장실 안에 물을 비축하여 물로 모든 문제를 해결하는데 저장고에는 거의 3분의 2의 물이 차 있었다. 지진이 일어나자 물이 흔들리기 시작하였다. 지진의 강도가 워낙 강하였는지 물이 출렁이며 약 20센티미터의 높이로 출렁이기 시작했다. 손으로 벽을 잡고 물높이를 손으로 재면서 그 순간을 견디었지만 놀라운 지진이었다. 후에 알아보니 지진계 강도로 5.5도의 지진이 발생하였다고 하였다.

계속되는 여진은 거주하는 사람들과 집 주인을 불안토록 하였다. 나는 그러한 모습을 보면서 잠시 대화를 나눌 수 있었다. '하나님은 살아계시고 역사하신다. 하나님의 뜻을 저버리고는 우리 인간이 살 수가 없다. 하나님께로 돌아가야 한다.'는 내용으로 대화를 나눈 적이 있다. 내 말을 귀담아 듣는 그분의 모습을 보았다.

하나님은 이 사건을 통해 우리가 무엇을 어떻게 하기를 원하시는가에 대한 질문을 스스로에게 할 수밖에 없었다. 나는 와야 할 한국의 구호 팀이 오지 않는 것에 대해 의아해 하면서 아체 공항으로 가서 그들이 속히 올 수 있도록 조치를 취해달라고 요청을 하였다. 그들은 국무총리가 탄 항공기로 함께 자카르타에 왔지만 현지 공항 사정으로 빨리 올 수가 없어 자카르타에서 시일을 보내는 중이었다.

나의 바람이 이루어진 것일까? 마침내 그들은 아체 공항에 도착하였고 만날 수 있었다. 함께 온 일행들은 여러 구호 팀이 있었는데 그 가운데 한 팀을 내가 안내하고 통역하는 일을 맡아서 하게 되었다. 그 팀은 글로벌 케어(Global care)였다. 그들이 사용할 숙소 예약, 구호를 위한 사전 답사 안내, 통역 등 그들의 필요를 채워주는 일들을 하였다.

그 당시 한국의 구호 팀들 사이에는 구호물자가 한국에서 왔는데 인도네시아 사람들이 물자를 빼돌린다는 소문들이 있었다. 아마도 그들은 그런 물자를 찾아보았지만 찾을 수가 없었기 때문이 아닌가 생각이 된다. 그러나 나는 그럴리가 없다고 생각하고 그 물건들을 찾으러 공항에 갔다. 군인들이 지키고 있는 모습을 보면서 내가 한국에서 온 구호물자를 찾으러 왔으니 도와달라고 요청했다. 상당한 시간이 지나고 나서 그 물건들을 찾아 내 앞에 내 놓았다. 상당한 양이었다. 그러나 나는 차량이 없어 그것들을 운반할 수가 없었다.

인근에 있는 미국에서 온 구호 팀의 차량들이 즐비하게 준비되어 있었다. 그것들을 빌리기로 하고 그들에게 나가서 평소에 익혔던 영어로 "Would you do me a favor? I need a truck to carry things now." 미국 구호 팀에 있는 사람이었지만 한국인으로 보이는 한 분이 그렇게 하라고 하여 트럭 운전사와 함께 차량으로 가서 올라탔다.

필자는 주위에 있는 군인들에게 도움을 받아 물건을 싣고 그 물건이 필요한 주인들에게로 운송하여 주기로 하였다. 별이 보이는 캄캄한 밤에 아체라는 재난 지역에서 여러 곳을 다니며 그들이 잃어버렸다고 생각하는 물건을 나누어 준 것이다. 잃어버렸다고 생각한 소중한 물건들을 받으니 그들은 죽었던 사람이 살아 돌아온 것처럼 대단히 기뻐하였다. 여러 봉사 팀 중에 기아대책기구 팀이 있었는데 평소 알고 지내던 선교사들도 있었다.

글로벌 케어 팀은 필요한 사역들을 병원에서 각 구호 현장에서 담당하였다. 그러나 깊이 그들의 하는 일에 관여하지는 않았다. 전문 분야가 달랐기 때문이다. 약 2주 동안 구호 현장에 있으면서 그들을 위해 봉사하고, 아체의 현장을 돌아보고 어린이들이 먹어야 할 영양제를 나누고 맡겨진 임무를 담당하고 돌아올 수 있었다. 자카르타에 돌아와서는 여러 가지 충격으로 상당한 기간 동안 현장에서 얻은 약을 복용하며 정상적인 삶으로 돌아오는 데 시간이 필요하였다.

제6장

니아스(Nias)[5]로

　　북 수마트라 니아스 섬에서 2005년 3월 28일 11시 9분 36초에 진도 8.7 정도의 강력한 지진이 일어나 1,313명이 죽고 많은 사람들이 다치고 재산 피해와 가옥, 도로, 건물들이 무너지고 끊어지는 피해를 입었다.[6] 신학대학에서 가르치는 학생들의 600명 정도가 니아스 섬 출신이었다. 반에서 가르치는 학생들 5명을 선발하여 학생들의 부모님들을 방문하고 그들을 위로하고 격려하기 위하여 위로금과 위문품을 가지고 선교 차량에 학생 5명을 태우고 자카르타에서 니아스를 향하여 출발했다. 남학생 2명, 여학생 3명이었다. 운전은 필자가 직접 하였다.

　　니아스 섬으로 가려면 시볼가라는 항구까지 가야했는데 그 거리가 상당히 멀어 3박 4일의 거리였다. 가는 길가에 숙박 시설이 있는 곳에 학생들을 쉬도록 하고 잠을 재우면서 아침에는 출발하고 저녁이 되면 식사와 함께 잠과 휴식을

5 　인도네시아 수마트라 섬 서부 해안에 있는 섬이다. 행정구역상 북 수마트라에 속하며 면적은 5,625 ㎢, 인구는 756,338명(2010년), 825,768명(2019년)이다.
6 　니아스 지진은 강력했지만 쓰나미는 없었던 것으로 보고 있다. 그러나 해안으로 바닷물이 30m 정도 들어왔으며 해변의 방파제가 부분적으로 유실되었음을 직접 확인하였다.

취하도록 하였다. 우리 일행은 가면서 인도네시아 찬송 및 니아스 찬송을 부르며 목적지로 향했다. 간혹 순번으로 돌아가면서 독창을 하기도 하고 합창을 하기도 하였다. 학생들은 처음에는 노래 부르는 것을 주저했다. 그렇지만 필자가 먼저 니아스 찬송을 불렀다.

찬송의 가사는 우리말로 다음과 같다. '므이도 에노니므 예수, 므이도 에노니므 예수, 헤 예수 야엔드라 오도 므이도 에노니므 예수, 우어 올리우 예수, 우어 올리우 예수, 우어 올리우 예수, 우어 올리우 예수, 우어 올리우 예수.'

점점 노래와 찬양을 하는 분위기가 무르익어 학생들은 자연스럽게 부르기 시작하였다. 사랑의 노래, 회개의 찬양 등 학생들이 부르는 찬양과 노래들이 시간 가는 줄 모르게 우리의 여행길을 메우고 있었다. 밤이 되면 숙박 시설이 있는 곳에 가서 잠을 청하였다. 온 종일 운전하느라 피곤하여 잠은 쉽게 들었다. 반다르 람풍 시를 거처 부미 시를 지나 벙쿨루 지역까지는 길이 험하였다. 파인 데가 많고 도로가 비로 유실이 되어 차량을 운전하다가 한참 어떻게 지나갈 지를 생각해야 했다. 가는 길을 몰라서가 아니었다. 너무 길 상태가 좋지 않아서 조심스럽게 운전을 해야만 했기 때문이었다.

칼리만탄을 다닐 때에도 길이 물에 잠겨 진흙탕 길이 되면 자동차를 곡예 운전하듯이 어느 정도 속도를 내어 이리 저리 운전대를 돌리며 간신히 위험한 길을 벗어나곤 했는데 그곳은 아예 길이 깊이 파이고 유실이 되어 안전한 지대를 확인한 후에 다시 운전해야 하는 일이 다반사였다. 다행히 벙쿨루를 지나 잠비와 부킷 팅기를 가는 길은 도로가 잘 정비되어 오르락내리락하는 도로를 따라 평안히 운전할 수 있었다.

시볼가 항구에 도착하니 니아스 섬으로 가는 정기 여객선이 일 년에 한 번 하루를 정박하여 점검하는 기간이라 출항을 하지 못한다 하였다. 어쩔 수 없이 우리는 시볼가 항구에서 출항하는 다른 배를 알아 볼 수밖에 없었다. 다행히도 시볼가에서 구눙 시톨리로 가는 목선이 있었다. 우리 일행은 그 배를 타고 가기로 하고 차는 적당한 곳에 안전하게 주차를 하여 맡겼다.

배가 가는 8시간 동안 여행길에 지친 몸으로 인하여 우리 일행은 배의 아래층에서 잠을 자게 되었다. 캄캄한 밤 오르락내리락 파도치는 물결에 의해 배도 흔들렸다. 배에 따라 몸도 움직이며 배가 앞으로 진행하는 속도를 체감하였다. 도중에 비가 오기도 하고 큰 파도가 올 때면 배의 속도가 갑자기 멎는 것을 느꼈다. '주여!, 배가 안전하게 항구에 도착하도록 지켜 주소서!' 마음속으로 기도하고 말씀에 의지하며 휴식을 취하였다.

"두려워하지 말라 내가 너와 함께 함이라 놀라지 말라 나는 네 하나님이 됨이라 네가 너를 굳세게 하리라 참으로 너를 도와주리라 참으로 나의 의로운 오른손으로 너를 붙들리라"(이사야 41장 10절).

배가 니아스 섬 구눙 시톨리(Gunung Sitoli) 항구에 도착하니 많은 사람들이 저마다 자기의 목적지를 향해 앞다투어 나갔다. 우리 일행은 차를 대여하는 곳을 찾아 차를 빌려 학생들의 주거지를 돌아다니며 위로 방문을 시작했다. 가져온 라면, 쌀, 위문금을 전달하기 위해서였다. 다니는 곳마다 건물들이 무너져 있었고 교회의 여러 곳들이 기둥이 무너지거나 벽이 갈라져 다시 새롭게 건축하지 않으면 안 될 정도로 지진의 강도가 심하였다. 도시가 거의 폐허가 되어 있었고 니아스 섬의 해변들은 강한 파도가 지나간 흔적이 을씨년스럽게 남아 있었다.

일행 중 한 학생이었던 데위(Dewi)의 집에 도착하여 부모님을 찾아 잠시 동안 예배를 드렸다. 위문품, 위문금을 전달하였고 기도와 찬양으로 하나님께 예배를 드렸으며 말씀을 전하였고 함께 하나님의 위로를 전하는 시간을 가졌다. 할아버지도 살아계시고 부모님도 계셨다. 우리 일행을 위하여 가족들은 키우던 돼지 가운데 작은 것 하나를 잡아 손님을 위한 대접으로 아주 맛있게 삶아 우리 일행 앞에 내놓았다.

돼지고기를 먹어본 경험이 많았지만 그렇게 연하고 맛있는 돼지고기는 먹어본 적이 없었다. 고기를 칼로 조각내어 소금에 살짝 찍어 먹으라는 것이었다. 돼지 맛이 이렇게도 좋았던가? 식후에는 두리안 과일을 주셨는데 두리안 맛도 일품이었다. 피곤했던 몸과 마음을 풀어준 그분들의 환대를 지금도 잊을 수 없다. 섬기러 갔던 우리가 도리어 최고의 섬김을 받았다.

니아스 해변은 세계적으로 유명한 서핑 대회가 열리는 해변들 중의 하나였다. 비록 강한 파도가 와서 해변이 많이 손상이 되었지만 서핑하기에 좋은 파도가 계속해서 밀려오는 것을 볼 수 있었다. 필자는 가르쳤던 제자들을 만나기도 하였고 아직도 자카르타에 있는 신학교에서 공부하는 자녀들의 안부를 묻는 부모님이 있었고 그분들 중 한 분이 선물로 니아스 검을 주기도 하였다. 결혼하여 아이를 낳은 제자도 있었고 목회자와 교수로 살아가는 제자도 있었다.

니아스의 약 90% 인구가 기독교도였다. 마을마다 교회가 세워져 있고 니아스 섬에 살고 있는 기독교도의 자녀들의 많은 수가 자카르타에 신학 공부하러 나간 이유를 알만 하였다. 니아스 사람들은 한국인과 비슷한 피부를 가졌고 웃음이나 성격도 밝고 쾌활한 점이 많은 종족이다. 지진과 강한 파도가 지나간 섬이지만 많은 이들이 운동장에 모여 있었다. 동네 대항 축구 경기를 즐기고 있었다. 축구를 좋아하는 사람으로서 일행과 함께 잠시 축구 시합을 보기로 하였다. 운동장 형편은 좋은 편이 아니었다. 선수들은 저마다 자신들의 동네에서 뽑힌 선수답게 열심히 공을 향하여 달려들고 공을 뺏어 골을 넣으려고 시도하였다.

인도네시아 인들은 축구 경기를 하는 것을 좋아하고 또한 응원하는 것을 많이 즐긴다. 열광적인 모습들이 많이 있다. 자카르타에서 Asian 컵 대회가 열렸을 때에 가서 한국을 응원해 본적이 있다. 많은 인원들이 차를 가지고 와서 원형경기장을 벗어나 빠져나가는 데도 두 시간 정도가 걸렸던 적이 있다. 아직 체력적인 면에서 약한 면이 있지만 인도네시아인들의 열정과 열심은 대단하다. 좋은 운동 환경을 위해 과감한 투자가 필요한 부분이 있다. 그리고 조직적인 훈련을 더한다면 훌륭한 선수들이 많이 나올 것임에 틀림이 없다. 배드민턴 선수들은 세계적인 기량이 있는 선수들이 종종 있다.

우리 일행은 니아스 섬의 열악한 길 때문에 타이어가 펑크가 나 차를 길에 세우고 타이어를 교체하고 다시 운전하였다. 일주일이 지나 다시 자카르타로 돌아가야만 했기에 정기 여객선인 철선을 타고 시볼가로 돌아왔다. 배가 커서 그런지 파도의 출렁임에 덜 영향을 받는 듯 했다. 시볼가 항구 부근에 맡겨 둔 차를 타고 우리는 갔던 길을 다시 4일 걸려 자카르타로 무사히 돌아왔다. 아름다운 섬김과 위로, 지진과 강한 파도가 지나간 현장 복구 체험을 가지고 피곤한 몸을 가지고 학생들은 기숙사로, 필자는 집으로 돌아왔다. 많은 것을 보고 느끼고 배우며, 부모님의 형편을 살피고 위로 격려하는 선교 여행이 되었음을 하나님께 감사하면서 다시 배우고 가르치는 현장으로 돌아온 것이다.

두 번째로 니아스 섬을 방문하게 되었다. 이번에는 니아스 섬에 난 지진으로 봉사 활동을 하기 위해 장신대 홍인종 교수와 미국에서 공부하는 자제 순원군, 박명우 선교사 등과 함께 갔었다. 항공편으로 메단에 도착한 우리는 차량으로 시볼가 항구에 도착하였고 배로 구능 시톨리 항구로 가게 되었으며 현장에 가서 필요한 봉사 활동을 전개하였다. 나는 장시간의 운전으로 인해서 허리 통증이 심하였다. 움직이기가 힘들어 봉사 활동에 직접 참여하지 못하고 그들을 안내하는 일에만 관여하였다.

홍순원 군은 부친되는 홍인종 교수와 동행한 박명우 선교사와 함께 매우 성실하게 복구 및 봉사 사역에 참여하였다. 무너진 집이나 땅을 바르게 하는 작업을 하였다. 돌아오는 길은 가는 길의 역순으로 오면서 토바 호수(Danau Toba)의 위용과 사모시르(Samosir) 섬 위에 있는 작은 호수를 보고, 그 안에 있는 섬을 바라보며 잠시 휴식을 취하였고 하나님의 은총이 재난 당한 사람들과 그들의 삶에 함께하도록 기도하고 자카르타로 돌아왔다. 주님은 우리의 길을 평탄한 길로 만드시고 힘든 여정을 편히 다녀올 수 있도록 도우셨다.

제7장

선교와 교회

선교와 교회는 하나님의 은총으로 말미암은 두 산물이다. 선교는 이 땅에 하나님의 백성들인 교회가 생성되게 하였다. 하나님의 선교는 창조 때부터 시작된 하나님의 사역이며 하나님의 선교 사역으로 인해 교회가 형성되게 하였다. 교회는 하나님의 선교를 위해 부르심을 입은 공동체로서 이 땅에 그 임무와 책임을 감당해야 한다. 하나님의 선교 없이 교회가 있을 수 없고 선교하지 않는 교회 역시 진정한 교회가 아니다. 그러므로 선교는 교회의 본질적 사명이라고 한다. 교회는 본질적으로 선교적이다.

하나님은 부르심과 보내심의 선교를 통하여 교회를 선교의 도구로 사용하신다. 교회는 선교의 도구로서 온전히 하나님의 선교에 동참할 때에 그 존재의 본질을 회복하게 된다. 교회는 예배와 교육, 봉사와 친교의 공동체로서 사역을 감당하지만 그 본질의 바탕에는 선교에 있다. 그러므로 모든 교회의 활동은 선교에 그 초점을 맞추어야 한다. 선교가 교회의 하나의 프로그램이나 활동이 아닌 본질로서 그 위치를 점하여야 하는 것이다.

선교를 교회가 하는 것이 아니라 교회가 하나님의 선교에 의해서 조정되고 훈련되고 성장해야 한다. 그럴 때에 교회의 모든 공동체의 삶은 선교적이고 선교적 교회가 된다. 세상의 빛과 소금으로서, 산 위에 있는 등대로서 세상을 주께로 인도하는 선교적 교회가 되는 것이다. 선교는 교회의 본질적 임무로서 전도와 사회적 책임을 포함한다. 선교의 도구로서 교회가 일할 때에 하나님의 복음을 전하는 선교의 일을 감당할 뿐만 아니라 사회의 모든 사회적 책임도 능히 감당해 나가야 한다.

하나님은 창조 사역과 구원 사역을 통해 인간과 만물에 대한 하나님의 선교를 이루어 놓으셨다. 하나님의 선교는 직접 창조 사역을 하셨고 계속해서 선교하셨으며 옛 선지자를 하나님의 사역의 도구로 사용하시기도 하셨고 마지막 때에 아들을 통해 구속 사역을 완성하시고 성령을 보내 선교하신다.

하나님은 예수 그리스도를 통해 교회가 하나님의 선교에 참여할 수 있는 기회를 부여하셨다. "아버지께서 나를 보내신 것 같이 나도 너희를 보내노라."(요 20:21)는 주님의 말씀에서 우리는 하나님께서 세우신 교회를 그의 선교에 참여하도록 초청하였다는 사실을 알 수 있다. 성령을 통하여 하나님은 교회에 평강을 주시며 예수 그리스도를 통하여 그의 선교하심에 참여하도록 하신 것이다. 교회는 세상과 함께 하나님의 선교의 현장이기도 하지만 하나님의 선교의 특별한 도구와 신실한 참여자로서 하나님의 나라의 복음을 전하며 삶의 현장에서 그의 통치하심에 순종하고 섬김의 삶을 사는 주님의 몸, 성령의 전, 선교적 공동체이다.

*삶과 선교 여정에서 발견한 한 줄 멘토링 3

선교를 주도하는 분은 하나님이시다. 그분의 선교에 도구가 되어 선교적 삶, 선교적 교회로서 준비된 인생 행로를 따라 갈 때에 하나님은 역사하여 그의 뜻을 이루어주신다.

제4부

하나님의 선교*

* 김종련, "인도네시아 교회 갱신을 위한 하나님의 선교와 선교적 교회론 연구," 미간행 박사 학위 논문, 주안대학원대학교, 2015, 16-42.

제1장

지배권 위임

구약에 나타난 하나님의 가장 뚜렷한 모습은 천지만물의 창조주로서의 모습이지만, 동시에 하나님은 인간의 삶과 역사 가운데 행동하신다. 특히 피조 세계와 인간 역사에서의 하나님의 행하심은 구속적 행위로 나타난다. 하나님의 이 구속의 행위가 이스라엘을 애굽으로부터 구속하시는 하나님의 구체적인 구원 행동 이전에 이미 창조에서부터 드러나고 있는지의 문제는 구속사 중심의 하나님의 선교와 관련하여 매우 중요한 문제이다.[1] 그러므로 인간 창조의 서술을 통해 하나님으로부터 인간에게 주어진 특권과 책임이 무엇인지 깊이 고찰되어야 한다.

천지 창조의 서술 가운데서 이 책에서 특별히 주목해 보고자 하는 것은 하나님이 모든 만물 가운데서 사람을 특별히 자신의 형상대로 만들었다는 것과 그에게 피조물을 다스리도록 땅에 대한 지배권을 위임하셨다는 사실이다. 하나님의 형상과 땅에 대한 지배권의 상관관계에 대해 즉 땅에 대한 지배권은 결과적

---

[1] 한동구, 『창세기 해석』, 성남: 이마고데이, 2003, 126. "창조 신학은 태초에 하나님께서 인간을 위해 구원의 역사를 펼치신 것이다."

인 면에서 볼 때 하나님의 형상이 궁극적으로 목표한 바라고 볼 수 있다.[2] 그렇다면 인간 창조에 내포되어 있는 창조주 하나님의 계획과 목적에는 하나님의 선교적 본성이 담겨 있다. 창조주 하나님이 그의 형상대로 지어진 사람에게 그의 지배권을 위임하시고 그 만드신 피조물들을 다스리게 하신 데에는 하나님의 분명한 선교의 목적이 담겨 있다는 것이다.

창세기 1장 26-28절은 인간 창조의 과정과 목적을 하나님의 형상(imago Dei)과 사람에게 주어진 땅에 대한 통치권으로써 아래와 같이 증언한다.

> 하나님이 이르시되 우리의 형상을 따라 우리의 모양대로 우리가 사람을 만들고 그들로 바다의 물고기와 하늘의 새와 가축과 온 땅과 땅에 기는 모든 것을 다스리게 하자 하시고 하나님이 자기 형상 곧 하나님의 형상대로 사람을 창조하시되 남자와 여자를 창조하시고 하나님이 그들에게 복을 주시며 그들에게 이르시되 생육하고 번성하여 땅에 충만하라, 땅을 정복하라, 바다의 물고기와 하늘의 새와 땅에 움직이는 모든 생물을 다스리라 하시니라.

여기서 "우리"라는 표현에는 사람을 하나님의 형상대로 창조하신 하나님의 인간 창조의 목적과 의도가 선명하게 담겨 있다.[3] 윤형도 "우리의 형상을 따라

2　Victor P. Hamilton, Handbook on the Pentateuch, 강성열·박철현 역, 『오경개론』, 고양: 크리스챤 다이제스트, 2007, 32.

3　일부 학자들은 1인칭 복수인 '우리'를 다신론적인 개념으로 해석하여 하나님의 창조 사역을 신적 존재들과의 상호적인 관계하에 이루어진 과정으로 보기도 하나, 이 견해는 설득력이 떨어진다. Bruce C. Birch, Walter Brueggemann, Terence E. Fretheim, David L. Peterson, A Theological Introduction to the Old Testament, 차준희 역, 『구약신학과의 만남』, 서울: 프리칭아카데미, 2008, 70. '우리'라는 개념은 1인칭 화자의 내적 의지를 표현하는 개념으로 '숙

우리의 모양으로 사람을 만들자"라는 표현에서 '우리'라는 1인칭 복수형이 인간 창조를 통한 하나님의 목적지향적인 행위를 의미한다고 보았다.[4] 하나님은 인간의 존재 목적이 무엇이어야 하며 그것을 위해 인간은 하나님과 피조물 사이에서 어디에 위치해야 하는가를 정하신다. 이러한 인간의 존재 목적과 피조물 가운데에서의 자리매김을 위해서 하나님은 인간을 하나님의 형상대로 창조하였다.

하나님의 형상의 의미를 학자들은 정신적 혹은 영적 존재라든가, 고도의 정신적 능력뿐만 아니라 자의식, 자기 규정의 능력을 지녔다거나, 외모에 있어서 하나님과 유사하다거나, 관계의 유비로서 창조주와 피조물과의 관계를 나와 너의 관계로 이해하기도 한다. 즉 일반적인 인간의 특성으로서 하나님과 대화할 수 있고 하나님으로부터 부여받은 인간의 의무를 이행할 수 있는 능력 정도로 이해한다.[5]

그러나 최근 구약학계에서는 형상(צלם)의 의미를 고대 근동 사회에서 왕이나 황제와 같은 존귀한 자들에게 적용된 신의 형상 즉 신의 전권 대사의 개념으로 이해하며,[6] 창세기에서의 이 표현의 사용은 고대 근동의 문화권 속에서

고/결정의 복수형'(pluralis deliberation)으로 볼 수 있다. 이에 관해 구자용, "보라, 이 사람이 선악을 아는 일에 우리 중 하나같이 되었다."- 창 3:22a 아이러니적 사용" 구자용 외 엮음, 『성서의 세계: 김두연 목사 회갑기념 논문집』, 군포: 아랑성경원어연구원, 2012, 35를 참고하라.

[4] 윤형, "하나님의 창조 사역에 대한 재 고찰 - 창세기 1장 1절-2장 4절을 중심으로," 『구약논단』 제50집, 2013, 131.

[5] Walter Brueggemann 외 3인, 『구약신학과의 만남』, 70.

[6] 한동구, 『창세기 해석』, 124. 애굽에서는 바로를 땅 위에 살아있는 신의 대리자로 이해하였다. 왕뿐만 아니라 왕의 아들, 귀족들도 지상에 있는 신의 대리자로 이해하였다. 그러한 관점에서 보면, 성경에서는 모든 인간은 신의 목적을 실현시키기 위하여 지상으로 보내심을 받은 신의 대

도 매우 독특한 의미가 부여된 것으로 이해한다. 구약은 왕뿐만이 아닌 하나님의 형상(imago Dei)을 따라 지음 받은 모든 인간이 하나님의 형상을 따라 하나님께서 이룩하고자 하시는 구속 사업을 수행하도록 '부르심'을 받았고 사명을 위해 '보내심'을 받은 하나님의 전권 대사가 됨을 천명하는 것이다.[7]

인간 창조 이후에 인간에게 선포된 복의 핵심은 '새로운 회복'이다.[8] 이것은 하나님이 인류에게 창조와 더불어 구원의 역사를 시작하시고 인간 창조를 통해 어둠과 파괴와 죽음의 상황에서 피조 세계의 질서를 유지하고 보존하도록 하심을 의미한다.[9] 그러므로 창조는 태초에 하나님께서 인간을 위해 구원의 역사를 펼치신 것에 다름 아니다. 하나님의 형상에 모든 사람은 하나님의 전권을 위임받아 세계를 다스리는 하나님의 대리자로 보내심을 받았음의 의미가 담겨 있다.

하나님의 형상으로 사람을 창조한 하나님의 목적과 의도는 사람에게 땅에 대한 지배권을 위임하심으로 구체화된다. 하나님의 의도는 사람을 하나님의 형상대로 창조하시는 사역을 마친 후에 말씀하신 그의 명령에서 구체적으로 나타난다. 그것은 다스림(רדה), 생육(פרה), 번성(רבה), 땅에 충만(מלא את-הארץ), 그리고 땅에 대한 정복(כבש)이다.

인간 창조의 목적을 신들을 위한 노동으로 제시하고 신들이 그들의 어려운

리자이며 전권자이다.
7   한동구, 『창세기 해석』, 126-127.
8   같은 글, 126.
9   같은 곳.

노동으로부터 해방되기 위해 인간을 창조하였다고 하는 고대 근동 문헌들[10]과 구약의 서술의 차이는 노동을 인간 창조의 주된 목적으로 설명하지 않음에 있다.[11] 인간 창조의 맥락에서 하나님은 인간에게 땅과 물의 짐승들, 땅위의 새들과 땅의 짐승들을 다스림이란 사명을 부여한다. 이러한 다스림의 행위를 통한 차원이 다른 노동의 구체적 명령들 또한 나름의 의미를 품고 있다.[12]

먼저 정복하다(כבש 카바쉬)와 다스리다(רדה 라다) 동사는 지배와 관련된 대표적인 동사로서 폭력이 포함된 명령이다. 그러나 코흐(K. Koch)는 특히 רדה(라다)가 지닌 '무엇인가를 인도한다.'는 긍정적인 의미에 주목하고(겔 34:4; 시 49:15), "창세기 1장은 자신의 동물들을 끌고 풀을 뜯기고 인도하는 것과 관련된 일반적인 표현과 잘 어울린다."[13]고 주장하였다.

동사 רדה(라다)는 지금까지 '왕과 같이 또는 권위적으로 나타나다'로만 번역되었지만 고대 근동의 중요한 자료 등의 하나인 마리문서에서 목자가 자신의 작은 가축 떼를 돌보는 것으로 사용되었음에 착안하여 지금은 책임감 있고 배려 깊은 행위가 여기에 함축되어 있다고 보기도 한다.[14] 즉 창세기 1장 28절에서의 이 두 동사의 사용은 인간의 동물 세계에 대한 올바른 행위로 폭력적인 지배가 아니라 사려 깊은 관리로 보아야 한다. 그러므로 창조 사역과 관련하여

---

10   윤형, "하나님의 창조 사역에 대한 재고찰 - 창세기 1장 1절-2장 4절을 중심으로," 131.
11   창 2:15절에서 언급된 창조의 목적으로서의 '땅의 경작'을 단순한 노동으로 해석하여서는 안 된다.
12   윤형, "하나님의 창조 사역에 대한 재고찰-창세기 1장 1절-2장 4절을 중심으로," 132.
13   K. Koch, Spuren des hebrischen Denkens, Neukirchen-Vluyn: Neukirchener, 1991, 233.
14   윤형, "하나님의 창조 사역에 대한 재고찰 - 창세기 1장 1절-2장 4절을 중심으로," 133.

하나님의 분명한 의도는 인간을 만드시고 보내셔서 자연 세계에 질서를 갖도록 할 뿐만 아니라 그의 뜻을 성취하려는 데에 있었다.

פרה(파라: 생육하라), רבה(라바: 번성하라) 동사는 주로 포로 전환기나 포로 후기의 상황과 관련하여 많이 사용되었다고 주장된다.[15] 왜냐하면 예루살렘이 다시 회복되어 사람들을 시온으로 데려오는 역사적 상황과 관련하여 사용되며(렘 3: 16-18),[16] 이러한 구원의 말씀은 포로 전환기의 상황과 관련될 때에 더욱 분명한 의미를 지니기 때문이다(겔 36장). 뿐만 아니라 "땅에 충만하다"(מלא+ את-הארץ 말레 + 에트 -하아레츠)라는 번성의 약속 역시 포로 전환기나 후기의 상황과 관련하여 해석되어질 때에 더욱 중요한 의미가 내포되어 있는 약속으로 이해된다.[17]

인간의 땅에 대한 지배권에 동반된 구체적인 명령들을 살펴볼 때 하나님이 인간을 하나님의 형상대로 지으심은 하나님의 피조물에 대한 보존의 사역을 위임하기 위함이었다. 즉 피조물에 대한 하나님의 선교의 구체적 방법과 본질이 인간에게 투영된 것이다. 룩스(Rüdiger Lux)는 인간은 '분명 창조 때 주어진 자랑스러운 명령과 함께' 살지만 동시에 인간에게 주어진 이 통치 명령은 황제로서 군림하라는 특허장과는 완전히 다른 것이며 인간에게 주어진 왕의 임무는 그에게 그를 의지하는 땅과 그와 함께 지어진 다른 피조물에 대한 책임감을 또한 분명히 하는 것이라고 밝힌다.[18]

---

15 한동구, 『창세기 해석』, 125.
16 같은 곳.
17 위의 글, 126.
18 Rüdiger Lux, Die Weisen Israels, 구자용 옮김, 『이스라엘의 지혜』, 파주: 한국학술정보,

결론적으로 볼 때 하나님이 인간에게 하나님의 형상을 주시고 지배권의 위임을 하신 것은 땅에 대한 그의 사역을 이루도록 하시기 위함이었으며 그러한 하나님의 선교가 인간을 통해 드러나기 원하시는 하나님의 특별한 선교적 관심과 사랑이다. 그 대상이 비록 모든 피조물이나 사람을 세우시고 특별한 사명을 주어 보내셔서 하나님의 의도와 목적을 실현하기를 원하심이 분명하므로 이것은 구약의 하나님의 선교의 모습으로 볼 수 있다.

하나님의 창조 작업은 하나님이 위임한 세상에 대한 인간의 통치권을 통해서 최종적으로 성취된다. 사람은 땅 위에 세워진 하나님의 권능의 대리인으로서 하나님이 창조하신 땅에서 모든 생물의 질서를 보증해야 한다. 하나님이 사람에게 맡긴 일은 땅에 있는 자연 환경과 동물을 다스리는 것으로서 인간은 창조된 세계에서 하나님의 대리인으로서 지상에서 하나님의 주권적인 질서를 올바로 유지하며 실천하도록 부름을 받은 존재였다.

지배권의 위임은 오직 하나님의 형상을 닮은 인간에게 주신 하나님의 명령에 의한 것인 동시에 특별한 은총이었고, 이것은 인간의 정체성과 더불어 존재 목적이 된다. 사람은 하나님을 대신하여 세계를 다스리도록 전권을 위임받았고 하나님의 보내심을 받은 존재이기 때문에 그에 합당한 삶을 살도록 요구받는다.

2012, 237.

제2장
시내산 언약

모세 오경에 대한 연구는 일반적으로 다섯 책의 각 권을 나누어 한 권씩 이해하려는 관점과 각 권의 구분과 상관없이 자료 구분을 통해 각 자료들이 가지고 있는 역사적 흔적과 신학을 이해하고자 하는 시도로 양분되어 왔다. 그러나 최근의 오경 연구는 점차 구성적 관점에서 이루어지고 있다. 즉 모세 오경 전체에 짜여 있는 구조와 각 구성 요소들에 집중하는 것이다. 특히 쳉어(Erich Zenger)는 오경이 구성적 관점에서 볼 때, 모세의 전기 또는 이스라엘의 전기로 볼 수 있다고 주장한다.[19] 왜냐하면 오경은 "족장들에게 주어진 약속의 땅으로의 긴장 가득한 이스라엘의 여정"[20]이라고 볼 때에 이방 민족들의 세상 한 가운데서 아브라함의 부르심에서부터 시작하여 약속의 땅 경계인 모압 평지까지 이르도록 서술하고 있기 때문이다. 쳉어의 이러한 견해는 오경이 구성적 관점에서 볼 때 완결된 한 전체라는 것에서 주목할 만하다.[21]

---

19 모세는 비록 창세기에는 등장하지 않으나 출애굽기부터 신명기까지 주인공이다(출 2장의 출생과 신 34장의 사망; 특히 신 34:1-12은 그의 묘비명). 이런 의미에서 오경을 '모세의 율법'이라고 부를 수 있다. Erich Zenger, 『구약성경개론』, 120.
20 한글로 번역된 쳉어의 표현은 본래 족장들이 아니고 우두머리 조상들이나 여기서 수정하여 인용하였음을 밝혀둔다. 위의 글 120.
21 위의 글, 121.

쳉어의 견해에 따라 오경을 하나의 잘 짜여진 구성의 틀에서 볼 때 그 중심은 시내산이 된다. 오경 전체에서 시내산의 체류가 차지하는 범위는 무려 출애굽기 19장에서 민수기 10장에 이른다. 그리고 시내산을 중심으로 하는 오경의 구성적 틀은 쳉어에 따르면 '약속의 땅'이란 짙게 괄호 같은 주제와 연관하여 약속의 땅을 향한 여정의 두 중심인물인 아브라함과 모세를 통해 오경 전체에 펼쳐져 자리한다.[22]

오경의 중심이 시내산이란 구성적 관점은 시내산을 그 배경으로 하는 레위기를 다시 오경의 신학적 중심으로 부각시킨다. 이것은 중요한 신학적 개념들을 교차 배열시킴을 통해 더욱 분명히 드러난다. 왜냐하면 창세기와 신명기, 그리고 출애굽기와 민수기가 각각 레위기를 둘러싸는 바깥 테두리와 속 테두리의 역할을 하기 때문이다.[23]

---

[22]

창세기 12:1, 7	신명기 34:1, 4
"하나님께서 아브람에게 말씀하셨다. '네 고향과 친족과 아버지의 집을 떠나, 내가 너에게 보여줄 땅으로 가라.' 하나님께서 아브람에게 나타나 말씀하셨다. '내가 이 땅을 너의 후손에게 주겠다.'"	모세가 느보 산에 올라가자, 하나님께서 그에게 온 땅을 보여주셨다 … 그리고 하나님께서 그에게 말씀하셨다. "저것이 내가 아브라함과 이삭과 야곱에게, '너의 후손에게 저 땅을 주겠다.' 하고 맹세한 땅이다. 이렇게 네 눈으로 저 땅을 보게 해 준다."

같은 곳. 아래는 쳉어가 그의 책에서 창세기에 나오는 아브라함과 신명기의 모세를 비교하기 위해 사용한 도표이다. Erich Zenger, 『구약성경개론』, 121.

[23] 위의 글, 121-122.

창세기	신명기
천지 창조와 땅 약속 그 땅으로 가라는 명령	약속의 땅에서의 삶을 위한 지시들 그 땅으로 가라는 명령
종결 49-50: 열두 아들에 대한 야곱의 축복 야곱의 죽음 약속의 땅에 야곱 매장	종결 33-34: 열두 지파에 대한 모세의 축복 모세의 죽음 야훼께서 모세를 ('하늘에')매장

[레위기를 둘러싸는 바깥 테두리][24]

출애굽기	민수기
이집트　광야　시내산	시내산　광야　모압
12　유월절 16　만나 + 메추라기 17　바위에서 물이 나옴 18　직권자들 임명 32　우상 숭배('금송아지')	9: 1-14　유월절 11　만나 + 메추라기 20　바위에서 물이 나옴 11　직권자들 임명 25　우상 숭배('바알')
위협들 　　외부에서:　　내부에서: 　　이집트인들　　'불평' 　　아말렉인들　　우상 숭배	위협들 　　외부에서:　　내부에서: 　　모압　　　　　'불평' 　　미디안인들　　우상 숭배
유랑에 관한 여섯 차례 언급 ("그들은…를 떠나…에 진을 쳤다.") 12:37; 13:20; 14:1-2; 15:22; 16:1; 17:1	유랑에 관한 여섯 차례 언급 ("그들은…를 떠나…에 진을 쳤다.") 10:12; 20:1; 20:22; 21:10-11; 22:1; 25:1

[레위기를 둘러싸는 속 테두리][25]

이러한 오경 구성의 중심에 선 레위기는 거룩한 백성으로서의 이스라엘 제도를 제의적인 면과 삶의 면에서 밝힌다. 또한 그 백성의 한 가운데 다름 아닌

24　Erich Zenger, 『구약성경개론』, 122
25　같은 곳.

거룩하신 여호와께서 현존하심을 동심원적 구조 속에 나타낸다.[26] 쳉어에 의하면 레위기는 이스라엘이 하나님을 그 중심에 모시고 있는 공동체로서 온 인류의 속죄의 기초가 될 하나님의 현존을 밖으로 드러낼 책임을 지니고 있음을 서술하고 있다. 그리고 이 개념은 왜 이스라엘이 거룩한 하나님의 백성으로 그 중심에 거룩하신 여호와를 모시고 있는지, 왜 시내산의 언약에 부르심을 받고, 그리고 무엇을 위해 세워졌는지가 출애굽기 19장 4-6절에 이미 서술되어 있다.

시내산 언약의 핵심 본문이라 할 수 있는 출애굽기 19장 4-6절은 하나님이 어떤 목적을 가지고 이스라엘을 구속하셨는지를 중요한 신학적 개념들을 통해서 설명하고 있다. 이것은 이스라엘 백성들에게 한 특별한 언약의 기록으로 매우 중요한 신학적 선언이며[27] 선교적 의미가 또한 그 속에 포함되어 있다.

"내가 애굽 사람에게 어떻게 행하였음과 내가 어떻게 독수리 날개로 너희를 업어 내게로 인도하였음을 너희가 보았느니라. 세계가 다 내게 속하였나니 너희가 내 말을 잘 듣고 내 언약을 지키면 너희는 모든 민족 중에서 내 소유가 되겠고 너희가 내게 대하여 제사장 나라가 되며 거룩한 백성이 되리라. 너는 이 말을 이스라엘 자손에게 전할지니라"(출 19:4-6).

출애굽기 19장 4-6절은 오경을 비롯하여 구약에 나타난 하나님의 선교를 설명하는 핵심 메시지의 하나이다. 하나님이 출애굽을 통하여 이스라엘을 구속하시고 그들을 하나님의 백성으로서 부르심의 목적은 이스라엘을 하나님의 귀중

26　Erich Zenger, 『구약성경개론』, 122.
27　Charles H. Dyer & Eugene H. Merrill, Old Testament Explorer, 마영례 역, 『구약 탐험』, 서울: 디모데, 2003, 75.

한 소유(סגלה, 세굴라)가 되게 하는 것과 제사장 나라(ממלכת כהנים, 맘멜레케트 코하님)로 삼고, 거룩한 백성(קדוש גוי, 카도쉬 고이)이 되게 하는 것이다.

한글개역성경에 "내 소유"로 번역되어 있는 סגלה(세굴라)는 특별한 보물이 될 백성의 탄생을 의미하며[28] 앞의 "내게로 인도하였다"는 말과 더불어 이스라엘에 대한 여호와의 선택을 언급한다. 비록 출애굽기 19장에 בהר(바하르, 선택하다) 동사가 등장하지는 않으나 סגלה(세굴라, 보배로운 소유)가 이 동사와 함께 직접적으로 관련되어 사용되는 여러 예들(신 7:6; 14:2; 시 135:4)을 통해 볼 때, 이스라엘이 하나님의 보배로운 소유가 되도록 하는 데에는 하나님의 언약 백성으로서 선택하심이 분명히 포함되어 있다.

'제사장의 나라'라는 의미를 가지고 있는 ממלכת כהנים(맘멜레케트 코하님)은 구약에서 독특한 표현으로 다양한 번역의 가능성을 갖고 있다. 이 표현은 첫째, 하나님께 봉헌된 이스라엘, 둘째, 이방 가운데 중보자로서의 이스라엘, 셋째, 제사장이 통치하는 이스라엘, 넷째, 하나님께 봉헌되고 제사장에 의해 통치되는 이스라엘이다.[29]

여기서 특히 두 번째 견해는 다분히 베드로전서 2장 9절과 연관된다.[30] 특히 이 표현을 "제사장 직분과 같이 성별된 왕국"이라고 볼 수 있다면[31] 이것은 이

---

28 John Durham, WBC Exodus, 『출애굽기』, 서울: 솔로몬, 2011, 441.
29 Donald E. Gowan, Theology in Exodus, 박호용 역, 『출애굽기 신학』, 서울: 성지출판사, 2004, 365.
30 같은 곳.
31 John Durham, 『출애굽기』, 441.

스라엘이 제사장 나라로서 여호와의 임재를 온 세상에 전하는 일을 위해 부르심을 받았음을 의미하는 것이며[32] 이스라엘에게 열방을 위한 중보자로서의 역할을 감당해야 할 책임이 주어졌다는 것이다.

'거룩한 백성'이라고 번역되는 קדוש גוי(카도쉬 고이)는 이스라엘의 성격을 나타내는 말로 보기보다는 오히려 "하나님을 위해 구별됨"을 의미한다.[33] '거룩한 백성'으로서의 이스라엘은 다른 모든 민족들과 다르게 구별되어 여호와와 더불어 언약을 맺은 백성이 어떻게 살아가는가를 온 세상에 보여주는 모범적인 백성으로서의 역할, 이방의 빛으로서의 역할을 감당해야 함을 나타낸다.[34]

결론적으로 출애굽기 19장 4-6절은 여호와 하나님께서 이스라엘을 특별한 소유로 선택하고 부르셨음을 나타내며 그들에게 하나님과 열방 사이의 중보자로서의 역할이 주어졌음을 명확하게 진술하고 있다. 즉 언약 백성으로서의 이스라엘 공동체는 하나님의 선교의 실천적 도구로서 온 세상의 열방을 위한 모범과 이방에 비출 빛의 역할을 위해 하나님의 부르심과 보내심을 받았음을 신학적으로 선포하고 있는 것이다. 그러므로 이 본문에 대한 카이저의 언급은 주목할 만하다.

사실 '하나님의 백성'은 언제나 하나였다. 그들은 모두 함께 부르심을 받았다. 오실 메시아를 위한 특별한 섬김의 사역으로 부름 받은 것이다. 모두 다 땅의 모든 민족들에게 하나님의 축복을 전하는 하나님의 대행자가 되어야 한다.

---

32 위의 글, 442.
33 Donald E. Gowan, 『출애굽기 신학』, 365.
34 John Durham, 『출애굽기 주석』, 442.

이것이 분명한 부르심이다. 선교적 사명이다. 출애굽기 19:4-6은 이런 선교적 사명을 분명하게 진술하고 있다.[35]

구약에 나타난 하나님의 선교를 정리하자면 다음과 같다.

구약은 하나님이 창조주이심을 선포하고(창 1:1), 선교하시는 하나님이심을 분명히 증언하고 있다. 하나님의 선교는 그의 창조의 과정 속에 그의 형상으로 지어진 인간에게 그의 창조물들을 위임하는 데서 시작되고 타락한 열방을 구원 하려는 하나님의 섭리와 계획 속에서 진행되고 있다. 한 사람을 택하시고 그를 통해서 하나님의 뜻을 성취하려는 하나님의 선교가 아브라함뿐만 아니라, 고난 받는 종을 통해서, 한 민족을 통해서 모든 민족과 열방을 구원하려는 그의 선 교가 계속해서 구약에 나타난다.

하나님은 세상 만물을 창조하시고 만물 가운데 인간을 세워 움직이는 생물들 에 대한 지배권을 위임하심으로 그의 선교의 뜻을 성취하셨다. 뿐만 아니라 아 브라함을 부르시고 그에게 약속하셔서 이스라엘의 구원을 성취하신 것처럼 이 제 이스라엘을 애굽에서 구원하여 열방을 위한 중보자, 이방의 빛으로서 하나 님의 선교적 도구가 되게 하셨다.

하나님의 백성들은 하나님의 부르심과 보내심에 신실한 응답을 함으로 하나 님의 복을 받아 이방을 위한 복의 통로로서, 전파자로서 역할을 할 책임이 주 어졌음을 깨닫고 거룩한 하나님의 백성으로서 신실한 선교적 삶을 살뿐만 아니 라 열방의 구원을 위한 거룩한 백성으로서 하나님의 선교에 참여하는 삶을 살 아가야 할 것을 요구받고 있다.

---

35   Walter Kaiser, 『구약성경과 선교』, 53.

제3장
שׁלח(살라흐)와
ἀποστέλλω(아포스텔로)

    창조 사역과 구원 사역을 통해 하나님이 목적하신 바를 이루시는 '선교하시는 하나님'은 구약에 이어 신약을 관통하는 주제이다. 크리스토프 라이트에 따르면 이러한 하나님은 "이스라엘 안에서" 먼저 계시되었고, 그 다음으로, 신약의 중심인 "예수 그리스도 안에서" 계시되었다.[36] 신약에서 특기할 점은 선교하시는 하나님의 모습은 구약에 이미 나타나는 하나님의 '보내심'(שׁלח)[37]이라는

---

[36] Christopher Wright, 『하나님의 선교』, 93-129.
[37] 히브리어로 "보내다"를 뜻하는 동사 "살라흐(שׁלח)"는 구약에서 800회 이상 쓰이는데 특히 하나님이 주어로 사용된 경우에는 200회 이상이다. 구약의 헬라어 번역인 칠십인 역에 사용된 "보내다"는 헬라어 동사(ἀποστέλλω)와 그 합성어의 용례도 3/4이 하나님을 주어로 사용하고 있다. 그러므로 구약이 말하는 하나님의 선교는 하나님의 보내심의 행위를 중심으로 서술되어 나타난다고 할 수 있다. 다음 문헌을 참고하라. Ferris L. McDaniel, "Mission in the Old Testament," William J. Larkin, Jr., and Joel F. eds., Mission in the New Testament: An Evangelical Approach, Maryknoll, NY: Orbis, 1998, 11. 홍용표·김성욱 옮김, 『성경의 선교신학』, 서울: 이레서원, 한국 왜그너 교회성장연구소, 2001; Bernard Wodecki, "SHLH. Bans le livre d'Isaie," Vetus Testamentum 34, 1984, 482-88.

모티프를 통해 신약에서도 그대로 이어지고 확장되고 있으며[38] 특별히 '그리스도-사건(Christ-Event)'을 통해 시작된 하나님의 종말론적 구원 사역에서 최고조로 드러나고 있다는 점이다.

신약의 기자들은 하나님 백성으로서의 '교회'가 하는 활동이나 그 교회 지경의 '확장'이라는 측면에 우선하여 이스라엘과 열방, 더 나아가 모든 창조 세계의 회복을 주도적으로 실행하시는 삼위일체 하나님의 선교가 하나님의 보내심과 연관된 것이라는 분명한 인식을 드러낸다.[39]

신약에서 우리는 'שׁלח(살라흐)/ἀποστέλλω(아포스텔로)' 언어에 나타나는 하나님의 선교를 볼 수 있다. 신약은 하나님의 보내심의 선교를 분명하게 나타내 보여 주고 있다. 신약에서 하나님은 보내시는 주체이며 예수 그리스도는 하나님의 선교 안에서 보냄을 받은 자임과 동시에 보내는 자로도 나타난다. 그리고 성령께서도 보냄을 받는 자로 나온다. '보내다'라는 헬라어 ἀποστέλλω는 주로 복음서들과 사도행전에서 약 135회 사용되었으며[40] 유사어 πέμπω(펨포)

---

[38] 바울의 '사도'(ἀπόστολος) 개념을 중심으로 '살라흐' 모티프의 신구약 간 연속성을 고려하는 연구로 강보영, "Heralds and Community: An Enquiry into Paul's Conception of Mission and Its Indebtedness to the Jesus-Tradition," 미간행 박사 학위 논문, 브리스톨대학교, 2012, 239-245 참조.

[39] 맥폴린(J. Mcpolin)은 네 가지 유형의 보냄을 "Mission in the Fourth Gospel"에서 제시한다. 첫째, 하나님이 예수를 증거하기 위해 세례 요한을 보냈고, 둘째, 하나님이 성자를 보냈고(요 4:34; 17:4), 셋째, 성부와 성자는 보혜사 성령을 예수에 관해 증거하도록 보냈으며, 그리고 예수께서 제자들에게 임무를 맡겨서 그 일을 수행하도록 보냈다(요 20:21; 17:18). Johannes Nissen, New Testament and Mission; Historical and Hermeneutical Perspectives, 최동규 역, 『신약성경과 선교』, 서울: CLC, 2005, 125; McPolin, J., "Mission in the Fourth Gospel," Irish Theological Quarterly 36, 1969, 113-122를 참고하라.

[40] 주로 복음서와 사도행전에 사용되었고, 복음서와 사도행전 이외에는 12회 사용되었다. 구체적으

는 약 80회 사용되었다.[41] 구약에서 보내심의 주체가 하나님인 경우가 압도적인 것과 같이, 신약에서도 많은 부분들이 보내시는 주체가 하나님으로 나타난다.[42] 그 외에 18회의 경우에는 보냄의 주체는 하나님이 아니라 그리스도로 나타난다.

이와 같은 '보냄의 모티프'에서 중요한 것은 보내는 자는 보냄을 받는 자들에 대한 권위를 가진 자로서 그들에 대한 위임의 권한을 가지고 있고 모든 우선권을 가진다는 점이다. 보내는 자는 최종적인 권위자로서, 그가 원하는 뜻을 성취할 목적으로 대리인을 세우고 그의 전권을 주는 자이다.[43] 구약의 하나님의 선교에서 이미 살펴보았듯이, 하나님은 주권적으로 사람을 하나님의 형상으로 창조하여 세상에 대한 지배권을 그들에게 위임하여 보내신 분이시며 아브라함을 불러 언약을 맺고 보내셨고, 이스라엘을 구원하여 하나님의 소유, 제사장의 나라, 그리고 거룩한 백성으로 세워 열방의 구원을 위하여 보내신 분이시다.

그리스도-사건으로 촉발된 종말의 때에는(갈 1:4; 2:20; 6:15; 고전 2:6;

로 요한일서에 3회, 요한계시록에 3회, 바울서신(롬 10:15; 고전 1:17; 고후 12:17)에 3회(만일 디모데후서 4:12를 포함시키면 4회), 히브리서에 1회(1:14), 베드로전서에 1회(벧전 1:12) 사용되었다. K. H. Rengstorf, "ἀποστέλλω(πέμπω)," Gerhard Kittel and G. Friedrich Eds., Theological Dictionary of the New Testament, Vol 1, Grand Rapids, MI: Eerdmans, 1964-1976, 403.

41 같은 곳. 요한복음에 33회, 요한계시록에 5회, 누가복음에 10회, 사도행전에 각기 12회, 마태복음에 4회, 마가복음에 1회(막 5: 12) 사용되었다.
42 요 20:21 참조. 신약 전체에 있어서 파송에 강조점을 둘 때에는 πέμπω를, 위임과 사명에 강조점을 둘 때에는 ἀποστέλλω를 사용하고 특히 공관복음에서 파송하는 분이 하나님이실 때 사용되었다. Rengstorf, "ἀποστέλλω(πέμπω)," 404.
43 위의 글, 400.

10:11; 고후 5:1-10, 17; 롬 6:1-11; 빌 1:21, 23; 2:12-16 등 참조) 하나님은 약속대로 그의 아들을 세워 세상의 사람들을 구원하시고 그들을 하나님의 자녀로 회복하시려고 보내셨다. 그 보내심의 전권은 그 아들이신 예수 그리스도에게 위임되었고, 그리스도는 성부와 동일한 전권을 통해 제자들을 열방을 향해 보내시는 주체로 나타난다(마 28:18-19).[44]

부활하신 예수 그리스도는 하늘과 땅의 권세를 받았음을 밝히며(마 28:18), 그의 제자들에게 명령하여(마 28:19-20) 보내시는 분으로서 그들과 세상 끝날까지 그들의 임무를 수행하는 일에 함께할 것을 약속하시는 분으로 나타난다. 메이(Peter D. May)에 따르면, 이 두 용례는 하나님의 전권과 신적 정체성이 점차적으로 그리스도에게로 이양되는 신약의 특성을 반영한다.[45]

신약에 나타나는 하나님의 선교의 문제에서 보냄의 주체와 관련된 질문과 함께 중요한 질문은 누가 보냄을 받았으며, 왜 그들이 보냄을 받았는가 하는 질문이다. 신약은 약 20회에 걸쳐 구약과 매우 유사한 하나님의 보내심을 받은 자들의 유형으로 엘리야와 같은 예언자들(눅 4:26)이나 세례 요한과 같은 존재(막 1:2; 요 1:6; 마 23:34) 그리고 가브리엘과 같은 천사(눅 1:19, 26)와 모

---

[44] John Nolland, The Gospel of Matthew, NIGTC, Grand Rapids, MI: Eerdmans, 2005, 1263-1269 참조.

[45] Peter D. May, "Towards a Biblical Theology of Mission," Indian Journal of Theology, 24. 바울 본문의 '기독론'을 중심으로 이러한 신적 정체성의 이양의 추이를 관찰하는 연구로 Richard Bauckham, Jesus and the God of Israel: God Crucified and Other Studies on the New Testament's Christology of Divine Identity, Grand Rapids, MI: Eerdmans, 2008, 182-253.

세와 같은 통치자들(행 7:34, 35)을 언급한다.[46]

메이의 지적대로 이러한 본문들은 악과 곤경으로부터 그의 백성들을 구하시거나 돌이키시기 위한 목적을 위해 선택된 자를 보내시는 하나님의 주권적 구원 행위를 나타내고 있으며,[47] 이는 하나님의 선교가 신약과 구약 사이에서 강한 연속성을 띠고 나타나는 주제임을 보여주는 증거들 가운데 하나라고 할 수 있다. 그러나 분명한 것은 신약의 주된 초점은 구약과 유사하거나 단순한 연속성을 가지는 하나님의 보내심의 주제들에 있는 것이 아니라 하나님의 구원의 목적을 궁극적으로 성취하기 위한 아들의 파송에 나타난 하나님의 선교에 있다. 공관복음서의 '악한 포도원 농부의 비유'(마 21:33-46; 막 12:1-12; 눅 20:9-19)에서 볼 수 있듯이, 포도원 주인이 상징하는 하나님의 '보내심'은 사환으로 상징되는 구약의 여러 예언자들의 파송과 아들로 상징되는 그리스도의 파송으로 완전히 구별된다. 그리고 포도원으로 상징되는 하나님의 백성을 구속하고 회복하시려는 하나님의 목적은 그리스도를 세상에 '보내심'을 통해 극적인 전환점을 맞게 되고 그 파송 목적의 정점을 향해 나아가게 된다.[48]

---

46 May, "Towards a Biblical Theology of Mission," 24.
47 같은 곳.
48 '악한 포도원 농부의 비유'의 은유 대상과 의미에 대한 다양한 논의들에 대해서는 K. R. Snodgrass, "Recent Research on the Parable of the Wicked Tenants: An Assessment," Bulletin for Biblical Research 8, 1998, 187-216을 참조.

제4장

그리스도의 파송

신약에 나타난 하나님의 보내심은 예수 그리스도의 파송이라는 주제에 집중되어 있다. 신약의 다양한 본문들은 '하나님이 주 예수 그리스도를 보내셨다'고 증언한다. 요한복음에서는 38회 정도 '나를 보내신 아버지' 등의 표현[49]을 통해 예수를 보내신 분이 하나님이심을 명백히 한다. 또한 신약 전체에서 57개의 본문들이 예수 그리스도가 하나님의 파송 행위의 목적어로 나타난다.[50]

요한복음에는 예수 그리스도의 파송의 의미로 ἀποστέλλω(아포스텔로)와 πέμπω(펨포) 모두가 사용되고 있다. 칼 하인리히 렝스토프(K. H. Rengstorf)에 따르면 예수 그리스도 자신의 권위가 하나님의 위임으로부터 시작된 신적인 사명인 것을 나타내기 위해서는 ἀποστέλλω가 사용되었고, 예수 그리스도의 파송과 사역이 하나님과의 동역임을 드러내기 위해서는 πέμπω가

---

[49] 요 4:34; 5:23, 24, 30, 37; 6:38, 39, 44, 57; 7:16, 18, 28, 29, 33; 8:16, 18, 26, 29, 42; 9:4; 10:36; 11:42; 12:44, 45, 49; 13:16(X2), 20; 14:24; 15:21; 16:5; 17:3, 18(x2), 21, 23, 25; 20:21.

[50] May, "Towards a Biblical Theology of Mission," 24.

사용되었다.[51]

요한복음 20장 21절에는 "아버지께서 나를 보내셨다"는 구절에 ἀποστέλλω를 사용하였고 "나도 너희를 보낸다."라는 구절을 위해서는 πέμπω를 사용하였다. '성부의 성자 파송'과 '성자의 제자 파송'에서 다른 두 동사가 사용되었지만 요한복음 내에서 성부의 성자 파송에 πέμπω를 사용한 여러 용례를 고려할 때 (요 7:32; 8:29 등 참조) 두 동사는 근본적으로 질적인 차이를 가지지 않는 것으로 보는 것이 바람직하다. 이러한 용례를 통하여 강조되는 것은 예수 그리스도와 하나님 아버지 사이의 뜻과 행위의 합일성이기 때문이다.[52] 이러한 예수 그리스도의 신적 권위의 위임과 사명은 ἀποστέλλω라는 단어로 서술되어 있다는 점에서가 아니라 그가 하나님의 아들이시라는 사실 그 자체에서 중요한 의미를 가진다.

메이가 적절하게 지적하였듯이, "그리스도와의 사역 공유이든지 하나님을 위하여 사역하도록 신적 권위를 부여하는 것이든지 두 단어 가운데 어느 것을 사용하든지 강조점은 분명히 보냄을 받는 자가 아니라 보내는 자에게 있다."[53]

렝스토프에 따르면,[54] '하나님의 보내심의 행위(ἀποστέλλειν)'는 신약성경 전반에서 그 동사의 일반적인 용법과 관련하여 결국 "(하나님에 근거한) 완전한 권위를 가지고 하나님의 나라에서 봉사하도록 보내는 것"을 의미하는 신학

51　Rengstorf, "ἀποστέλλω(πέμπω)," 404-405.
52　위의 글, 404.
53　May, "Toward a Biblical Theology of Mission," 24.
54　Rengstorf, "ἀποστέλλω(πέμπω)," 398.

적 용어로 사용된다.[55] 이 용례가 항상 아버지와 아들과의 관계성이라는 맥락 안에 놓여있음을 인식하는 것은 매우 중요하다.

하나님이 그의 아들을 보내심에 관한 신약성경 본문들의 중요한 강조점은 아들이 아버지의 뜻을 성취하도록 하는 아버지의 대리인으로서 보내어졌으며,[56] 그리스도의 사역은 사실 그를 통해서 이루시는 아버지의 사역에 다름 아니라는 것이다.[57] 이것은 요한복음에서 더욱 분명하게 나타나지만 신약성경의 첫 기자였던 바울은 이미 그의 서신에서 하나님의 그리스도의 보내심을 성부와 성자의 관계 안에서 설명하고 있다.

"때가 차매 하나님이 그 아들을 보내사 여자에게서 나게 하시고 율법 아래에 나게 하신 것은"(갈 4:4)이라는 본문과 "율법이 육신으로 말미암아 연약하여 할 수 없는 그것을 하나님은 하시나니 곧 죄로 말미암아 자기 아들을 죄 있는 육신의 모양으로 보내어 육신에 죄를 정하사"(롬 8:3)라는 본문에는 하나님과 예수 그리스도가 명백한 아버지와 아들의 관계로 나타내고 있다.[58] 하나님이 자기 자신의 아들을 보내실 것이라는 구약성경에서의 암시들은 그의 독생자, 사랑하는 아들을 보내심으로서 성취되었고(막 12:6), 이 세상 안에 드러난 하나님의 영광의 광채와 그 본체의 형상(히 1:3), 혹은 말씀이 육신이 되신 사건(요 1:14)에서 분명하게 나타난다.

---

55 마 10:5, 16, 40; 15:24; 눅 22:35; 롬 10:15; 고전 1:17 등 참조.
56 요 5:23; 12:44ff.
57 요 8:16, 18, 26, 29.
58 R. N. Longenecker, Galatians, WBC, Dallas: Word Books, 1990, 166; J. D. G. Dunn, Romans 1-8, WBC, Dallas: Word Books, 1988, 440-441 등 참조.

"그리스도 예수 안에 있는 속량(ἀπολύτρωσις)으로 말미암아 하나님의 은 혜로 값없이 의롭다 하심을 얻은 자 되었느니라."(롬 3:24)와 "아버지가 아들을 세상의 구주(σωτήρ)로 보내신(ἀπέσταλκεν) 것을 우리가 보았고 또 증언하노니"(요일 4:14)와 같은 본문이 명시적으로 밝히고 있듯이, 하나님이 예수 그리스도를 보내신 목적은 하나님의 세상에 대한 구속(redemption)이다. 예수 그리스도가 세상에 사람들을 구속하기 위하여 보내심을 받았다는 것은 아무리 강조해도 지나침이 없는 분명한 사실이며, 성경은 이 사실을 명확하게 하고 있다.[59]

이와 같이 하나님이 예수 그리스도를 그의 백성의 구속을 위해 보내신 파송의 한 가지 중요한 측면은 구약에서 하나님에 의해 보내어진 사사 또는 왕들이 영적으로나 신체적으로 자신의 백성들을 적들의 위험과 압제로부터 구출하고 해방하기 위해 파송되었던 것과 동일한 맥락에서 인식할 필요가 있다. 하나님이 그 아들을 보내신 것은 하나님의 언약 백성에게 연속되고 있던 영적이고 육체적인 모든 곤경에서 궁극적인 구출을 위한 것이었으며 그 구원에 대한 구약 예언의 성취의 의미를 가진다.[60]

하나님에 의하여 그리스도가 이 세상에 보내진 것 안에 드러나는 또 다른 차원의 중요한 목적은 자신의 백성들을 곤경에서 구출하는 것뿐만 아니라 하나님 자신에게 온전히 돌아오도록 회복시키는 것이다. 이러한 목적은 마가복음의 기

---

59   마 15:24; 눅 2:38; 21:27-28; 요 3:17; 롬 3:24; 8:3; 갈 4:5; 요일 4:9 등 참조.
60   신약성경이 그리고 있는 하나님 백성의 의미를 구약과 중간기의 종말론적 회복 예언과 성취의 차원에서 이해하는 연구로 Nicholas, T. Wright, The New Testament and the People of God, London: Spck, 1992를 참조하라.

자가 예수 그리스도의 공생애의 시작에 대해 처음 언급하는 마가복음 1장 15절의 "이르시되 때가 찼고 하나님의 나라가 가까이 왔으니 회개하고 복음을 믿으라 하시더라."는 회개의 촉구(μετανοεῖτε) 가운데서 분명히 드러난다(마 3:2; 4:17 참조).[61] 공관복음에는 하나님의 파송으로 시작된 예수의 공생애와 하나님 백성으로서의 이스라엘의 회개는 긴밀한 연관성을 가지고 나타난다.[62]

메이어(Ben F. Meyer)는 예수의 공생애의 가장 핵심적인 사역은 바로 회개의 선포였으며, 이때 예수의 회개의 선포는 동시대의 랍비들의 생각과 달리, 메시야의 때를 발생케 하는 수단, 즉 미래적 구원을 위한 '조건'이 아니라 오직 은혜로 도래한 하나님의 나라에 대한 수용의 '결과'이며 하나님의 자비를 일으키는 것이 아니라 오히려 그것을 증언하는 것이라는 점을 강조한다.[63] 이러한 통찰이 중요한 것은 그리스도의 구속의 사역이 미래적 영혼의 구원에 제한된 것이 아니라 현재적 삶의 궁극적 변화를 위한 지향점까지 포함한다는 것을 지시하기 때문이다. 예수 그리스도의 파송에 드러난 하나님의 선교는 미래적 구속의 완성과 함께 이미 지상에 도래한 하나님의 통치에 참여하고 순종하도록 초청하는 삶의 전적인 회복을 포함한다.

메이는 위에서 언급한 예수 그리스도의 사역에 나타나는 두 차원, 즉 '구속'

---

61 Robert, A. Guelich, Mark 1-8:26, WBC, Dallas: Word Books, 1989, 44-45 참조. 눅 5:32; 15:7, 10. 잃은 양과 잃어버린 동전의 비유는 둘 다 그리스도의 구속의 사역뿐만 아니라 하나님께로 돌아오는 회복의 필요성을 강조하고 있다. J. Nolland, Luke 1-9:20, Dallas: Word Books, 1989, 246-247; J. Nolland, Luke 9:21-18:34, Dallas: Word Books, 1993, 772-776.
62 마 11:20, 21; 12:41; 눅 10:13; 11:32; 13:3, 5; 15:7, 10; 17:3, 4 참조.
63 B. F. Meyer, The Aim of Jesus, Eugene: Wipf and Stock, 2002, 132.

과 '회복'을 구약에서 하나님이 보내시어 각각 '구속'과 '회복'을 위해 쓰임 받은 사사와 왕들, 그리고 예언자와 교사들에게서 나타난 각각의 기능에 상응하는 것으로 보면서도, 하나님의 보내심의 주된 목적은 전자를 위해 집중된다고 보았다.[64] 하지만 이러한 구분은 신약 본문에 나타나는 그리스도의 기능을 구약에 나타나는 하나님의 보내심의 도식적 유사성에 지나치게 종속시키며 그리스도의 사역을 통한 구속과 회복을 불필요하게 구분짓는 경향이 있다.

우리의 논의에서 더욱 중요한 것은 메이 자신도 밝힌 바와 같이,[65] 하나님이 보내신 아들의 사역의 중요성은 구약에서 하나님이 보내시는 다른 존재들의 사역과의 유사성이 아니라 구약에서 간헐적으로 드러나는 하나님 자신의 파송, 혹은 하나님 존재의 연장의 의미로 나타나는 하나님의 '자기 파송' 모티프(사 55:11; 단 6:22; 출 23:20)와의 관련성에서 파악할 필요가 있다. 이러한 하나님의 자기 파송의 모티프는 신약에서의 '성령의 파송'에서 잘 드러난다.

---

64 May, "Toward a Biblical Theology of Mission," 21-23, 25-26.
65 위의 글, 22, 24-25.

제5장
성령의 파송

앤더슨(Robert Anderson)이 지적하였듯이, 하나님의 선교의 성경적 논의에서 예수 그리스도의 파송 주제에 비해 성령의 파송은 상대적으로 간과되었던 주제였다.[66] 하지만 하나님은 그의 구원과 회복의 사역을 위하여 성자를 보내신 후에 성령을 파송하셨다는 신약성경의 가르침은 하나님의 선교에서 성령의 파송이 차지하는 엄연한 중요성을 분명히 보여준다.

신약이 말하는 성령의 보내심의 목적은 "보혜사 곧 아버지께서 내 이름으로 보내실 성령 그가 너희에게 모든 것을 가르치고 내가 너희에게 말한 모든 것을 생각나게 하리라."(요 14:26)와 "너희가 아들이므로 하나님이 그 아들의 영을 우리 마음 가운데 보내사 아바 아버지[67]라 부르게 하셨느니라."(갈 4:6)와 같

---

[66] Robert, S. Anderson, "Mission…in the way of the Father, the Son and the Holy Spirit," International Review of Mission 77, 1988, 487; Cornelis Bennema, "Spirit and Mission in the Bible: Toward a Dialogue between Biblical Studies and Missiology," Trinity Journal 32, 2011, 237-258(238-239)에 따르면, 선교와 성령의 상관관계에 깊이 유의했던 오순절 계통에서조차 자신들의 신학적 성찰을 발전시키기보다는 성령에 대한 인식이 결여된 기존의 신학에서 끌어오거나 그들의 다양한 실천과 경험에 의존하였다고 평가한다.

[67] 개역개정의 "아빠 아버지" 번역은 $\alpha\beta\beta\alpha$의 다양한 의미를 정확하게 하기보다는 축소시키는 경향

은 본문에서 잘 드러나고 있다. 그것은 첫째, 하나님께서 성령을 보내서 제자들로 하여금 '모든 것을 가르치시고', 둘째, 주께서 제자들에게 말한 '모든 것을 생각나게' 하시고, 셋째, 제자들로 하여금 하나님의 자녀로서 하나님을 '아바 아버지로 부르게' 하셨다는 것이다.

요한복음에서 분명히 드러나는 것은 하나님으로부터, 아들에 의해 성령이 파송되는 것은(요 15:26) 성령이 예수에 대한 증언의 주된 능력으로 기능하기 위한 것이지만 성령을 받은 신자는 이를 위한 성령의 동역자의 위치를 가진다는 것이다. 또한 바울이 그의 서신에서 밝히고 있듯이, 성령을 보내신 것은 그리스도의 구속으로 자녀된 '자격'(qualification)을 얻은 사람들이 실질적으로 자녀 됨의 '자질'(quality)을 가지고 하나님과 관계하는 것을 가능하도록 한다는 것이라는 측면에서 하나님이 모든 사람들을 그의 아들 안에서 구속하시고 그의 자녀들로 삼으시기 위한 목적을 위하여 예수 그리스도를 보내신 것과는 분명히 구별된다(롬 8:15; 갈 4:6).[68]

이러한 하나님의 '아들과 성령'의 보내심은 양자 모두가 하나님 자신 안에 있는 하나님의 본질의 어떤 특질을 반영하기 때문이다. 메이에 따르면, 첫째, 인간에 대한 아버지의 '밖으로 향해 나가는' 사랑이 아들을 보내심 안에서 표현되었고, 둘째, 아버지를 위한 아들의 들어오는 사랑이 사람들을 하나님의 자녀로서 아버지께 응답하도록 하시는 성령의 보내심 안에서 표현되었다. 이것이 우리가 성령(사랑)이 아버지로부터(아들에게) 그리고 아들로부터(아버지에게)

이 있어서 기존의 '아바'로 번역하기로 한다.
68　May, "Toward a Biblical Theology of Mission," 25: "성령은 구출하고 구속하기 위해 파송된 것이 아니라 사람들을 구속된 자녀답게 하나님께 돌이키게 하기 위해 파송되었다."

나오게 되는 것을 말할 때에 의미하는 것이라 할 수 있다.[69]

신약은 이러한 성령을 통해 획득되는 하나님 자녀로서의 새로운 자질들을 다양한 맥락 속에서 표출되는 것으로 기술한다. 베네마에 따르면, 누가복음과 사도행전은 하나님의 성령의 파송을 통해, 즉 "위로부터 오는 권능"(눅 24:49; cf. 행 1:4-5)을 통해 하나님의 백성들은 공동체를 구성하여 공동체적 삶을 향유하고(행 1:12-2:13; 8:29, 39-40; 10:19-20; 11:12; 13:2-4; 15:28; 16:6-7; 19:21; 20:22-23, 28; 21:4, 11), 복음을 증거하는 능력을 얻는다(행 2:14-47; 4:8-12, 31; 6:5, 10; 7:55).[70] 그는 누가의 주된 선교적 용어인 "선포", "회개", "죄 사함", "증언", "하나님께로 돌아감"은 누가-행전의 주요 인물인 세례 요한, 예수, 베드로, 바울의 사역이 성령의 권능으로 이루어진 것임을 규정해주는 용어로 이해해야 한다고 보았다.[71]

성령의 수여가 신앙 공동체의 삶과 가진 깊은 연관성은 바울의 서신에서도 잘 드러난다. 고린도전서 12장 12-13절에서 바울은 신앙 공동체는 그리스도의 몸이 하나이듯 다수의 성도들은 하나이며 이러한 공동체의 일치는 '성령을 받음'으로 가능하다. 그러므로 고린도후서 13장 13절과 빌립보서 2장 1절의 '성령의 교제/나눔'이라는 표현은 성령이 허락하시는 교제/나눔, 또는 성령과의, 또는 성령 안에서의 교제 모두로 이해할 수 있다.[72] 물론 바울서신에서 두드러진 성령의 기능은 구원론적이고 윤리적인 역할이다. 성령은 '그리스도 안에서의 새

---

69   위의 글, 26.
70   Bennema, "Spirit and Mission," 244-245.
71   위의 글, 246.
72   R. P. Martin, 2 Corinthians, WBC, Waco: Word, 1986, 504-505 참조.

로운 삶'을 위해 힘과 지혜를 주시는 분으로 묘사되며(롬 5:1-5; 7:6; 8:1-17, 고전 3:6; 갈 5:16-18; 살전 4:8; 딛 3:5-7), 위에서 이미 언급하였듯이, 하나님과 바른 관계를 가지게 한다(롬 8:15; 갈 4:6).[73]

그러나 누가복음, 사도행전과 마찬가지로 바울은 성령의 보내심을 복음 선포를 위한 능력으로 이해하기도 한다.[74] 고린도전서 2장 4-5절에서 바울은 "내 말과 내 전도함이 설득력 있는 지혜의 말로 하지 아니하고 다만 성령의 나타나심과 능력으로 하여 너희 믿음이 사람의 지혜에 있지 아니하고 다만 하나님의 능력에 있게 하려 하였노라"고 말한다. 비슷한 방식으로 데살로니가전서 1장 5-6절에서도 '말'과 '성령의 능력'이 대조되고 있다(롬 15:18-19 참조).

메이는 신약성경의 언어가 문자 그대로 말하는 '하나님의 보내심'은 아들과 성령의 보내심으로 사실상 제한되어 있으며 아들과 성령을 보내신 후에 하나님이 어떤 사람을 보냈다는 언급이 전혀 없다고 주장한다.[75] 이러한 표현이 지나친 점은 있지만,[76] 하나님의 구속과 회복하심의 목적은 아들과 성령을 보내심 안에 이미 실질적으로 완성되었다는 측면에서 일견 타당하다. 그리고 바로 그러한 이유로 '교회의 선교'에 대한 자리가 그리 크지 않다고 볼 수도 있다.

---

[73] Volker Rabens, The Holy Spirit and Ethics in Paul: Transformation and Empowering for Religious-Ethical Life, WUNT, Tübingen: Mohr Siebeck, 2010 참조.
[74] 고전 2:6-13; 엡 3:3-5 참조.
[75] May, "Toward a Biblical Theology of Mission," 26.
[76] 바울의 사도적 소명과 복음의 의미를 말하는 롬 1:1-7이나 바울의 사도권의 신적 기원을 말하는 본문들(갈 1:1-12)에서 바울은 자신의 보내심이 하나님에 의한 것이라는 분명한 인식을 보여준다.

그러나 메이는 그러한 관점으로 신약이 말하는 '선교'를 이해하는 것은 올바르지 않다고 바르게 지적한다. 왜냐하면 신약성경 기자들에게 교회에 대한 언급 없이는 그리스도와 성령을 말하는 것은 불가능하기 때문이다. 즉 그리스도를 말하면 반드시 그리스도 안에 혹은 그리스도의 몸을 이야기해야 하며, 성령을 말하면 '성령의 전' 또는 '성령의 교제'를 반드시 말해야 하기 때문이다.[77] 바로 이러한 통찰은 현대의 하나님의 선교 논의에서 주변부로 물러난 '교회의 선교'의 자리, 혹은 '선교적 교회'에 대한 논의의 정당한 자리를 위한 성경적 기초를 제공할 수 있다. 그리하여 크리스토퍼 라이트가 바르게 통찰하였듯이, '하나님의 선교'는 반드시 '하나님 백성의 선교'로 이어진다.[78]

---

[77] May, "Toward a Biblical Theology of Mission," 26.
[78] Christopher Wright, The Mission of God's People, 한화룡 역, 『하나님 백성의 선교: 우리는 누구이며, 무엇을 위해 여기에 있는가?』, 서울: IVP, 2012 참조.

제6장
교회의 파송

하나님은 그리스도를 통해서 하나님의 일에 참여하도록 교회를 파송하셨다 (요 20:21). 신약은 예수 그리스도의 생애 동안에 그의 제자들을 파송한 사실을 언급하고 있다. 마가복음 3장 14-15절의 "이에 열둘을 세우셨으니 이는 자기와 함께 있게 하시고 또 보내사 전도도 하며 귀신을 내쫓는 권능도 가지게 하려 하심이러라"고 서술한 본문은 제자들을 세우신 목적을 언급한다. 이는 공관복음서의 소위 '선교 파송 강화'에서도 이어지고 있다.[79] 특히 누가복음 10장 1-20절에는 70인의 제자들을 파송하는 내용이 나온다. 이러한 본문은 예수께서 그의 제자들을 세워 파송하며 그의 대리인으로서 행하도록 권위를 위임하였다는 사실을 보여주고 있다.

제자들의 이러한 파송은 예수의 공생애에 있었던 일이며, 일시적인 성격을 가진다. 하지만 그것은 초기의 교회로 모인 사도들에게 성령을 선물로 부어주시고 부활하신 그리스도의 대리인으로서 그의 사역을 지속하도록 위임하고 파송하던 사건에서 절정에 다다른다. "아버지께서 나를 보내신(ἀποστέλλω) 것

---

[79] 막 6:7-13; 마 10:5-42; 눅 9:1-6.

처럼 나도 너희를 보내노라(πεμπω)"(요 20:21).[80] 그러므로 교회의 선교는 하나님의 아들과 성령의 보내심의 확장으로 생각할 수 있다. 어떤 면에서 볼 때 그리스도의 파송이 있었기 때문에 교회의 선교가 하나님의 선교에 참여할 수 있는 기회를 가지게 되었다. 즉, 오직 하나님이 그의 아들을 보내어 구속하시고, 성령을 보내서 그의 자녀들로 회복하시는 하나님의 선교 안에서 교회의 선교를 말할 수 있다는 것이다. 그러므로 교회를 '하나님의 선교'가 성취되는 현장이자 '하나님의 선교'를 위한 도구로 이해하는 메이의 통찰은 매우 적절하다.

교회는 그리스도의 몸과 성령의 전으로서 이러한 보내심이 충족되었고, 그분의 목적을 성취하는 두 영역이다. 또한 오늘날 하나님께서 그의 아들을 보내심을 통해 구속하는 몸이며 성령을 보내심을 통해 회복하는 몸이다. 교회의 선교는 교회가 그리스도의 몸과 성령의 전이라는 것과 분리해서는 의미가 없다. 그리고 이러한 것들은 교회 자신의 권리가 아니라 하나님이 그의 아들과 성령을 보내서 교회로 하여금 하도록 하였기 때문이다. 교회를 통한 하나님의 선교는 단지 아들과 성령을 통한 그의 선교의 완결이라는 것은 너무나 자명할 것이다.[81]

교회의 선교는 교회의 정체성과 분리되어서는 아무런 의미가 없다. 교회는 그 본질이 선교에 있다. 왜냐하면 교회는 하나님의 선교에 의해 이루어진 그리스도의 몸이며 성령의 전이기 때문이다. 하나님이 그의 아들을 보내셔서 구속하시고 그의 성령을 보내셔서 하나님의 백성으로 회복하도록 하셨다. 그러므로

---

80 요 13:20; 17:18에서도 예수께서는 제자들을 보내는 자로서 그리고 하나님이 자신을 보내신 것을 언급하며 보내는 자로서와 보냄을 받은 자로서의 정체성을 이야기한다.
81 May, "Toward a Biblical Theology of Mission," 27.

교회를 통한 하나님의 선교는 아들과 성령을 통한 그의 선교의 완결로서 하나님의 선교에 참여하는 교회는 하나님이 이미 완성하신 그의 구원과 회복 안에서 하나님의 나라를 위한 그의 선교에 참여하도록 기회를 부여받았다.

하나님의 선교 목적의 본질은 아들의 보내심과 성령의 보내심으로 말미암아 세상을 구원하심과 백성의 회복에 있다. 하나님은 아들을 성육신하도록 하여 보내는 선교에 참여하는 것을 멈추지 않았으며 또한 성령을 보내서 그의 회복의 사역을 하도록 하셨다. 하나님은 역사 가운데 그의 선교 사역을 실행하시었다. 뿐만 아니라 마지막 날까지 모든 사역에 책임을 지시는 분으로서, 하나님의 교회에 현존하시며 세상에서 그의 사역을 실행하시고 교회로 하여금 계속해서 참여하도록 하신다.[82] 그러므로 교회 즉, 그의 부르심에 응답하고 보내심에 순종하는 하나님의 백성들은 누구나 모두 하나님의 선교로 말미암아 이미 이루어진 구원과 회복의 사역에 감사하며 하나님의 나라를 위해 봉사하고 섬기는 사역에 참여하게 된다.

---

82 위의 글, 27-28.

제7장

선교의 참여자

필자는 구약과 신약에 나타나는 주요한 하나님의 선교의 모티프에 대해 논의하였다. 하나님은 역사의 창조자로서 창조 사역과 구원 사역을 하셨다. 하나님의 형상으로 지은 인간에게 땅에 대한 지배권을 주어 보내시고 땅을 통치하도록 하셔서 하나님의 창조하신 모든 피조물에 대한 관리와 보존의 사역을 이루도록 부르셨다. 또한 역사 속에서 이스라엘을 하나님의 언약 백성으로 세워 보내서 온 세상 열방을 위한 구원의 도구로서 하나님의 선교에 참여하도록 하셨다. 그리고 종말의 때에 하나님은 인간의 영원한 구원을 위해서 그의 아들을 파송하시고 하나님의 백성으로의 회복을 위해 성령을 파송하셨다.

신약에 나타나는 하나님의 파송의 언어는 성자의 파송과 성령의 파송에 집중되어 있는 것처럼 보이나 하나님의 선교는 교회의 파송으로 이어지고 있음 또한 신약의 중요한 증거이다. 그리고 마지막 때에 그의 아들을 통해 하나님의 백성들을 구속하시고 구속된 백성이며 그리스도의 몸인 교회를 하나님의 선교의 도구로서 파송하셨다.

교회는 세상과 더불어 하나님의 선교의 현장이자 하나님의 선교의 도구이다. 즉 교회는 하나님의 선교의 수혜자인 동시에 헌신자로서 참여하도록 요청을 받은 선교 공동체이다. 그러므로 부르심을 받았고 보내심을 받은 하나님의 백성이요 자녀들이다. 성경에서 드러내는 교회의 선교는 하나님의 선교의 큰 틀 안에서 사도로 부름 받은 하나님의 사람들과 더불어 모든 교회의 구성원들이 연합된 공동체의 일로서, 하나님의 부르심과 보내심에 순종하는 사람들의 거룩한 사명이다.

교회는 본질적으로 선교적 본질을 가진 하나님의 선교에 참여하도록 거룩한 부르심을 받은 구속된 공동체, 그리스도의 생명을 가진 몸, 그리고 사명을 가진 사도적 회중이다. 이러한 고찰은 우리가 다음 장에서 논의할 선교적 교회론의 중요한 성서적 기초를 제공한다.

---

*삶과 선교 여정에서 발견한 한 줄 멘토링 4

선교하시는 하나님은 역사 가운데서 선교를 주도적으로 행하시는 분이시다. 그의 아들을 보내시고, 성령을 보내시며 마지막 때에 교회를 불러 그의 선교적 도구로 보내어 주신다.

제5부

선교적 교회론*

* 김종련, "인도네시아 교회 갱신을 위한 하나님의 선교와 선교적 교회론 연구," 43-91.

제1장
선교적 교회론의 배경

 서구에서 태동한 선교적 교회론은 1990년대 초의 GOCN부터가 아니라 그 이전부터 영국을 중심으로 논의되고 있었다.[1] 이러한 교회론은 기독교세계(Christendom)의 전통적 교회론이 교회의 본질이며 존재 이유가 되는 선교에 대한 무관심으로 인해, 선교가 교회의 여러 사역 중의 하나로 방치되도록 한 것에 대한 비판적 당위성을 인식한 신학자들을 중심으로 출발하였다. 신학적 전통이나 조직을 가진 기독교세계의 교회론이라도 역사 가운데서 항상 선교하시는 삼위일체 하나님의 교회론으로 삼기에는 부적합한 것이었다.[2] 그런 면에

---

1 영국에서는 뉴비긴을 중심으로 Gospel and Culture 모임이 있었다. 그러한 영향은 미국의 GOCN(Gospel and Our Culture Network) 모임이 가능하도록 하였다. 또 다른 모임들로서 영국 성공회의 경우 2년간의 연구 조사 끝에 2004년 '선교형교회(Mission Shaped Church)'라는 보고서를 통해 선교형 교회에 대한 신학적 가이드라인을 제시했다. 영국 성공회는 '영국 사회에 대해 설득력 구조(Plausible Structure)를 갖는 일이 선교형 교회이며, 성육신의 새로운 교회론'으로 선언하고 지원에 나섰다. John Hull, Mission-shaped Church: A Theological Response, London: SCM press, 2015를 참고하라. 또한 영국 사회에서 Fresh Expressions of Church 운동이 일어나고 있는데 그것은 교회에 출석해보지 못한 사람들과 함께 교회 밖에 있는 사람들을 섬기고, 그들에게 듣고 그들의 상황으로 들어갈 뿐만 아니라 제자도를 우선시하여, 사람들을 예수께로 인도하여 교회를 형성하는 운동이다. https://www.freshexpressions.org.uk을 참고하라.
2 정승현, "서구에서 선교적 교회론의 태동 및 발전," 『선교와 신학』 제30집, 서울: 장로회신학대

서 "선교적 교회론은 기독교세계 안에서 형성된 교회론의 반성에서 출발한다."[3] 는 정승현의 지적은 매우 타당하다고 할 것이다.

선교적 교회론의 태동 배경에는 기독교세계, 기독교 선교 경험, 그리고 1952년의 독일에서 열린 국제선교협의회의 빌링겐 대회와 같은 요소들이 있다. 필자는 이러한 요소들은 선교적 교회론의 태동 배경을 이해하는데 중요한 개념과 사건들이기 때문에 먼저 논의하고자 한다.

1) 기독교세계(Christendom)

선교적 교회론이 태동하는 역사적 배경에는 '기독교세계'라는 요소가 있다. 기독교세계는 서구 기독교 역사 속에서 교회 중심적 선교를 강조하였던 전통적 교회론의 터전이 된다. 대럴 구더에 의하면 '기독교세계'라는 용어는 "4세기 콘스탄틴 황제가 자신의 제국에서 기독교 신앙과 교회에 특별한 위치를 부여한 결정에 뿌리를 둔 서구의 오랜 기독교 전통을 묘사할 때"[4] 사용하였다. 그에 의하면 "기독교세계는 교회와 국가가 연합하고, 기독교는 사회의 종교로서 보호받으며 특권을 누리고 있고, 교회는 합법적으로 설립된 기구의 형태로 문화적인 주도권을 가지고 있는 체계를 의미한다."[5]

학교, 2012, 17.

[3] 정승현, "선교적 교회론의 과거, 현재, 그리고 미래: GOCN의 연구를 중심으로," 54-55.

[4] Guder, "Leadership in New Congregations: New Church Development from the Perspective of Missional Theology," Stanley H. Wood, eds., Extraordinary Leaders in Extraordinary Times: Unadorned Clay Pot Messengers, Grand Rapids, MI: Eerdmans, 2006, 3.

[5] Guder, 『선교적 교회』, 32.

기독교는 초기에 예수 그리스도의 복음을 전하는 과정 속에 유대교와 로마의 박해를 받는 종교였다. 수많은 신앙인들이 기독교 신앙을 가진 이유 때문에 고난의 시기를 경험하여야 했고 심지어는 죽음까지 당하는 사람들이 부지기수였다. 그러나 성령의 충만함을 받은 초대 교회의 지도자들과 성도들로 인하여 복음은 예루살렘과 유대를 넘어 사마리아와 땅 끝까지 전하기에 부족함이 없었다.

이러한 기독교의 역사 초기에 박해와 핍박이 심하면 심할수록 기독교 신앙은 계속하여 살아서 역사하였고 신앙 공동체는 더욱더 그 정체성을 분명히 갖게 되었다. 몇 세기가 되지 않아서 핍박의 중추적 역할을 하였던 로마 제국의 정권이 기독교를 합법적인 종교로 인정을 하게 되었던 것이다(A.D. 313).

그 후에 기독교는 점점 영향력이 커져갔고 그들의 정치, 경제, 사회, 문화, 그리고 종교에까지 서구 유럽에서 절대적 영향력을 가지게 되었으며 '기독교세계'라는 특별한 위치와 전통을 가지게 되었다. 또한 서구 신학은 기독교세계의 바탕 위에서 오랜 세월동안 확고한 위치를 차지하게 되었다.

기독교세계 안에 있던 교회는 선교에는 매우 부정적이었다. 그것은 이미 기독교화 된 분위기 속에서 더 이상 선교를 하지 않아도 된다는 생각을 가지게 되었고, 교회는 종교적, 정치적 영향력을 행사하고 자신의 선교적 본질을 인식하지 못하였다. 자연스럽게 교회 구성원들은 하나님의 선교적 부르심과 보내심에 민감하지 못하였고 단지 자신의 개인적이고 종교적 구원에만 관심을 기울이는 삶에 만족하였다. 왜냐하면 선교라는 용어는 기독교세계의 초반부에 사라져

서 무려 1,500년 동안 거의 다루지 않았기 때문이었다.[6]

기독교세계에 살던 사람들이 유럽의 기독교화와 맞물려 선교의 필요성을 절감하지 않게 됨으로 유럽의 교회는 선교와 분리되어 있었고 선교는 기독교세계 밖에서 진행되었으며(diffusion), 유럽의 교회들은 선교와 무관한 모습을 고수하였다.[7]

유럽 사회에 퍼져 있던 기독교세계는 15세기에 중대한 국면을 맞이하게 되었다.

포르투갈과 스페인의 무역원정대 파견과 더불어 교황이 식민지에서 거류하는 유럽인들의 영적인 보살핌과 원주민들을 위한 선교 사역을 위해 사제들을 포함시킨다는 단서와 함께 각 나라의 왕에게 무역원정대를 파견할 수 있는 권한을 주었다.[8]

기독교세계에 살던 사람들이 유럽 제국의 식민지 정책과 더불어 상인들과 함께 무역과 자신들의 영토를 확장하기 위해서 나갔으며, 종교적 신앙을 전파할

---

[6] Guder, "Theological Significance of the Lord's Day for the Formation of the Missional Church," Edward O'Flaherty, S. J. & Rodney L. Peterson eds., Sunday, Sabbath, and the Weekend: Managing Time in a Global Culture, Grand Rapids, MI: Eerdmans, 2010, 109.

[7] Guder, The Continuing Conversion of the Church, Grand Rapids, MI: Eerdmans, 2000, 9.

[8] Wilbert Shenk, Write the Vision: The Church renewed, Eugene, OR: Wipf and Stock Publishers, 1995, 34.

목적으로 초기에는 가톨릭 사제들을 중심으로 기독교세계 외부로 나가게 된 것이다. 그들은 아프리카와 아시아, 남아메리카 지역으로 영토 확장을 위하여 나아갔다. 1850년에 이르러서 서구의 많은 교회가 선교를 하나의 의무로 생각하여 많은 교회를 세웠다.

그러나 15세기 이후의 선교는 유럽의 기독교세계를 선교 현장에 이식하고 확장하기 위하여 세우는 것이었다. 기독교세계에서는 선교가 필요가 없고, 기독교세계 밖의 이교도 지역이나 식민지 지역에서 선교를 진행하였다.[9]

칼 바르트는 이미 1935년 기독교세계의 종말을 고한 것을 기점으로 비로소 선교와 교회에 대해 새롭게 조명하게 되었다.[10] 그가 했던 중요한 일은 서구 그리스도인들로 하여금 선교가 더 이상 비기독교 지역에 단순히 교회를 설립하는 것이 아님을 깨닫게 하였고 서구인들의 삶의 현장이 기독교세계에서 후기-기독교세계로 변한 것을 심각하게 받아들이도록 도전한 일이었다.

레슬리 뉴비긴은 그의 저서 『교회란 무엇인가?』에서 기독교세계와 그 붕괴와 관련하여 논하면서 교회론과 교회론의 본질을 성찰하지 않으면 안 되는 상황들을 언급하고 있다. 그는 그것을 기독교세계에서 비기독교 세력들이 등장해 기독교 세력에 대한 도전을 하는 과정 속에서의 교회의 대처 상황과 가족, 동네, 동업 집단 등의 자연스런 공동체 유대 관계가 와해된 것과 관련하여 새로운 참 공동체에 대한 갈망이 있음을 지적하였다.[11]

---

9   정승현, "선교적 교회론의 과거, 현재, 그리고 미래," 45-46.
10 Guder, "From Mission and Theology to Missional Theology," 41.
11 레슬리 뉴비긴은 그의 교회론 논의의 배경을 이루는 요인들로서, 기독교세계의 붕괴, 옛 기독교

정승현은 서구 기독교세계의 쇠퇴 원인과 관련하여 세속화와 종교 다원주의의 영향이 여러 요인들 중에 속한다고 지적한다. 기독교세계의 영향력은 힘을 잃게 되었고 기독교는 다른 종교와 동등하게 여겨지게 되고 하나의 선택의 문제로 남게 되었다는 것이다.[12] 그는 또한 기독교세계가 부정적인 선교 유산을 남겼는데 선교를 지역적인 구분으로 나눈 것과 교회가 선교의 주체로 인식하도록 하였다는 것이다.[13]

따라서 이러한 시대적 변화와 더불어 기독교세계의 전통과 선교에 대한 반동으로 교회의 선교적 본질을 회복하기 위해 일어난 새로운 신학적 흐름과 변화의 요청들은 선교적 교회론의 태동으로 이어지게 되었다.

2) 교회의 선교 경험

서구 교회는 선교를 하면서 많은 경험을 하게 되었고 긍정적인 요소들도 있었지만 부정적인 면도 있었다. 그리고 많은 위기를 경험하게 되었다. 서구 교회는 선교를 하면서 교회가 부흥하고 성장을 한 때도 있었지만 교회 성장의 반대적인 요소가 되는 교인수의 감소, 젊은 층의 감소, 성경에 대한 무지와 불신, 교회의 설립 목적과 복음에 대한 이해 혼란, 전통적 예배의 역동성 상실로 인한 위기를 경험하게 되었다.[14]

세계의 바깥에서 이루어지는 교회의 선교 경험, 그리고 현대 에큐메니칼 운동의 발흥 등을 들고 있다. 이러한 그의 견해가 본인의 연구에 도움이 되었음을 밝힌다. Newbigin, 『교회란 무엇인가?』, 13-16 참조.
12 정승현, "선교적 교회론의 과거, 현재, 그리고 미래," 49-50.
13 위의 글, 50-52.
14 박창현, "선교적 교회론의 모델로서 한국 교회 초기 대각성 운동(1903-1907)," 『신학과 세계』

신약성경에 나타난 초대 교회는 부정적인 면도 있었으나 일반적으로 긍정적인 선교의 모습들이 비쳐졌다. 그러나 중세기 이후 선교는 초대 교회가 가졌던 신실한 선교적 부흥과 삶과는 거리가 먼 부정적인 선교의 역사를 경험하게 되었다. 그것은 식민주의와 제국주의 사상에 편승하여 선교를 함으로 인해 선교 현장에 부정적 영향을 주었다.

서구 교회의 선교는 복음을 다양한 문화를 가진 사회에 전달하면서도 여러 문제가 발생하였다. 이러한 문제들 가운데 하나를 지적하는 구더와 같은 신학자는 축소주의(reductionism)에 의한 잘못된 신앙 형태에 의해서 신앙의 왜곡이 일어났다고 보았다. 인간 이성의 자율성을 강조하는 계몽주의 시대에 가장 대표적인 축소주의는 구원의 개인주의였다. 구더는 이것을 가장 심각하게 받아들이고 있는데 복음을 주로 자신의 구원과 연관해서만 받아들이고 이해하는 것이다.[15]

복음은 모든 사람들을 하나님의 자녀가 되도록 초청하는 동시에 그리스도인 모두가 그리스도의 증인이 되는 것을 포함한다. 이 두 가지는 불가분(不可分)의 관계인데 근대 기독교에서는 이 부분을 둘로 나누어 구분하였다. 그러한 이유로 인하여 개인의 구원은 필수적이지만, 그리스도에 대한 증인의 삶은 선택 사항이 된 것이다. 현대 교회에서 선교가 하나의 선택 사항으로 생각되는 경향

제74집, 서울: 감리교신학대학교, 2012, 226. 박창현은 이러한 위기의 근본적인 원인에 대한 견해들을 종합하면서 "구원을 개인의 영역으로 축소하고(구원환원주의), 선교를 교회의 한 기능 또는 한 영역(선교환원주의)으로 축소한 병폐에서 온다."고 정리하였다.

15 Guder, The Continuing Conversion of the Church, 100.

이 있는데,¹⁶ 그것은 하나님의 선교에 대한 참여를 해야 할 교회가 존재의 목적과 선교적 본질을 인식하지 못한 결과이다.

뉴비긴 역시 "교회가 바깥에 있는 비기독교 종교 문화들과 접촉하는 것을 계기로 교회와 세상의 관계에 대한 실제적 질문들과 교회의 본질에 관한 의문이 제기되었다고 이미 언급한 바가 있다."¹⁷고 논한다. 이것은 교회의 선교 경험이 교회의 선교적 본질을 재고하고 새롭게 인식하도록 하는 기반이 되었고 선교적 교회론이 태동하는 배경의 한 요인이 된다는 것을 의미한다.

또한 선교적 교회론을 주창하는 학자들은 대부분 해외에서 풍부한 선교적 경험을 가진 학자들임이 이를 반증해준다. 뉴비긴은 40년에 가까운 인도 선교사 생활을 마치고 1974년 영국으로 돌아온 후 인도 마드라스의 빈민촌에서 찾을 수 있었던 희망을 고국에서는 더 이상 찾아볼 수 없음을 논하였다.¹⁸

지역 교회의 존재 의의와 선교적 역할을 강조하며 중요시한 벤 엥겐은 멕시코 선교사로서 활동한 선교 경험이 있는 학자로서 『하나님의 선교적인 백성』¹⁹을 통하여 그의 선교적 교회론을 주창하였다. 스나이더(Howard A. Snyder) 역시 선교사의 아들로 태어나 브라질에서 선교 경험을 한 학자로서 『새 포도주는 새 부대에』를 통하여 기독교회의 역사를 거시적으로 분석하며 선교적 교회

16 위의 글, 97.
17 Newbigin, 『교회란 무엇인가?』, 16.
18 Newbigin, The Other Side of 1984: Questions for the Churches, Geneva: WCC, 1983, 1.
19 Charles Van Engen, God's Missionary People: Rethinking the Purpose of the Local Church, 임윤택 역, 『하나님의 선교적 교회』, 서울: CLC, 2014.

론을 제시하였다.[20]

그는 교회 건물에 대해서 "어떠한 건물도 기능적이어야 하고 수단이어야 하지 그 자체가 목적이 되어서는 안 된다"[21]고 주장하였다. 또한 호켄다이크나 크래머와 같은 이들도 교회와 관련하여 선교 사역 경험이 있는 선교사들이었다.

교회의 선교 경험은 교회의 구성원들에게 새로운 시각과 신학적 관점을 형성하도록 도전을 주었다. 기독교세계 안에서만 가졌던 전통적 사고에서 선교 경험을 통하여 다양한 사고를 할 수 있게 되었고 교회 중심적 선교에서 세상에 교회를 파송하시는 삼위일체 하나님의 선교로 신학적 방향 전환이 일어난 것이다. 이러한 교회의 선교 경험은 교회와 선교의 관계를 보다 명확하게 재정립할 필요를 제공하였고 새로운 교회론을 통한 문제의 해결을 추구하도록 문을 열어 주었다.

3) 빌링겐 대회

1952년 독일 빌링겐(Willingen) 대회는 선교적 교회론 태동의 역사적 배경이 된다. 1910년의 에딘버러(Edinburgh) 대회를 기점으로 한 에큐메니칼 운동[22]은 근대 선교 운동이 낳은 하나의 결과물로서 국제선교협의회(IMC: Inter-

---

20 Howard A. Snyder, The Problem of Wine Skins: Church Structure in a Technological Age, Downers Grove: Inter-Varsity Press, 1975, 34.
21 위의 글, 79.
22 WCC는 매 7-8년마다 전 세계 각 곳에서 총회를 개최하였다.
    1. 네덜란드 암스테르담(1948년), 2. 미국 에반스톤(Evanstone)(1954년), 3. 인도 뉴델리(New Delhi)(1961년), 4. 스웨덴 웁살라(1968년), 5. 케냐 나이로비(Nairobi)(1975년), 6.

national Missionary Council)가 1921년 첫 모임을 가진 이래 1928년 예루살렘(Jerusalem), 1938년 탐바람-마드라스(Tambaram-Madras), 1947년 휘트비(Whitby), 그리고 1952년에는 빌링겐에서 대회를 개최하였다.

특히 빌링겐 대회는 새로운 선교 신학의 전환점이 되었다. "선교적 책임에 대한 신학적 근거"(The Theological Basis of the Missionary Obligation)에서 밝힌 것처럼 선교에 대한 새로운 인식의 전환점이 되는 대회였다. 지금까지 가지고 있었던 교회 중심적 선교의 개념의 틀을 완전히 바꾸어 삼위일체 하나님 중심의 선교로 대전환을 한 것이다.

선교가 교회의 선교로 이해되었던 것이 이제 선교는 하나님의 선교로 이해되었고 선교가 교회의 도구로 생각하였던 것이 이제 교회가 하나님의 선교의 도구로 위치 변화를 한 점은 선교 신학에 있어서 새로운 변화와 더불어 대전환점을 맞이한 것이다. 교회는 세상을 구원하시려는 하나님의 선교에 참여하도록 부르심과 보내심을 받은 존재이며, 선교적 본질을 가진 공동체요 하나님의 선교의 도구임을 확인한 대회였다. 빌링겐 대회는 하나님의 선교에 대한 신학적 개념을 분명히 한 대회였고 교회가 하나님의 선교에 있어서 분명한 위치를 자리매김한 대회라는 점에서 선교적 교회론의 역사적 배경이 되는 이유가 된다.

캐나다 밴쿠버(Vancouver)(1983년), 7. 호주 캔버라(Canberra)(1991년), 8. 짐바브웨 하라레(Harare)(1998년), 9. 브라질 포르투 알레그리(Porto Alegre)(2006년), 10. 대한민국 부산(2013년). 초교파 모임을 통해 교회 연합과 일치를 도모하는 운동을 교회 연합 운동, 곧 에큐메니컬(Ecumenical) 운동이라고 정의한다. 그러한 운동을 지속적으로 가능하도록 하는 조직 혹은 기구로서 세계교회 협의회(WCC)가 있다.

1952년 빌링겐 대회에서 중요한 역할을 한 호켄다이크(Johannes Hoekendijk)는 자신의 선교 경험과 더불어 새로운 관점으로 전통적인 서구 선교를 비판하고 도전하는데 앞장섰다.[23] 호켄다이크는 '샬롬(Shalom)'이라는 전도의 메시아적 개념을 주장하였는데 전통적인 선교는 두 가지 문제가 우선적으로 수정되어야 한다고 보았다. 첫째, 교파 선전(propaganda) 위주의 선교다. 선교하는 측과 동일한 복사판 교회를 형성하는 식의 전도는 틀렸다고 주장한다. 둘째, 교회 개척 위주의 선교란 없고 하나님의 선교 밖에는 없다는 사실을 분명히 한 것이다. 즉, 하나님이 선교의 주체자이시며, 인간은 그분의 사역을 위해 보내심을 받아 참여하는 존재라는 사실을 확인한 것이다.[24]

빌링겐 대회는 선교적 교회론의 태동 배경이 되는 역사적 사건이었다. 전통적(傳統的) 선교 개념에서 볼 수 있는 교회 중심적 선교[25] 이해에서 세계 중심적 선교 이해를 하게 되는 계기를 마련하였고, 선교를 보다 포괄적이고 새로운 선교 즉, 삼위일체(三位一體) 하나님의 선교로 이해하게 되었다.[26]

---

23 그의 IRM(International Review of Mission), 1950년 4월호에 게재한 "전도에로의 초청"(The Call to Evangelism)은 아직도 꺼지지 않고 타고 있는 선교 신학 논쟁에 불을 더욱 세차게 붙이는 중요한 계기를 마련하였다.
24 서정운, 『교회와 선교』, 서울: 두란노, 1994, 164.
25 교회 중심적 패러다임은 독일의 선교학의 아버지인 바르넥(G. Warneck)에 의해 정립되어 20세기 중반 하나님의 선교 개념이 등장하기까지 서구 교회 선교를 이끌어 온 원리였다. 바르넥은 "선교는 비(非)그리스도인들 가운데 교회를 세우고 조직하는 그리스도교의 모든 활동을 의미한다."라고 이해하였다. 바르넥은 서구 사회 안에서의 선교란 하나의 모순이며, 선교가 아니라 개종으로 이해하였다. 그에게 있어서 선교는 비(非)그리스도인의 회개와 세례를 목적으로 한다. Theo Sundermeier, "Mission Theology(선교 신학)," Karl Müller und Theo Sundermeier eds., 한국기독교학회 선교신학회 편역, 『선교학 사전』, 서울: 다산글방, 2003, 233-234.
26 필자는 삼위일체 하나님의 선교를 성경의 기자들이 제시한 성경적 선교 이해라고 본다. 성경은 인간 구속과 백성으로의 회복을 위한 삼위일체 하나님의 선교 사역의 보고서이며 그의 선교에

인간 구원과 회복(回復)을 위하여 삼위일체 하나님의 주체적 행위로 시작되었고 역사의 종말(終末)까지 계속되는 그분의 선교는 선교의 주체자로서 아들을 파송하시고, 성령을 파송하시며 교회를 파송하시는 보내심의 선교였으며 교회는 하나님의 은혜로 부르심을 받은 존재들일 뿐만 아니라 그의 선교에 참여하도록 보내심을 받은 자들로서, 선교적 본질을 가진 선교적 공동체이다. 이제 더 나아가서 선교적 교회론 이해를 위해서 두 학자(學者)의 선교적 교회론을 살펴보고 그들이 주장하는 선교적 교회론을 고찰(考察)하고 그 특징들을 서술하고자 한다.

참여한 교회와 사도와 성도들의 역사이며 선교 사역의 전략과 교훈과 지혜가 들어 있으며 때로는 격려와 찬양과 도전이 들어있는 보물창고이다.

제2장

뉴비긴의 교회론

뉴비긴은 기존의 기독교세계에서 형성된 교회론과는 다른 교회론을 주장하였다. 그는 교회론에 관한 단행본들을 대부분 그의 사역 전반기에 출간하였고,[27] 교회의 선교와 연합(聯合)을 주제로 하는 글들은 평생 동안 발표하였다. 뉴비긴의 교회론은 그의 초기 저서인 The Reunion of the Church(1948)와 『교회란 무엇인가?』(1953)에 논술되어 있다. 뉴비긴은 새롭게 출발한 에큐메니칼 운동이 적절한 교회론을 갖고 있지 못하다고 느꼈다. 그래서 그는 암스테르담 논쟁에서 깊이 탐구되었던 가톨릭과 프로테스탄트의 양분화 현상을 출발점으로 삼아 작업을 시작했고 세 번째 입장을 도입했는데, 그것은 하나님의 은혜와 능력을 직접 체험하는 것을 강조하는 입장이었고 후에 오순절파라고 이름을 지었다.[28]

---

[27] 남인도 교회의 연합을 위해 준비한 The Reunion of the Church는 본래 1948년에 초판이 출간되었고 이후 60년에 증보판이 발간되었다. 『교회란 무엇인가?』라는 제목의 한국어로 번역된 The Household of God은 1953년에, One Body, One Gospel, One World: The Christian Mission Today는 1959년에 출간되었다.

[28] Newbigin, Unfinished Agenda, 홍병룡 역, 『아직 끝나지 않은 길』, 서울: 복있는사람, 2011, 276.

이제 뉴비긴의 오랜 선교 사역의 경험과 시대적 요구에 부응하여 나타난 그의 선교적 교회론을 논의하고 뉴비긴의 선교적 교회론의 특징을 살펴보고자 한다.

1) 삼위일체 하나님의 선교적 교회론

뉴비긴은 그의 저서, 『삼위일체적 선교』에서 실천적 삼위일체 신앙에 대한 강조를 하였다.

만일 우리가 실천적 삼위일체 신앙을 확고하게 유지하지 못한다면 성령의 능력을 통한 실천적 신앙의 회복은 우리를 혼란으로 이끌 것이다. 삼위일체 신앙은 세속 역사의 사건들 가운데 하나님의 부성적 통치를 분별하게 하며 세상 가운데서 그리스도의 몸인 교회가 교제의 삶으로 온전하게 헌신하도록 이끈다.[29]

삼위일체 신앙은 우리의 신앙에 올바른 균형을 주는 것이며 교회가 선교적 과업을 온전하게 실천하도록 돕는다는 그의 주장은 성경적 증언에 기초한 것이며 기독교 교회에서 오랫동안 지지했던 교리였다. 또한 뉴비긴은 그의 저서 『다원주의 사회에서의 복음』에서 '하나님의 선교에 대한 이해'를 위한 자신의 관점을 표현한 바 있다.

내가 보기에, 무엇보다도 선교가 우리의 활동이 아니라는 점을 강조하는 것

---

29 Newbigin, Trinitarian Doctrine for Today's Mission, 최형근 역, 『삼위일체적 선교』, 인천: 바울, 2015, 139.

이 대단히 중요하다. 그것은 삼위 하나님의 활동이다. 성부 하나님은, 사람들이 자신을 인정하든 하지 않던, 그들의 마음과 생각 가운데 그리고 모든 피조물 가운데 쉬지 않고 일하고 계시며, 은혜로운 손길로 역사를 그 목표점까지 이끌고 계시고, 성자 하나님은 성육신을 통하여 이 피조물의 역사의 일부가 되셨고, 성령 하나님은 종말의 맛보기로서 교회에 능력을 주고 교회를 가르치기 위해, 그리고 세상에 대해 죄와 의와 심판에 관한 잘못된 생각을 깨우치기 위해 친히 오셨다. 그래서 우리의 말과 행위로 하는 선교 사역을 논하기 전에, 무엇보다 먼저 하나님의 사역을 중심으로 생각하는 것이 중요하다. 이것이 선교의 일차적 본질이고 나머지는 부차적인 것이기 때문이다.[30]

선교 현장에서 오랜 삶을 영위한 뉴비긴은 선교가 우리의 활동(活動)이 아니고 하나님의 활동임을 강조하는 것이 대단히 중요하다고 주장하는데, 그의 논점은 오랫동안 기독교세계의 영향아래 있었던 전통적 교회에서 교회중심적인 선교를 수행하며 하나님의 선교하심에 대해 자각하지 못하고 교회가 하나님의 부르심과 보내심 안에서 하나님의 선교의 도구가 아니라 도리어 선교를 교회의 하나의 도구로 잘못 이해하고 행한 교회와 신학에 대한 분명한 지적을 하고 그 해결책을 강구하고 있다는 점에서 매우 의미 있고 중요한 가치가 있다.

뉴비긴은 또한 하나님의 선교를 삼위일체 하나님의 선교라는 관점에서 보았다. 그는 저작 『오픈 시크릿』에서 삼위일체 하나님의 선교를 강조하였다.

우리의 근본적인 신념은 하나님께서 스스로를 아버지와 아들과 성령으로 계

---

30 Newbigin, 『다원주의 사회에서의 복음』, 255-256.

시하셨다는 고백 속에 구현되어 있다. 그러므로 나는 기독교 선교를 세 가지 방식으로 고찰하려 한다. 말하자면 아버지의 나라를 선포하는 것으로서의 선교, 아들의 삶에 동참하는 것으로서의 선교, 성령의 증언을 전달하는 것으로서의 선교를 다룰 예정이다. 그 후에 이러한 삼위일체 신앙의 관점에서 오늘날의 이슈들을 살펴볼 생각이다.[31]

뉴비긴은 성부 하나님 나라를 선포하는 일은 행동하는 믿음으로서의 선교라고 보았다. 선교는 역사의 모든 사건을 가로질러 복음 전파와 인내를 통해, 하나님 나라가 가까이 왔다고 믿는 믿음을 행동으로 옮기는 일이라는 것이다. 하나님의 왕권과 통치를 선포하는 일과 예수께서 제자들에게 가르친 그 기도를 행동으로 옮기는 일(마 6:9-13)은 매우 중요하고 하나님의 선교에 있어서 결정적 행동의 선교이다. 선포하는 일을 행동하는 믿음과 연관지어 논하는 뉴비긴의 주장은 종교적 다원화 사회에서 매우 의미심장하며 그의 삼위일체 하나님에 대한 선교는 살아있는 믿음으로만이 가능한 선포요 행동이다.

뉴비긴은 성자 하나님의 삶에 동참하는 일은 행동하는 사랑으로서의 선교라고 논한다. 교회는 세상의 생명을 위해 세상의 삶 속으로 들어가는 하나의 운동이라는 것이다. 교회는 하나님 나라를 선포할 뿐만 아니라 삶으로 그 나라의 현존을 증언하기 위해 보냄을 받는 공동체이다.[32] 그러므로 뉴비긴은 교회 공동체는 하나님 나라를 전파하는 도구로서 세상을 위해 존재하며 보냄 받은 공동체로서 세상 즉, 타자를 위한 사랑의 삶을 그들과의 관계 속에서 나타내는 존

---

31 Newbigin, 『오픈 시크릿』, 63.
32 위의 글, 98.

재여야 한다고 강조하였다.

뉴비긴은 성령 하나님의 증언을 전하는 일은 행동하는 소망으로서의 선교이다. 성령님은 하나님의 영이시며, 예수님의 영이시다. 그는 창조에 참여한 영이시며, 구약의 전반에 걸쳐 선지자들의 믿음과 믿음의 영웅들 안에서 역사하셨다.[33] 예수께서 권능을 행하실 때에도 성령은 함께 하셨다. "제자들에게 증거하시는 분은 성령이시다. 성령의 임재로 말미암아 제자들은 양자됨의 선물을 받고 세상에서 아들의 사역을 지속할 수 있게 된다."[34]

뉴비긴은 선교에 있어서 성령의 역사하심에 대한 강조를 하면서 다음과 같이 논한다.

선교는 단지 교회가 행하는 어떤 것이 아니다. 그것은 성령에 의해 수행되는 어떤 것이다. 성령은 증인이요 세상과 교회를 변화시키는 분이요 선교 여정에서 언제나 교회보다 앞서 가시는 분이다. 그러므로 하나님 나라의 선포(宣布)와 그 나라의 현존만 이야기하는 것으로는 충분치 않고, 그 나라의 선행(先行)에 관해서도 말해야 한다.[35]

뉴비긴은 하나님 나라의 '아라본'(ἀρραβών)으로서의 성령을 강조한다.[36] 아

---

33 Newbigin, Living Hope in a Changing World, 이혜림 역, 『변화하는 세상 가운데 살아 숨쉬는 소망』, 서울: 서로사랑, 2006, 62.
34 Newbigin, 『삼위일체적 선교』, 66.
35 Newbigin, 『오픈 시크릿』, 111.
36 고후 1:22, 5:5; 엡 1:14.

라본(ἀρραβών)은 '담보', '보증', '약속'이라는 뜻이다. 성령은 하나님 나라의 보증이기 때문에 성령을 통해 하나님 나라를 맛볼 수 있다는 것이다. 뉴비긴이 주장하는 삼위일체 하나님의 선교는 하나님의 통치와 예수 그리스도의 오심과 성령의 역사하심에 대해 동일한 강조점을 두고 있다. 그는 하나님 나라의 선포이고, 하나님 나라의 현존이며, 하나님 나라의 선행(先行), 이 세 가지는 모두 중요함을 강조한다. 또한 그는 교회의 역할을 분명히 제시하였다.

교회는 만물을 다스리는 하나님의 통치를 선포함으로써 예수님의 아버지가 진정 만유의 지배자라고 믿는 신앙을 행동으로 옮기게 되는 것이다. 교회는 모든 인류를 향해, 교회가 예수님의 죽음과 부활의 생명에 연합하여 얻게 된 그 생명 속에 감춰진 하나님 나라의 현존의 비밀에 동참하자고 초대함으로써, 기꺼이 십자가를 진 예수님의 그 사랑을 행동으로 옮기게 되는 것이다. 그리고 종종 계획하지 않은, 알거나 이해하지도 못하는 길로 성령이 이끄는 대로 순종하며 따라감으로써, 교회는 하나님 나라의 맛보기인 성령의 임재에 의해 주어진 소망을 행동으로 옮기게 되는 것이다.[37]

교회의 선교에 대한 삼중적인 그의 이해는 하나님의 삼위일체적인 본성에 뿌리박고 있으며 이 가운데 어느 하나를 떼 내어 선교관의 실마리로 삼을 경우에는 왜곡된 이해를 낳게 된다고 주장한다. 그러한 그의 주장은 삼위일체적 선교를 주장하는 그의 신학적 관점과 맥을 같이하며 삼위일체 하나님의 선교를 강력하게 주장하는 근거가 된다.

---

37 Newbigin, 『오픈 시크릿』, 123-124.

뉴비긴은 교회가 수행하는 선교 사역은 성부와 성자와 성령 하나님으로서 전체적인 기독교 교리 안에서 이해되는 것이 요구된다고 주장했다.[38] 뉴비긴은 "성령이야말로 선교의 여정에서 교회보다 앞서가는 증인"[39]이기에 교회는 선교의 주체가 아니며 선교를 주관할 권한을 갖고 있지 않다고 역설하였다.

그분의 선교임을 명심하라. 가장 중요한 점은 그것이 언제나 그분의 선교임을 인식하는 것이다. 선교를 교회에 주어진 명령으로 강조할 때 따르는 위험은 선교 사역을 하나의 선행으로 보고 우리 스스로 행위를 통해 의롭게 되고자 하는 유혹을 받는 것이다. … 예수조차 자신이 하는 말과 행위가 자기 것이 아니라 아버지의 것이라고 했다.[40]

그는 "신약의 교회는 급진적인 회개와 회심이 분명하게 나타난 교회였다"[41]는 사실을 강조하며 오늘날의 교회의 현실에 대한 비판적인 안목을 가졌다. 교회가 삼위일체 하나님의 선교적 본질임을 망각하고 선교가 단지 교회가 하는 사역 중에 하나로서, 혹은 단지 부서의 일로 수행되거나 아예 선교적 사명을 망각하고 있지는 않는가를 반성하며, 선교가 교회의 본질적인 기능으로서 수행되고 있는가를 점검하여야 할 것이다. 그런 면에서 그의 선교적 교회론은 삼위일체 하나님의 선교적 교회론이라고 불릴만하다고 생각한다.

---

38 Newbigin, Trinitarian Faith and Today's Mission, Louisville: John Knox Press, 1964, 77.
39 Newbigin, 『오픈 시크릿』, 117-118.
40 Newbigin, 『다원주의 사회에서의 복음』, 225.
41 Newbigin, A Word in Season, Grands Rapids. MI: Eerdmans, 1994, 59.

특히 그가 마지막으로 강조한 성령 하나님의 증언은 하나님 나라에 대한 선포와 현존 후에 마지막까지 하나님의 선교를 수행하는 모습을 강조한다는 관점에서 매우 타당한 선교적 견해라고 평가(評價)할 수 있다. "오직 성령이 너희에게 임하시면 너희가 권능을 받고 예루살렘과 온 유대와 사마리아와 땅 끝까지 내 증인이 되리라"(행 1:8)는 성경적 근거와도 일치(一致)한다.

뉴비긴은 '선교는 우리의 것이 아니라 하나님의 것이다.'라는 WCC 가나 총회에서 나온 주장을 진지하게 다루어야 한다고 역설한다. "우리는 우리 자신이 선택하거나 고안한 계획에 참여하는 것이 아니다. 우리는 창조의 핵심인 하나님의 활동에 참여하도록 초대받았다. 우리는 성령의 임재를 통해 아버지에 대한 아들의 신실한 순종에 참여하는 자들이 된다."[42]고 강조하였다. 그는 삼위일체 하나님이 고안한 하나님의 활동에 교회가 초대를 받았고 성령의 임재를 통해 아들의 신실한 순종에 교회는 참여하는 자들이 됨을 주장하고 있다.

요약하면, 선교는 하나님의 선교이며 하나님의 선교는 삼위일체의 역사하심에서 수행된다. 교회가 하나님이 위임하신 선교적 사역을 수행할 때에라도 삼위 하나님의 선교는 여전히 계속되고 있음을 망각해서는 안 될 것이다. 교회가 맡은 바 선교적 임무를 수행하고 참여하지만 성삼위 하나님의 섭리와 인도하심으로 모든 것이 가능한 것임을 인식하고 그의 역사하심을 기도하면서 선교 사역에 참여하여야 할 것이다.

---

42 Newbigin, 『삼위일체적 선교』, 140.

2) 부르심(Calling)과 보내심(Sending)

뉴비긴의 선교적 교회론은 하나님이 우리를 부르신 부르심에는 특별한 의도가 있었고 그것은 보내심을 위한 것이라는 것이다. 교회(ἐκκλησια)란 사람들과 하나님의 관계를 화해(和解)시키는 예수께서 하신 일을 동일한 성령의 능력으로 계속 수행하도록 세상에 보냄 받은 공동체이다(요 20:19-23).[43] 뉴비긴은 "하나님의 부르심과 보내심이라는 점을 기준으로 구약과 신약의 공통분모(共通分母)를 찾았다."[44] 하나님은 그의 원하시는 자들을 부르셨을 때 그들에게 복을 주시는 동시에 언약과 더불어 사명도 함께 주셨다.[45]

"우리는 단지 우리 자신이 구원을 받기 위해 그리스도의 부름을 받은 것이 아니다. 우리는 그분의 구원 사역에 동참하는 동역자가 되도록 부름을 받은 것이다."[46] 삼위일체 하나님은 아브라함을 부를 때에 이미 열방을 마음에 두고 계셨고 또한 하나님께서 이스라엘을 부르신 이유 역시 단지 그들이 가나안 땅에서 누리는 복된 삶을 허락하신 것뿐만 아니라 그들을 통하여 열방을 구원할 놀라운 계획을 가지고 계셨기 때문이었다.

하나님은 진정 역사 속에서 활동하고 계신다. 그러나 그분의 활동은 그와 상반되는 듯이 보이는 사건 - 하나님의 백성에게 닥치는 고난과 환난 - 속에 감춰져 있다. 이 비밀은 하나님이 선택한 사람들에게 위탁되었다. 그들은 이 비밀

---

43 Newbigin, 『다원주의 사회에서의 복음』, 423.
44 정승현, 『하나님의 선교와 20세기 선교학자』, 127.
45 창 12:1-3; 마 28:16-20; 요 20:21.
46 Newbigin, Sin and Salvation, 홍병룡 역, 『죄와 구원』, 서울: 복있는사람, 2013, 177.

을 만국에 증언하는 증인이 되어야 한다.[47]

성경은 하나님의 택하신 자들이 종종 그의 선교적 의도를 깨닫지 못하고 불순종의 삶을 살았다는 것을 증언한다. 뉴비긴은 기독교세계에서 형성된 교회도 하나님의 증인으로서의 삶을 망각하고 살고 있음에 대해 회개를 촉구하였다. 중세기 유럽에서 태어났던 사람들은 교회의 회중이 되는 것은 부모와 환경적 요인으로 인해 당연한 것이었고 교회 밖, 이방 세계로 나가는 것은 원하지 않았다. 그들은 이미 하나님 나라 안에서 살고 있다고 믿었기 때문에 그들의 삶 속에서 안주하려고 하였고 자신들을 부르신 하나님의 깊고 놀라운 뜻을 깨닫지 못하고 살고 있었다.

뉴비긴은 자신이 살고 있는 서구 사회에도 기독교세계에서 형성된 교회론이 있음을 지적하였다. 교회는 하나님의 부름을 받았고 동시에 보냄을 받은 공동체였다. 그러나 서구 교회는 마치 이스라엘처럼 '오라'는 말씀은 받아들였지만 '가서 전하라'는 말씀은 경청하지 않았다. 이것은 하나님의 선교의 부르심과 구원의 초청은 응답하였지만 보내심과 타인을 구원하려는 하나님의 뜻에는 불순종하는 행위였다.

예수 그리스도는 제자들을 부르시고 훈련하시고 또한 가서 제자를 삼으라고 말씀하셨다. 먼저 '오라'(Come)고 초청하셨고(마 4:19, 11:28), 훈련의 과정을 마친 후에는 '가라'(Go)(마 10:5-15, 28:16-20)고 명하셨다. 하나님의 부르심을 받은 자들은 항상 부르신 분의 의도를 깨닫고 그분의 뜻에 초점을 맞추

---

47 Newbigin, 『오픈 시크릿』, 81-82.

어야 한다. 왜냐하면 우리를 부르심은 그분의 구원의 은총을 누리게 하심과 동시에 그의 구원 사역의 도구로서 우리를 부르셨기 때문이다. 그런 면에서 뉴비긴은 교회가 초청을 받아들인 사람들을 위한 인간의 조직(Institution)이 아니라, 하나님의 뜻을 위해서 세상으로 나가기 원하는 사람들의 전람회(exhibition)가 되어야 한다고 주장하였다.[48]

뉴비긴은 하나님의 백성으로서 위탁받은 것을 저버리는 세 가지의 경우를 『교회란 무엇인가?』에서 논하고 있다. 그것은 선택 교리의 특성과 연관되는데 첫째, 우리가 선택받은 것은 보냄 받기 위함이라는 사실을 잊을 경우이다. 둘째, 신자가 '선택'에서 앞으로 나아가 그 목적-땅 끝까지 가서 하나님의 대사요 증인이 되는 것-을 탐구하기보다 뒤로 물러나 하나님의 비밀스런 경륜에서 그 이유를 탐구하는데 더 관심이 있는 경우이다. 셋째, 선택의 목적이 세상의 구원이 아니라 자신의 구원만을 위한 것이라고 생각하는 경우이다. 이러한 경우에는 하나님의 백성으로서 위탁받은 것을 저버리는 것이 됨을 주장하였다.[49]

하나님의 부르심과 보내심을 받은 자들이 모인 교회는 반드시 선교적이어야 한다. 그들은 세상으로부터 구원의 은총을 위하여 부르심을 받았고 이제 세상을 구원하러 나아가기 위해 보내심을 받았기 때문이다. "세례를 받는다는 것은 예수의 죽음에 동참하여 그 부활의 생명에도 참여하고, 세상을 향한 그분의 선교에도 참여하는 것을 일컫는다. 그것은 그분의 선교에 동참하도록 세례를 받는 것이다."[50]

---

[48] 정승현, 『하나님의 선교와 20세기 선교학자』, 인천: 주안대학원대학교, 2014, 128-129.
[49] Newbigin, 『교회란 무엇인가?』, 121.
[50] Newbigin, 『다원주의 사회에서의 복음』, 225.

뉴비긴의 선교적 교회론에 있어서 교회의 존재 이유와 목적이라고 볼 수 있는 이러한 견해는 오늘날 세계 모든 지역 교회들에게 매우 중요한 의미를 부여한다. 하나님이 예수 그리스도를 통해서 보여주신 사랑과 구원의 은총, 즉 축복은 믿는 자들이 이 세상에서 거저주신 삶의 복을 누리는 것에서 멈추지 않고 타자를 위한 그리고 세상을 위한 삶을 살도록 계획하신 것이다. "그런즉 너희는 먼저 그의 나라와 그의 의를 구하라 그리하면 이 모든 것을 너희에게 더하시리라"(마 6:33).

예수 그리스도께서 자신을 죽기까지 복종하신 모습은 하나님 아버지의 부르심에 대한 신실한 응답이며 타인을 위한 헌신이었다. 초대 교회의 신실한 그리스도인들의 모습이었고 이러한 모습이 교회의 선교적 본질을 자각한 교회 공동체에 속한 우리들이 가져야 할 신실한 선교적 모습이요 태도이다. 뉴비긴은 하나님의 부르심과 보내심이라는 관점에서 그의 선교적 교회의 개념을 이해하고 주장하였다는 점에서 성경적, 역사적, 그리고 신학적 배경을 가진 선교적 교회론이라고 평가할 수 있다.

3) 평신도의 역할

뉴비긴은 서구 교회의 선교를 위해서는 평신도의 역할이 중요함을 지적하였다. 그는 서구 문화와의 선교적 만남을 위한 하나의 방법으로 심지어는 탈성직화(declergicalized) 신학을 주장하였다.[51]

---

51 Newbigin, "Can the West be Converted?," International Bulletin of Missionary Research 11, 1987/1, 7.

무엇보다도 모든 교회에서 평신도들이 평일에 직업 현장에서 겪는 경험을 서로 나누고, 그런 세속적인 일을 복음에 비추어 그 의미를 발견하도록 격려해야 한다. 그렇게 할 때에만 우리는 서구 문화가 나누어 놓은 공적 영역과 사적 영역을 다시 하나로 묶을 수 있다. 그럴 때에만 교회는 그 본연의 선교적 역할을 수행할 수 있을 것이다.[52]

기독교세계의 전통적 교회론에서는 성직자가 교회와 교단의 중심이었다. 평신도들은 단지 성직자의 지도를 따르는 사람들에 불과하였고 성도들 간의 친교와 봉사에 참여하는 정도였다. 그들의 중요성에 대한 강조는 특별하지 않았다. 그러나 하나님의 선교의 관점에서 나타나는 선교적 교회론의 입장에서 세상에 대한 중요성을 부여할 때에 평신도의 역할은 매우 중요한 위치에 점할 수 있다. "제사장직의 수행은 교회의 울타리 안에서가 아니라, 세상의 일상 업무 가운데 이루어진다."[53] 선교를 교회의 본질로 이해하는 관점에서 볼 때에 세상에서 대부분의 일상생활을 하는 평신도의 선교적인 삶은 매우 중요한 것이다.

교회는 예수께서 하신 일을 동일한 성령의 능력으로 계속 수행하도록 세상에 보냄 받은 공동체이다(요 20:19-23). 이러한 직무는 세상에 살면서 수행해야 할 일이다. 세상에서 일반적인 업무를 수행하는 가운데 사랑과 순종의 제사를 하나님께 드려야 한다.[54]

---

52   Lesslie Newbigin, Foolishness to the Greeks, 홍병룡 역, 『헬라인에게는 미련한 것이요』, 서울: IVP, 2007, 182.
53   Newbigin, 『다원주의 사회에서의 복음』, 424.
54   위의 글, 423.

교회는 하나님께 드리는 예배와 성도의 친밀한 교제, 대내외적인 봉사 등 모두 중요한 교회의 핵심적인 임무를 감당하고 있다. 그러나 교회는 그것을 넘어 하나님께서 맡겨주신 세상에 대한 선교적 과업을 충실히 감당해야 할 본질적 의무가 있다. 뉴비긴은 선교의 의무라는 것은 교회 구성원의 일부만 감당하는 어떤 것이 아니라 모든 구성원들이 각자의 삶의 현장에서 제사장 역할을 하여야 함을 강조한다.

이런 관점에서 뉴비긴은 선교적 교회의 모든 지체들은 모두 하나님의 보냄을 받은 자로서 인식하고 삶의 자리에서 하나님의 증인된 삶을 살아야 함을 역설하고 있다. 전통적 교회에서 선교사 몇 사람만을 파송하고 후원하는 것으로 선교적 사명을 다하고 있다는 기존의 관점과는 매우 다른 것이다. 선교적 교회론의 관점에서 교회는 모두 보냄을 받기 위하여 부르심을 받은 사도적 공동체로서 주님의 제자들처럼 끊임없이 하나님의 말씀에 의해 준비하는 훈련 공동체이다.

하나님은 역사의 처음부터 종말까지 하나님의 백성들을 부르시고 그들에게 믿음을 주시고 그의 사랑을 보여주시고 하나님 안에 있는 천국의 소망을 끝날까지 갖게 하신다. 따라서 하나님은 사람들로 하여금 믿음의 눈으로 하나님의 섭리를 발견하게 하시고 하나님의 사람들을 통해서 그의 사역을 이루어 가신다. 교회는 하나님의 대사와 비밀을 맡은 자로서 모든 나라와 족속에게 증거 하도록 부르심을 받았다. [55] 이러한 임무는 선교사나 목사만이 아니라 하나님의 교회

---

55 Newbigin, Mission in Christ's Way: A Gift, a Command, An Assurance, New York: Friendship Press, 1988, 16.

모든 구성원들이 감당해야 할 거룩한 일이다.[56] 그러므로 선교적 공동체의 지체들은 매일 복음의 말씀과 기도로 거룩한 삶을 영위하고, 말씀의 진리로 자유를 누리며, 날마다 자신을 타자를 위한 존재로 인식하며, 믿음과 사랑으로서 증인의 삶을 실천해야 한다.

평신도의 역할에 대한 중요성을 강조한 뉴비긴의 선교적 교회론은 교회가 보내심을 받은 자들로서 세상을 위한 존재이며 매일 그들의 삶 속에서 하나님을 아직도 그들의 삶의 통치자로서 받아들이지 않은 불신자들에게 하나님의 선교를 나누고 실천하는 증인의 삶을 살아야 함을 강조하고 있다. 선교 현장에서 오랜 선교적 경험을 가진 영적 통찰력이 있는 견해이다.

4) 교회의 연합

뉴비긴은 『교회란 무엇인가?』에서 선교와 교회의 연합의 중요성을 논하였는데, 그에게 있어서 교회의 연합은 "세상으로 하여금 믿게 하기 위함"[57]이라는 분명한 목적이 있었다. 또한 그는 "세상이 믿을 수 있도록 교회가 하나가 되어야 한다고 말하는 것은 교회의 근원인 그리스도께 돌아가자고 요청하는 것이다."[58]라고 역설하였다.

---

56 Newbigin, "The Work of the Holy Spirit in the Life of the Asian Churches," Norman Goodall eds., A Decisive Hour for the Christian World Mission, London: SCM Press, 1960, 28.
57 Newbigin, 『교회란 무엇인가?』, 182.
58 위의 글, 184.

그는 교회의 연합을 논하면서 실용적인 면에서나 교회의 규모로 감동을 주려는 시도에 대한 비판적 견해를 가졌고 도리어 하나님의 아들의 성육신에 주목한다. "교회는 하나님의 아들의 성육신의 사명을 세상에서 계속 수행하는 기관"[59] 으로서 수난 당하시던 날 밤에 올리신 예수 그리스도의 기도(요 17:21)에서 교회의 연합의 근거와 이유를 찾는다. "교회의 연합은 바로 그리스도께서 이루신 구원, 곧 그리스도 안에서 만물을 하나로 통일하는 그 구원의 표지요 도구"[60] 라고 주장하였다. 그런 면에서 그는 예수 그리스도의 십자가를 중심으로 하는 교회의 연합을 위한 에큐메니칼 교회론을 주장하였다.

---

59 위의 글, 182.
60 위의 글, 183.

제3장
뉴비긴의 교회론의 요점

첫째, 뉴비긴은 삼위일체 하나님의 선교를 강조했다. 그는 삼위일체 하나님의 선교에 관해 세 가지 방식으로 논하면서 그것은 하나님 나라의 선포, 현존, 그리고 선행(先行)임을 강조하고 있다. 그는 교회의 선교에 대한 삼중적인 이해는 하나님의 삼위일체적인 본성에 뿌리박고 있음을 논하고 있다. 하나님의 선교는 창조로부터 시작되었고 역사의 종말까지 계속된다. 창조 때에 삼위 하나님이 함께 하셨고, 예수 그리스도의 선교 사역에도 삼위 하나님은 역사하셨고, 성령이 제자들에게 임할 때에도 삼위 하나님은 함께 하신다. 선교의 모든 역사 속에 삼위 하나님은 그의 통치를 시작하시고 행하시며 완성하신다.

둘째, 뉴비긴은 교회의 존재 이유와 목적을 분명히 강조하고 있다는 점이다. 그것은 부르심과 보내심으로 설명하고 있다. 하나님께서 교회를 부르심은 세상 한 가운데서 어떤 상황에서도 복음의 능력을 잃지 않고 복음을 증거하는 일을 하도록 보내심을 위한 것이었다는 것이다. 그에 의하면 세상에 파송된 교회는 하나님의 선교적 도구로 땅 끝까지 복음을 전해야 하는 사명을 가지고 있다는 것이다.[61] 어떠한 상황에서도 교회는 선교적이어야 하고 교회의 본질인 선교를 하나님의 뜻에 따라 책임을 감당해야 한다고 강조하고 있다.

셋째, 그는 평신도의 역할을 중시하고 있다. 기존의 전통적 교회의 조직 속에서 성직자 역할을 강조한 것과는 달리 선교적 교회에서 평신도의 역할을 중시하고 강조하며 매일의 삶 속에서 증언하는 사역을 강조하였다는 점이다. 선교는 교회의 어떤 특별한 직책을 가지고 있는 사람들만이 참여하는 것이 아니라 모든 교회의 구성원들이 그들의 삶의 현장에서 하나님의 복음의 증인들로서 살아야 함을 강조하고 있다. 그런 관점에서 보면, 오늘날 교회가 선교를 교회의 한 부서의 일로 여기며, 어떤 한 부서의 사람들이 맡아 감당하는 일로 여기는 모습이 얼마나 뉴비긴이 주장하는 것과는 매우 다른 모습을 하고 있음을 깨달을 수 있다.

넷째, 그는 교회의 연합과 일치를 강조하였다. 예수 그리스도 안에서 하나가 되는 것은 본질적인 것으로서 교회의 머리되는 예수 그리스도의 지체로서 당연하다고 본 것이다. 그는 교회의 연합과 선교의 구심점이 교회 자신이 아니라 예수 그리스도에 있다고 주장하였다. 이러한 그의 에큐메니칼 교회론은 선교적 교회가 그리스도를 머리로 하는 연합과 일치이며 교회가 중심이 아니라 십자가에 달린 예수 그리스도를 중심으로 그 안에서 연합과 일치를 강조한 점은 하나님의 선교가 삼위일체 하나님의 본성에서 이루어졌으며 부르시고 보내시는 삼위일체 하나님은 교회를 선교적 교회로, 부르심을 받아 보내심을 받은 사도적

---

61   Craig Van Gelder eds., The Missional Church in Context: Helping Congregations Develop Contextual Ministry, Grand Rapids, MI: Eerdmans, 2007, 29.

교회가 되도록 명령하셨음을 나타내 보여주고 있다.

결론적으로 정리하면 뉴비긴은 삼위일체 하나님의 선교적 교회론을 주창하였다. 뉴비긴은 선교 사역은, 복음 선포를 하나님의 정의를 실현하는 행동으로부터 결코 분리시킬 수 없음을 강조하였다.[62] 뉴비긴은 이전의 기독론적이고 교회론적인 관점에서만 선교에 대한 성서 신학을 연구하는 경향을 탈피하여 삼위일체적 관점에서 선교를 연구하였고 선교에 있어서 삼위일체 하나님의 주권을 강조하고 교회의 연합과 일치를 통한 통전적인 복음을 모든 세상을 향해 전할 것을 촉구하고 있다.[63] 뉴비긴은 "성령이야말로 선교의 여정에서 교회보다 앞서가는 증인"[64]이기에 교회는 선교의 주체가 아니며 선교를 주관할 권한을 갖고 있지 않다고 역설하였다.

지금까지 뉴비긴의 선교적 교회론을 살펴보았다. 이제 다음 장에서는 GOCN의 발전에 실질적인 공헌을 하고 있는 구더(Darrell L. Guder)의 선교적 교회론을 논의해 보고자 한다.

---

62 위의 글, 167.
63 김성태, 『현대선교학 총론』, 서울: 이레서원, 1999, 49.
64 Newbigin, 『오픈 시크릿』, 117-118.

제4장

대럴 구더의 교회론

구더는 기독교 선교 역사에서 다양한 문화의 공동체에 복음을 전달하는 과정 속에 복음이 축소되는 것을 인식하고 그것을 극복해야 할 것을 역설하고 있다. 또한 하나님의 선교가 복음인 것은 복음의 역사성이 있기 때문임을 강조한다. 그리고 성경에 대한 해석을 함에 있어서 선교적 해석학으로 읽어야 할 것을 강조하고 있다. 그에게 있어서 성경은 선교에 있어서 특별한 의미와 권위를 가진 것으로서 성경을 해석할 때에 교회의 선교적 소명이라는 관점에서 말씀을 해석해야 함을 주장한다. 마지막으로 그는 선교적 연계성을 중요하게 다루고 있는데 기독교 공동체가 선교적 본질을 가지고 있는 공동체로서 연합하여 하나님의 선교에 참여해야 함을 강조하고 있다. 그의 선교적 교회론은 다음과 같이 서술할 수 있다.

1) 축소주의를 극복하는 교회론

구더는 복음이 전달의 과정 속에서 축소가 일어나며 축소된 것을 완전한 것이라고 여기는 축소주의 병폐가 일어나는 현상을 인식하고 그것을 극복해야 할 중요한 요소로 보았다.[65] 예수 그리스도를 통한 복음은 온전하고 완전한 것이다. 그러나 인간은 전달하는 과정을 통해서 복음을 이해하고 받아들이는데 문제에 봉착하게 된다. 그것은 한 문화에서 다른 문화로 복음이 전달될 때, 혹은 한 언어에서 다른 언어로 복음이 번역될 때, 원래의 의미가 축소될 수밖에 없다. 그러나 축소된 것을 완전한 것이라고 주장하는 것은 인간의 욕망이 들어간 것으로서 바람직하지 않은 하나의 축소주의의 병폐이다.

축소(縮小)는 제한된 문화와 언어 환경에 노출되어 있는 사람들에게 어찌 보면 피할 수 없는 것이다. 그런데 우리는 끊임없이 우리가 믿는 어떤 기독교 진리가 최종적인 것이라고 단언하도록 하는 유혹을 받는다. 이러한 것은 신조 혹은 성경과 같은 권위를 만드는 정경적인 것과 같은 전통을 고려할 때에도 일어날 수 있다. 사람들은 복음을 모든 종류의 이교적 목적들을 섬기도록 만들어 놓은 어떤 문화에 맞추기 위하여 재단하거나, 형태를 만들거나, 맞추기도 한다.

구더는 그러한 축소가 발생할 때에 그것을 필연적인 것으로 단정하고 축소된 복음이 진정한 복음이라고 절대화하고 변호하는 문제에 직면하게 되는 그러한 것을 '축소주의'라고 부른다.[66] 그런데 가장 큰 문제는 축소주의에 몰입된 사람들이 자신들이 복음을 축소하고 있다는 사실을 더 이상 인식하지 못하는데 있으며 결과적으로 선교에 있어서 심각한 문제가 된다.[67]

구더는 이러한 축소주의가 초대 교회에도, 콘스탄틴 제국에서도 있었고, 계

---

65 Guder, The Continuing Conversion of the Church, 97-119.
66 위의 글, 101.
67 정승현, "대럴 구더의 선교적 신학과 교회론," 301.

몽주의와 종교 개혁 시대에도 있었음을 제시하고 있다.[68] 구더는 초대 교회에서 시작된 축소주의의 모습을 보쉬의 견해를 수용하여 논하고 있다. 첫째, 초대 교회는 자기들의 소명에 대한 이해를 축소시켰고, 1세기에 존재하던 다양한 종교들 중의 또 하나의 종교로 전락하게 만들었다.

열두 제자들은 모든 이스라엘의 선구자가 되고 또 이스라엘을 넘어서 전 세계의 선구자가 되어야만 했다. 예수님을 따르는 공동체는 일종의 다수를 위한 소수, 곧 다른 모든 사람들을 위한 공동체, 다른 사람들이 모방하고 도전을 받는 모델로서 기능해야만 했다. 그러나 이 공동체는 결코 다른 사람들과 구별되지 못했다.[69]

둘째, 초대 교회는 교회를 하나의 운동에서 제도로 변질시킨 축소와 연관된다. 셋째, 그리스도인들과 유대인들 사이의 반감은 결과적으로 기독교 공동체가 "유대인들을 편안하게 만들지" 못하는 비극을 초래했다. 구더는 이러한 초기의 축소주의에서 가장 치명적인 것은 복음 그 자체, 곧 구원의 의미에 관한 것임을 밝힌다. "구원은 더욱 더 개인에게 초점을 맞추게 되었고, 복음의 우주적 차원은 개인의 사후 생명에 대한 관심으로 전환되었다."[70] 성경의 초대 교회가 주는 긍정적인 모습의 인식과 함께 당시 기독교 공동체가 하나의 종교로서 존립을 위한 노력은 있었지만 보다 더 큰 하나님의 소명에 따라 열방을 위한 대사

---

68   Guder, The Continuing Conversion of the Church, 113-120.
69   Bosch, 『세상을 변화시키는 선교』, 50. 구더에 의하면 로핑크도 이러한 견해를 가지고 있었다. Gerhard Lohfink, Jesus and Community: The Social Dimension of Christian Faith, P. Galvin trans., Philadelphia: Fortress, 1984, 정한교 역, 『예수는 어떤 공동체를 원했나?』 서울: 분도출판사, 1985; Guder, The Continuing Conversion of the Church, 189.
70   위의 글, 190.

회적 선교 공동체로서의 모습을 온전히 갖지 못하고 있었음을 알 수 있다.

콘스탄틴 시대에는 기독교가 로마 제국의 국교가 됨으로 법적으로 보호받는 종교가 되었고 사회 전반적으로 시민의 종교로서 강력한 영향력을 갖게 되었다. 정치, 경제, 종교, 사회, 그리고 문화의 전반적인 요소들이 기독교의 영향을 받게 되어 긍정적인 면들도 있었지만 부정적인 것은 그리스도의 복음을 이 땅의 것으로 축소하는 것이었다. 신자들의 신앙의 정도는 교회의 참석 여부로 판단하게 되었고, 하나님의 구원은 교회 안의 성직자들이 관리하였고 하나님 나라는 로마 제국이라는 영토로 축소되었다는데 심각한 문제가 있었다.[71]

구더는 또한 계몽주의와 종교 개혁 시대에도 축소주의가 구원의 개인주의의 모습으로 나타났다고 역설하였다. 구더는 이러한 것을 가장 심각한 것으로 보았는데 하나님의 선교에 의해 나타난 복음을 주로 자신의 개인적인 구원과 연관해서만 받아들이고 이해하는 것은 바람직한 것이 아니라는 것이다.[72] 하나님의 선교에 의해 주어진 예수 그리스도의 복음은 세상 모든 사람들을 하나님의 자녀로 초청하여 구원하는 것이며 그리스도인 모두가 예수 그리스도의 증인으로서의 삶을 살도록 하기 위한 것이다.[73]

오늘날에도 구원에 대한 축소주의는 매우 심각한 문제가 된다. 하나님의 선교에 의해 초청을 받은 하나님의 백성들이 자신의 구원은 필수적으로 생각한

---

[71] 정승현, "대럴 구더의 선교적 신학과 교회론," 301; Guder, The Continuing Conversion of the Church, 113-120.
[72] Guder, The Continuing Conversion of the Church, 120.
[73] 정승현, "대럴 구더의 선교적 신학과 교회론," 301.

반면 다른 이들에 대한 하나님의 구원은 전혀 관심을 가지지 않거나 다른 이들의 임무라고 여기는 것이다.

구더에 의하면 서구 기독교의 축소주의는 여러 교리에서 동시다발적으로 일어났다.[74] 구원론에서는 복음이 개인들에게 구원을 주는 것으로 축소되었고, 하나님 나라에 대한 선포와 구현은 상대적으로 약해지게 되었다. 기독교 종말론은 불투명한 미래에 대한 막연한 기대를 하거나 혹은 삶의 어려움을 회피하는 것으로 나타났다. 특별히 구더는 교회론의 축소가 심각한 것으로 인식하였다. 교회는 하나님의 인간 역사에 개입하는 통치를 증언하도록 부름 받았지만 하나님께서 이미 통치하고 계시다는 판단 아래 교회는 그것을 증거할 필요가 없는 것으로 그 의미를 축소하였다.[75] 따라서 그러한 관점을 가졌기 때문에 서구 교회는 선교의 역동성을 잃어버렸고 사도성이 약해지는 결과를 초래하게 되었다.

구더는 이러한 면에서 축소주의를 반드시 극복하는 선교적 교회론을 주장한다. 축소주의를 극복하는 하나의 방법은 하나님의 선교에 참여한 교회는 복음을 세상에 온전히 전하기 위한 도구로서 종교 개혁자들이 지속적으로 개혁되어야 한다고 주장한 것과 같이 하나님 앞에 항상 회개해야 한다.[76] 교회는 하나님의 말씀 앞에 점검을 받고 복음으로 갱신되어져야 한다. 교회가 복음에 합당하지 않으면 교회가 전하는 복음은 축소주의의 산물에 다름 아니기 때문이다.[77]

---

74 Guder, "Missional Hermeneutics: The Missional Authority of Scripture," Mission Focus 15, 2007, 112-113.
75 정승현, "대럴 구더의 선교적 신학과 교회론," 302-303.
76 Guder, The Continuing Conversion of the Church, 97.
77 정승현, "대럴 구더의 선교적 신학과 교회론," 303.

교회가 역사 가운데서 복음에 대한 축소주의의 병폐에 잘못을 극복하는 방법은 성경에 입각한 참된 그리스도의 복음으로 갱신되는 것과 회개하는 길에 있다고 지적한 구더의 관점은 종교 개혁자들이 주장하는 "교회는 계속적인 개혁이 필요하다."는 입장과 연속선상에 있으며 이 땅에 하나님의 선교를 위한 도구로서 그 정체성과 본질을 유지해야 한다는 측면에서 매우 적절한 견해이며 타당성이 있다고 할 것이다.

2) 보내심을 강조하는 교회론

구더는 무엇보다도 하나님의 선교는 '하나님의 보내심'의 선교임을 강조한다.

선교는 단순히 교회의 활동에 그치는 것이 아니다. 오히려 선교는 천지만물을 회복하고 치유하기 원하시는 하나님의 목적에 근간을 둔 하나님의 주도적인 결정이다. "선교"는 하나님의 "보내심"을 의미하며 이것은 인간 역사 안에서 활동하시는 하나님의 목적을 보여주는 성경의 핵심적인 주제이다. 하나님의 선교는 열방을 축복하시기 위해 이스라엘을 부르시고 이스라엘이 하나님의 축복을 받으면서 시작되었다.[78]

구더에게 있어서 선교는 하나님의 주도적인 결정이요 하나님의 보내심이다. 그는 하나님의 "보내심"이 역사 안에서 활동하시는 하나님의 목적을 보여주는 성경의 핵심적인 주제임을 강조한다. 또한 그는 하나님의 선교가 "예수님의 공생애, 십자가의 죽음과 부활 안에 나타나는 하나님의 성육신적 구원에서 그 정

78　Guder, 『선교적 교회』, 30.

점에 이르며, 교회가 예수 그리스도 안에서 하나님의 복음을 증거하는 자로서 부르심과 권세를 받도록 성령님을 보내심으로 지속된다."[79]고 주장한다.

구더는 믿는 자들이 하나님을 "선교사 하나님(missionary God)"으로 명명하는 것에 익숙해야 하며 예수께서 "아버지께서 나를 보내신 것 같이 나도 너희를 보내노라."(요 20:21)고 말씀하신 것처럼 교회를 "보내심을 받은 자들"로 이해해야 한다고 주장한다. 그는 신학의 선교적 재해석은 복음을 새롭게 경청하기 위해 성경적, 신학적 각성의 결과이며 하나님의 성품과 목적을 '보내고 선교하는 것으로 이해하는 것'은 삼위일체 하나님을 새롭게 정의하게 한다고 역설한다.

구더는 이러한 삼위일체 관점은 전통 교회론의 모든 강조점을 바꾸어 놓았다고 주장한다. 교회를 하나님의 선교의 도구로 이해하도록 하였고, 서구 교회가 그동안 복음을 자신의 문화 현장에 맞추어 재단하였고 교회 조직을 확장하고 보존하는 일에만 우선순위를 두었음을 깨닫게 하였다. 또한 그는 예수 그리스도의 교회는 복음의 목적이나 목표라기보다는 오히려 하나님의 복음을 전하는 도구이며 증거로 이해하였다.

구더는 요한복음 3장 16절의 "하나님이 세상을 이처럼 사랑하사"를 인용하며 복음의 핵심을 강조한 말씀임을 주장하였다. 그러나 이 구절은 교회가 하나님의 구원 사역에 필수적이지 않다는 것을 의미하는 것은 아니고 교회는 여전히 "열방이 복을 얻도록 복을 받은"(창 12장) 하나님의 선택된 백성들로서 핵

---

79 같은 곳.

심적임을 강조하였다. 따라서 구더에게 있어서 교회는 하나님의 선교에 있어서 중대한 핵심이며 선택된 백성이다. '보내심을 받은자들'로서의 교회는 하나님의 선교에 참여하는 기회와 의무를 동시에 가진 존재들로서 선교적 공동체로서의 정체성을 가진 회중들일 때에 그 존재의 목적과 의미를 가진다.

3) 복음을 강조하는 교회론

구더에게 있어서 하나님의 선교는 복음이다. "우리의 복음 전도의 목회 신학은 선교의 성경적 신학에 뿌리를 두어야만 하고 무엇보다도 성경이 선포하는 복음에 의해 좌우되고 형성되어져야만 한다."[80]고 강조한다. 구더는 '하나님의 복음'이 초대 그리스도인의 선포의 주제이고 내용이었다(살전 2:1, 8, 9; 롬 1:1)는 사실을 논한다.

구더에게 있어서 하나님의 좋은 소식은 어떤 특별한 역사에 뿌리를 내리고 있는데 하나님의 자기 계시의 사건으로서의 특별하고도 구체적인 역사이다. 하나님의 자기 계시의 사건에 대한 이스라엘의 증언은 이러한 "구원 역사"[81]의 선교적 성격을 구성한다는 것이다. 그는 "하나님과 이스라엘과의 특별한 만남을 통하여 하나님이 사랑이시고 선하신 목적이 있다는 복음은 인간 역사 속으로

---

80 Guder, The Continuing Conversion of the Church, 28.
81 구더는 이러한 "구원 역사"의 사용이 선교적으로 이해되어져야 하며 특히 요하네스 블라우에 의해 상술된 것으로서 이해되어져야 한다고 논한다. Johannes Blauw, The Missionary Nature of the Church: A Survey of the Biblical Theology of Mission, New York: McGraw-Hill, 1962, 15. 역동적이고 종말론적인 방법에서 그 용어는 지난 몇 십 년 동안에 정당한 평가들이 있었고 높은 가치가 있다.

들어오고 알려지게 된다.'[82]고 주장한다.

구더는 하나님의 선교가 복음인 것은 복음의 역사성이 있기 때문이라는 사실을 강조하면서 다음과 같이 논하고 있다.

그러한 특별한 역사와 분리되어서는 기독교가 선포하는 메시지는 보편성이 없어진다. 성경은 특별한 문화에 감추어진 보편적인 사상의 수집품이 아니며 보편적 사상들은 특별한 시간에 있는 특별한 사람들의 구체적인 증언이 될 만한 복음이 될 수 없다. 그러한 사상들은 단지 인간의 상상력과 창조성의 생산품에 불과하다. 하나님의 선교는 복음이다. 왜냐하면 그것은 역사적인 것이기 때문이다. 그것은 처음부터 역사적인 것이었고 계속해서 우리의 소망을 명확하게 하는 역사가 되었다. 우리는 그가 사랑하는 세상을 위하여 이루신 구원 역사에서 우리가 한 부분이 된 것처럼 똑같은 역사 안에서 하나님을 만나게 된다.[83]

이스라엘의 역사와 경험에서 나타난 하나님의 복음은 하나님의 사랑의 실제(reality) 위에 중심을 둔다. 하나님은 항상 사랑으로 행동하셨고 그러한 증언은 신명기 기자에 의해 기록된(신 4:37; 7:7-8, 12-13; 10:14-15) 것처럼 이스라엘에서 하나님의 사역을 한 모세가 열거한 위대한 이야기들의 중심부를 차지하고 있다. 그러므로 하나님의 백성들은 그들의 사랑을 가지고 그분의 규율과 행하심에 신실한 반응을 해야 할 것이다(신 6:4-5). 인간 역사 가운데서 나타

---

82   Guder, The Continuing Conversion of the Church, 29.
83   위의 글, 30.

난 하나님의 복음은 하나님의 사랑에 기초한 하나님의 연속적인 구속과 회복에 의하여 온전하게 전달되고 완성된다.

구더가 제시하는 복음으로서의 하나님의 선교를 정리하면, 하나님의 선교는 삼위일체 하나님의 보내심의 선교이며, 복음으로서의 선교이다. 복음은 기쁨이 충만한 소식으로서 이스라엘의 역사적 현장에서 주어진 하나님의 좋은 소식이며 성경에 나타난 하나님의 선교에서 볼 수 있다. 복음은 이스라엘을 위한 하나님의 사랑과 선한 목적 가운데서 하나님의 구원 역사 가운데서 계속적으로 후손들에게 이어져 나타나는 좋은 소식이다. 그래서 하나님의 백성들은 그의 모든 행하심과 규율을 따라 지키며 사랑으로 복음에 응답해야 한다.

4) 선교적 해석학

구더는 그의 저서 *Called to Witness*의 6장과 7장에서 선교적 신학의 중요한 분야인 '선교적 해석학'을 다루고 있다. 그는 "선교적 해석학이란 용어를 사용하는 것은 근본적으로 예수 그리스도의 교회의 선교적 소명이라는 면에서 성경의 해석을 언급하는 것이다."[84]라고 논하고 있다. 구더의 견해에 의하면 성경적 해석에 대한 이러한 접근은 오순절 선교를 실행해 옮길 때에 실제로 사도들이 의도하였던 사도적 전략의 성격에 관한 합의에 기인한 것이다.

사도들의 전략과 의도는 그들의 삶에서 증거를 계속하도록 하는 중인 공동체

---

84 Guder, Called to Witness: Doing Missional Theology, Grands Rapids, MI: Eerdmans, 2015, 90.

의 형성이었다.[85] 따라서 성경의 해석은 공동체가 선교적 소명을 계속하여 실천하기 위한 것과 관련된다. 구더는 올바른 선교적 교회론의 특성을 정리하여 논하면서 선교적 교회론은 성경적이어야 하며 성경은 반드시 선교적 해석학으로 읽고 연구해야 함을 강조하면서 "우리에게는 선교적 해석학을 사용하여 성경을 연구하는 성경의 학문성이 절실하게 요구된다."[86]고 역설한다.

구더는 성경이 하나님의 선교에 있어서 특별한 권위를 가지므로 선교를 실천함에 있어서도 성경의 근거에 따른 선교적 해석학으로 읽어야 함을 강조하고 있다. 따라서 선교적 해석학이 성경을 읽고 연구하는 모든 성경학자들과 독자들에게 이해를 도울 것임을 주장하였다.

GOCN은 2000년도 중반부터 선교적 해석학에 대한 연구를 하고 있는데, 헌스버거(George Hunsberger)는 선교적 해석학 유형을 네 가지로 정리하여 발표하였다. 첫째, 성경 전체를 하나님의 선교에 관한 내러티브로 이해하는 것(Christopher Wright), 둘째, 성경 저술의 목적을 하나님의 선교를 증거하기 위한 것으로 이해하는 것(Darrell Guder, Michael Goheen), 셋째, 성경을 선교적으로 해석하는 것은 결국 상황이 서로 다른 모든 공동체들의 몫이라는 것(Michael Barram), 넷째, 선교적 해석학은 성경과 다양한 문화적 요소들이 비평적 대화를 지속할 때에만 올바른 방향으로 진행될 수 있다는 유형(James Brownson)이다.[87]

---

85   위의 글, 91.
86   Guder, 『선교적 교회』, 330.
87   G. Hunsberger, "Proposals for a Missional Hermeneutic: Mapping a Conversation," Missiology: An International Review 39-3, 2011, 309. 선교적 해석학에 대한 헌스버거의

이와 같이 선교적 해석학으로 읽는 방법이 완전히 통일되지는 않았지만 공통적인 점은, 많은 학자들이 구약성경에서부터 하나님의 선교가 시작되었다는 것과 올바른 해석학을 위해서는 본문만이 아니라 콘텍스트(Context)에도 무게를 두어야 한다는 관점으로 보고 있다.[88] 구더는 선교적 해석학을 1세기에 예수 그리스도를 증언하기 위해 사용했던 성경 본문들을 오늘날 기독교 공동체에서 어떻게 적용해야 하는지에 대한 연구로서 이해한다.[89]

성경은 기독교 공동체의 중요한 지침이 되는 역사적 증언의 기록으로서 복음을 증언하기 위해서 부름 받고 보냄을 받은 자로 스스로를 이해하는 공동체를 위해서 뿐만 아니라 그러한 공동체를 형성하도록 하기 위해서 기록되었다.[90] 따라서 성경에 대한 선교적 해석학은 선교 공동체의 특성과 연관해서 이해하여야 하며 선교적 공동체를 위한 책으로서 성경을 이해하고 해석하여야 한다. 즉 역사적 현장에 있는 선교 공동체를 위해서 기록된 성경을 선교적으로 해석하는 것은 매우 타당한 방법이며 그 공동체의 선교적 실천과 연관해서 해석이 되어야 한다. 왜냐하면 성경은 선교적 교회에게 주어진 메시지이며 선교적 교회가 되도록 하나님께서 주신 메시지이기 때문이다.

구더는 선교적 해석학을 신학의 다른 분야도 선교적으로 재해석하였고 서구 기독론의 변화를 모색하였다. 구더의 관점에 의하면 서구의 기독론이 예수 그

논문의 계속적인 연구는 GOCN 홈페이지를 참고하라. www. GOCN. org.
[88] 정승현, "선교적 교회론의 과거, 현재 그리고 미래," 55-57.
[89] Guder, Called to Witness, 90.
[90] Guder, "Missio Dei: Intergrating Theological Formation for Apostolic Vocation," Missiology 37, 1, January, 2009, 66.

리스도의 선교에 거의 관심이 없었고[91] 그것은 교회와 선교를 분리하도록 영향을 주었다. 구더는 성경을 철학적, 신학적으로 예수 그리스도의 존재를 증명하는 것에 관심을 갖지 않고 교회의 실천적인 면과 연관된 선교적 기독론을 발전시키려 하였다.[92]

바울이 전한 빌립보서 2장 5-11절의 말씀은 하나님의 선교로 말미암아 성육신하신 예수 그리스도의 겸손하신 모습을 전하고 있다. 기독교 공동체의 구성원들은 하나님의 복음에 합당하게 생활할 뿐만 아니라 하나님의 하시는 일들을 이해하고 따르는 삶이 요구된다. "진실로 복음적이 되기 위해서는 우리의 교회론이 선교적이어야 한다."[93]

예수 그리스도의 성육신은 복음이며 그를 영접하고 그의 말씀에 대한 순종과 실천은 하나님의 선교에 참여하는 성도들의 선교적 삶이 된다. 성육신한 예수 그리스도가 하나님의 보내심을 받아 제자들과 더불어 살며 세상 사람들을 위해 죽으신 것은 세상을 향한 하나님의 깊은 사랑을 인식하도록 하며(요 3:16; 롬 5:8) 세상에 있는 교회가 그의 고난과 고통에 참여하며 다른 이들을 위해 섬김은 새로운 하나님의 나라로 인도하시는 하나님의 초대에 대한 신실한 응답이다.

구더의 선교적 해석학의 특징은 성경을 역사적 현장에 있는 선교적 공동체를

---

91 Guder, "The Christological Formation of Missional Practice," Academie Internationale des Sciences Religieuses, Princeton Thological Seminary, August, 2007, 5.
92 Guder, Called to Witness, 44-77를 참고하라. 이 글에서 구더는 선교적 실천을 위한 기독론의 형성과 선교적 공동체로서의 교회에 대한 논의를 하고 있다.
93 Guder, Called to Witness, 75.

위한 하나님의 말씀으로서 선교적 해석을 강조하고 있다는 점이다. 성경은 하나님이 과거나 현재의 선교 공동체에게 뿐만 아니라 미래의 선교적 교회를 위하여 주신 것은 구성원들의 선교적 삶과 실천을 위한 것이다.

구더가 선교적 해석학을 예수 그리스도의 교회의 선교적 소명이라는 관점에서 말씀을 해석하는 것과 교회의 정체성을 사도적 증인 공동체로 인식하고 그렇게 주장한 점은 그의 선교적 해석학의 성격을 분명하게 보여주는 것이다. 또한 하나님의 선교에 의하여 사도적 교회가 형성되었고 하나님은 사도적 교회를 위해 성경을 주셨기 때문에 성경을 선교적 해석학으로 읽어야 한다는 그의 주장은 선교적 교회가 성경을 어떤 관점으로 보고 해석해야 할 것인지를 보다 분명하게 인식하게 한다.

5) 선교적 연계성

구더는 선교적 교회가 중요한 하나님의 선교의 핵심이라는 것을 인정하면서도 선교적 교회가 반드시 다른 선교적 교회들과의 선교적 연계성을 가져야 할 것을 강조하였다.

우리는 구체적인 문화적 상황에서 그 증언을 수행하는 이상, 특정한 선교 공동체가 하나님의 선교의 가장 중요한 핵심임을 입증하였다. 그러나 가시적이고 조직된 교회의 특정한 공동체들이 서로 격리되어 존재하는 것은 성경적이지 않다.[94]

94　Guder, 『선교적 교회』, 358.

따라서 그는 모든 문화의 다양성 속에서도 하나님의 백성들은 보편적인 공동체들의 공동체로 이해될 것이라고 주장한다. 거기에는 공동체의 관계 결속이 중요한데 기독교 공동체들은 모두 하나님 안에서 하나임을 강조하고 있다(엡 4:4-6).

구더는 연계된 체계들의 필요성을 예수 그리스도의 대제사장적 기도에서 찾았다(요 17:20-23). 교회의 선교적 연계성은 제도적인 연합의 문제가 아니고 효과적인 교회 성장 전략을 의미하는 것도 아니고 그 본문에서 일관되게 주장하는 것은 교회의 주님에 대한 순종임을 강조한다. 왜냐하면 그 순종은 하나님의 선교의 핵심이고 또한 "하나님 아버지께서 나를 보내신 것과…세상으로 알게"(요 17:23) 한다고 보기 때문이다. 따라서 그는 "연계된 체계들의 선교적 임무는 한 분의 주님 아래 모든 그리스도인들이 서로 연계되고 세상 "땅 끝까지" 교회를 보내어 하나의 복음을 증언하는 것"[95]이라고 강조하였다.

역사적으로 교회의 보편적인 연계성 중에서 가장 초창기의 모습은 말씀을 정경화하는 것이었다. 독립적인 하나의 교회가 그 과정을 진행한 것이 아니라 다양한 종류의 지역 체계 안에서 지역 공동체를 연결한 교회들이 정경화 과정에 참여하였고 성경의 보편적인 승인을 이루어 내었고 성경의 표준적인 증언이 이 절차를 확증하였다.

또 다른 하나의 선교적 연계성의 선교적 임무는 교리와 신앙 고백을 형성하는 것이었다. 고대 에큐메니칼 신조들의 핵심적인 교리에 대해 전부는 아니지

---

95 위의 글, 361.

만, 폭넓은 합의가 있었기 때문이었다. 종교 개혁 운동의 여러 흐름 가운데, 신앙 고백은 다양성 가운데 교회들을 연계시키는 공통의 장을 마련하였다. 교회의 역사는 오직 선교적 연계성의 체계를 통해서만 일어날 수 있는 독특한 증언의 실례들로 가득하다. 뿐만 아니라 미래의 기독교 공동체 안에서도 그것이 가능하도록 조직적 연대가 계속 되어져야 한다.

구더는 북미 교회의 방대한 체계들은 특정한 지역 공동체의 현실로부터 멀어져 있고 말로는 지역 공동체를 섬기기 위해 교단의 연계된 체계들이 존재한다고 하지만 단지 자신들의 의도와 유지를 위해 더욱 많은 투자를 한다고 평가한다. 그러므로 그가 "선교적 갱신은 하나님의 선교로 말미암아 교회의 선교적 본질을 인식하고 선교적 정체성으로 재정립할 때에만 나타날 것이다."[96]라고 강조한 점은 선교적 교회론의 바른 방향과 관점을 내포한 인식 안에서 가능한 것이다.

구더는 4세기 니케아에서 "교회의 표징들"을 정의하고 규명하였던 절차들은 또 다른 선교적 연계성의 좋은 예임을 밝혔다. 니케아 공의회는 복음의 전통에 신실한 교회는 언제나 "하나의, 거룩하고, 보편적이고, 사도적인" 경험을 할 것이라고 선포하였다. 구더는 최근에 선교적 에큐메니즘에 대한 강연을 할 만큼 그것에 대한 깊은 관심을 갖고 있다. 에큐메니칼 운동은 1910년 에딘버러 대회 이후 20세기에 다양한 에큐메니칼 운동들이 활발하게 진행되었고 21세기에도 계속되고 있다.[97]

---

96 Guder, 『선교적 교회』, 364.
97 정승현, "대럴 구더의 선교적 신학과 교회론," 308-309.

구더는 4세기 니케아 공의회에서 결정된 앞의 네 가지 표징에 주목하였다.[98] 그는 그러한 표징들을 벤 엥겐(Charles E. Van Engen)의 제안을 받아들이고 사도적 특성을 강조하는 방식으로 재조명하였다. "교회는 사도적이고, 보편적이며, 거룩하고, 하나가 되기 위해서…부르심과 보내심을 받았다."[99]

정승현은 구더의 제안을 긍정적으로 평가하고 그 이유로서 니케아 공의회에서의 결정은 개신교, 가톨릭, 정교회가 모두 하나의 몸이었을 때 내려졌던 것이기 때문에 오늘날 다양한 배경을 가진 교회들이 선교적 연계성을 갖는데 적절한 근거가 될 수 있기 때문이라고 제시하였다.[100]

필자는 구더의 선교적 연계성에 대한 강조는 하나님의 선교를 수행하는 그리스도의 교회들이 가져야 할 중요한 모습이며 하나님 나라를 위해 봉사하는 연합체로서 공동의 주요한 책임과 의무가 된다고 생각한다. 선교적 교회는 지역 교회로서의 의미도 매우 중요하지만 하나님의 선교 안에서 여러 선교 공동체들과 연계하고 연합하여 하나님의 선교에 참여하여야 한다.

필자는 교회의 네 가지 표징은 선교적 관점으로 조명하고 사용해야 한다는 구더의 입장에 기본적으로는 동의하지만 좀 더 나아가서 하나님의 선교적 부르심과 보내심에 대한 순종으로 인하여 교회는 참된 교회가 되고, 사도적이고, 보편적이며, 거룩한, 하나의 교회가 된다고 생각한다. 즉, 하나님의 선교적 부르

---

[98] Darrell Guder, "Missional Ecumenism: The Vision and Challenge," T. A. Kantonen Lectures, Trinity Lutheran Seminary, Columbus, OH, September 26, 2013, 11-13.
[99] Guder, 『선교적 교회』, 366-367.
[100] 정승현, "대럴 구더의 선교적 신학과 교회론," 309.

심과 보내심에 대한 교회의 선교적 본질을 온전히 감당할 때에 하나님의 교회로서 그 존재의 의미와 목적을 성취하는 것이다.

그런 면에서 현재 교회의 연합과 일치에 대한 모든 운동은 선교적으로 평가하고 지역 교회들의 적절한 참여가 요구된다고 할 것이다. 구더의 선교적 연계성의 강조는 단지 지역 교회로서의 선교적 본질을 추구하고 회복하는 차원이 아니라 기독교 공동체의 선교적 본질을 가지고 연합하여 하나님의 선교에 참여해야 함을 강조한다는 점에서 매우 중요한 질적인 평가와 더불어 높은 가치와 의미를 부여하게 된다.

제5장

구더의 교회론의 요점

첫째, 그는 복음과 선교, 그리고 구원에 대한 축소주의를 극복할 수 있는 선교적 교회론을 주장하였다. 축소주의는 역사 가운데서 빈번히 발생하였고 다양한 형태로 나타나서 하나님의 온전한 복음을 축소하는 일도 발생하고 교회가 선교적 현장에서 올바른 기능을 하지 못하도록 하는 역할도 하였다. 그러므로 축소주의는 극복되어야 하며 하나님의 복음과 선교는 온전히 전해지고 받아들이도록 해야 한다. 선교적 교회론에서 축소주의의 폐해를 인식하고 극복해야 할 것을 강조한 점에서 그의 선교적 교회론은 귀한 가치가 있다.

둘째, 그는 하나님의 선교를 '보내심의 선교'와 '복음으로서의 선교'로 이해한다. 그래서 하나님의 주도적인 결정으로서의 보내심은 성자를 보내셨고, 성령을 보내셨으며, 교회를 보내셨다. 또한 하나님의 선교가 복음인 것은 하나님의 선하신 목적으로 역사 속에서 인간을 구원하셨기 때문이다. 구더의 하나님의 선교 이해는 하나님은 보내시는 분으로서 교회는 하나님의 선교의 도구로서 복음의 증거자가 되어야 함을 강조한다.

셋째, 선교적 해석학에 대한 강조점을 두고 성경을 선교적으로 해석해야 함을 주장하였다. 성경은 역사의 현장에 있는 교회를 위하여 선교적 목적으로 기록되었고 하나님의 선교 안에 있는 교회들의 역사적 기록이기도 하고 그들을 위한 선교적 기록이다. 성경은 역사에 존재했던 인물들의 기록이지만 단순히 인간의 기록이라기보다는 하나님의 성령의 역사에 의한 하나님의 말씀의 기록이다. 그러므로 성경은 선교적으로 해석해야 하며 선교 공동체를 위한 사도적 증언으로서 해석하고 선교적 증언을 위해 선교적 해석을 해야 한다는 구더의 입장은 선교적 교회론의 관점에서 중요하다.

성경의 선교적 해석은 바른 선교적 실천을 가능하게 한다. 선교적 해석학의 요체는 하나님의 말씀을 하나님의 선교의 관점에서 삶의 여러 선교적 현장에 살고 있는 청중들을 위한, 공동체를 위한 선교적 소명과 하나님의 보내심의 기록으로서, 살아계시는 하나님의 말씀으로서 해석하는 일이다.

넷째, 선교적 연계성을 강조하며 선교적 공동체들의 공동체의 필요성을 강조하였다. 구더의 선교적 연계성은 보다 더 큰 하나님의 선교 안에서 교회들이 연합하고 일치하는 하나님의 뜻을 온전히 이루려는 것에 있다. 에큐메니칼의 모든 활동들은 하나님의 선교적 목적을 위하여 분명히 나타나야 함을 강조한 구더의 선교적 연계성의 교회론은 앞으로 계속해서 발전되어져야 하고 기독교 공동체들이 하나님의 부르심과 보내심을 위하여 적절하게 사용되어져야 할 것이다.

구더의 선교적 교회론과 신학이 미래의 선교 공동체에 중요한 의미를 가지는 것은 하나님의 선교가 역사 현장에 있는 선교적 교회 형성에 중요한 사역을 하였다는 점을 인식하도록 하였다는 것과 계속적으로 선교적 소명을 부여받은 선교 공동체가 축소주의를 극복하고 복음을 바르게 전하는 일에 참여하며 또한 선교적 공동체 형성을 위하여 성경과 선교적 해석학의 올바른 사용을 통해 하나님의 말씀에 신실한 응답자로서 보내심을 받은 공동체들과 연계를 통해 보다 더 큰 하나님의 선교에 참여하는 정체성을 가지도록 촉구하고 있다는 점이다.

제6장
선교적 교회론의 특성

선교적 교회는 예수의 선교를 구체화하고 그분의 삶과 말씀을 따라 살면서 선교적 부르심과 보내심에 순종할 때에 온전한 사도적 공동체가 된다. 구더는 하나님의 선교를 강조하면서 "교회의 본질은 하나님의 선교이다. 그분의 선교가 없으면 교회는 없다. 하나님의 선교가 먼저이고 교회는 그 결과물이다. 그분의 선교는 교회의 프로그램이 아니며, 선택 사항이 될 수 없다."[101] 고 역설한다.

교회는 하나님의 선교의 결과물로서 나타난 공동체이며 하나님의 선교를 위해 초청받은 하나님의 선교 사역 공동체이다. 따라서 선교의 주체는 오직 하나님 한 분이시며 교회는 하나님의 선교를 위한 도구이자 참여자이며 세상을 위한 축복의 통로인 것이다.

선교적 교회론의 개척자 뉴비긴은 "우리는 단지 우리 자신이 구원을 받기 위해 그리스도의 부름을 받은 것이 아니다. 우리는 그분의 구원 사역에 동참하는

---

101   위의 글, 22.

동역자가 되도록 부름을 받은 것이다."[102]라고 하였다. 구원에로의 초대 속에는 선교적 부르심이라는 중요한 목적이 있다는 것이다. 교회는 반드시 선교적 교회이어야 하며 교회 안에 안주하기 위하여 부르심을 받지 않고, 세상에서 하나님의 선교에 동참하도록 부르심을 받았다.

"세례를 받는다는 것은 예수의 죽음에 동참하여 그 부활의 생명에 참여하고, 세상을 향한 그분의 선교에도 참여하는 것을 일컫는다. 그것은 그분의 선교에 동참하도록 세례를 받는 것이다."[103]라는 하나님의 선교적 부르심임을 강조하는 것은 올바른 견해라고 본다. 그러므로 선교의 주체는 교회가 아니며 삼위일체 하나님이시다. 선교는 "하나님께서 세상의 구원을 위한 그리스도의 보편적 사역을 완성시키기 위해 그분의 영의 능력을 발휘하는 하나님의 활동"[104]인 것과 동시에 세상의 구원을 위한 하나님의 계속적인 선교적 부르심과 파송의 과정이다.

정승현은 "선교적 교회론은 북미에서 출발한 '자성의 신학'이다."[105]라고 한다. 교회 공동체가 선교의 본질을 망각하고 자신만을 위한 존재로서 살았던 지난 세월을 반성하며 하나님의 선교 안에서 교회의 본질을 회복하도록 촉구하고 구체적으로 그 방법들을 연구하여 삼위일체 하나님의 선교적 도구로서 선교적

---

102 Newbigin, 『오픈 시크릿』, 81-82.
103 Newbigin, 『다원주의 사회에서의 복음』, 225.
104 Newbigin, 『오픈 시크릿』, 116.
105 Guder, 『선교적 교회』, 21. 정승현은 구더의 책을 번역한 신학자로서 역자 서문에 이렇게 표현하고 있다. 선교적 교회론의 논의는 서구 기독교의 반성에서 출발하였지만 신학의 반성으로서의 출발은 북미에서라고 본 그의 견해는 올바른 견해라고 보며 이러한 자성의 신학으로서의 선교적 교회론은 세계 모든 선교 현장과 지역 교회에서 논의되어지고 적용되어져야 한다고 본다.

교회를 항상 살아 역사하는 성령 공동체로서 육성하도록 하는 데 그 신학적 의미와 중요성이 있다고 하겠다.

"하나님의 영은 역동적이고, 교회에 생명을 주는 권세이며, 보이지 않는 주님, 주인, 인도자, 그리고 기독교 공동체의 격려자이다."[106] 그러므로 삼위일체 하나님과 그의 선교는 선교적 교회론의 바탕과 근원이 되며 그에 대한 신앙과 선교적 헌신은 삼위일체 하나님의 도우심으로 가능하다. 이러한 이해를 바탕으로 선교적 교회론의 특징을 서술하면 다음과 같다.

1) 삼위일체 하나님의 선교

선교적 교회론의 첫 번째 특징은 교회의 선교가 아닌 삼위일체 하나님의 선교로서 이해하는 것이다. 그것은 선교를 "하나님의 본성에서 유래하는 것"[107]으로 받아들인다. 즉, 선교적 교회론은 선교를 지역적이고 다양한 교회의 선교들(missions)로 이해하기보다는 하나님의 선교(*missio Dei*)로 이해한다.

선교의 주체는 삼위일체 하나님이시고 교회는 하나님의 선교에 도구로서 참여한다. 구더는 "예수 그리스도의 교회는 복음의 목적이나 목표라기보다는 오히려 복음의 도구이며 증거이다."[108]라고 교회의 위치를 명확히 설정하였다. 보쉬도 또한 빌링겐 대회 이후에 교회는 그 위치가 선교를 주관하는 것에서 도구

---

[106] R. P. C. Hanson, "The Divinity of the Holy Spirit," Church Quarterly 1, no. 4, 1969, 302; Guder, 『선교적 교회』, 216.

[107] Bosch, 『변화하고 있는 선교』, 577.

[108] Guder, 『선교적 교회』, 31.

로서 참여하는 것으로 자리매김하였다고 논술하였다.[109] 필자가 전술한 바와 같이 뉴비긴은 실천적 삼위일체 신앙에 대한 강조를 하고 있다. 삼위일체적 신앙은 우리의 신앙에 균형을 제공하고 교회가 선교적 과업을 온전하게 실천하도록 돕는다는 사실을 주장하였던 것이다.

2) 교회의 선교적 본질을 추구한다

선교적 교회론의 두 번째 특징은 교회의 선교적 본질을 추구한다는 것이다. 교회는 세상을 위해 보내심을 받은 하나님의 아들, 예수 그리스도와 성령처럼 보내심을 받기 위해서 부르심을 받은 하나님의 백성들의 공동체이기 때문에 선교적 본질을 가지고 있다. 뉴비긴은 기독교세계의 영향 아래에 있는 전통적 교회들이 선교를 교회의 하나의 프로그램으로 전락시키는 모습을 안타깝게 여기며 변화를 촉구하였다. "우리는 교회가 선교적 정체성을 상실하면 신약성경이 말하는 그 찬란한 호칭들을 받을 자격을 잃게 된다고 단호하게 말해야 한다."[110]

구더는 "예수 그리스도의 교회는 복음의 목적이나 목표라기보다는 오히려 하나님의 복음을 전하는 도구이며 증거임을 이해하게 된다."[111]고 역설하였다. 정승현은 다음과 같이 선교적 교회론에 대한 성격을 명확하게 논하고 있다.

선교적 교회론은 선교를 효과적으로 진행하기 위한 방법을 모색하기보다는 교회의 본질에 대해서 심각하게 질문한다. 분명히 염두에 두어야 할 것은 선교

109　Bosch, 『변화하고 있는 선교』, 578-579.
110　Newbigin, 『교회란 무엇인가?』, 175.
111　Guder, 『선교적 교회』, 31.

적 교회론은 선교를 많이 하기 위해서나, 선교를 효과적으로 하기 위해서, 더 나아가서 선교를 통해 교회를 양적으로 성장시키기 위해 만들어진 이론이 아니라는 사실이다. 오히려 선교적 교회론은 기독교세계의 영향을 받아 교회의 본질인 선교를 하나의 프로그램으로 전락시키거나 배제시킨 서구 기독교의 반성에서 출발한다. 그러므로 선교적 교회론은 교회의 본질인 선교를 회복하는 것을 최우선의 목적으로 한다.[112]

교회가 세상에서 존재하는 이유와 정체성이 선교에 있음을 분명히 역설하고 있다. 최우선적으로 선교적 본질을 회복해야 한다는 것이다. 교회는 하나님의 선교에 대해 선택 사항이 아니라 본질적으로 선교적이어야 한다. 교회는 존재 자체를 위해서 형성된 것이라기보다는 세상을 구속하고 회복시키며 하나님의 통치 즉, 하나님 나라를 목적으로 하는 하나님의 선교를 위해 형성되었고 존재하게 되었다.

결론적으로 선교적 교회의 두 번째 특성은 사역보다는 교회의 본질에 초점을 맞추는 것이다. 선교적 교회론을 주장하는 학자들은 오늘날 서구 사회에 존재하고 있는 교회들이 교회의 본질인 하나님의 선교를 회복하는 것이 현재의 여러 문제를 극복하는 유일한 해결책임을 논하고 있다. 교회가 선교적 본질을 회복하는 길은 회개하여 하나님의 말씀에 신실한 응답을 하고 그로 인하여 새로운 피조물이 되어 그의 말씀을 모든 지체들이 그들의 매일의 삶에서 실천하는 것이다(고후 5:17-19).

---

112 정승현, "선교적 교회론의 과거, 현재 그리고 미래," 55.

3) 선교적 그리스도인

선교적 교회론의 세 번째 특성은 교회 내의 평신도의 선교적 역할의 중요성을 인식하고 강조한다는 것이다. 선교적 교회의 구성원들인 평신도는 하나님의 선교에서 대단히 중요한 위치를 점하고 있다는 것이다. 기독교세계의 전통적 교회론의 성직자 중심의 선교에서 선교적 교회론의 선교에 있어서의 평신도 역할의 중요성에 대한 강조는 하나님의 백성으로서의 선교적 책임을 인식하도록 하는 새로운 신학적 각성을 요청하는 것이다.

하나님의 제사장직의 수행은 세상의 일상 업무를 하는 가운데서 이루어지며 세상에서 대부분의 일상생활을 하는 평신도들의 선교 참여와 그들의 역할은 매우 중요한 의미가 있다(출 19:4-6; 고후 5:17-19).[113] 그런 관점에서 뉴비긴은 모든 지체들이 하나님의 보냄을 받은 자로서 인식하고 삶의 자리에서 하나님의 증인된 삶을 살아야 함을 특별히 강조하고 있다.[114]

선교적 교회론은 교회의 구성원인 평신도들 모두가 부르심을 받았고 보내심을 받은 자들로서의 정체성을 가지고 삶을 영위하는 사도적 공동체로서 주님의 제자들처럼 끊임없이 하나님의 말씀에 의해 선교 현장의 참여를 위해 준비하고, 선교 교육을 받는 훈련 공동체의 일원임을 강조한다. 평신도의 역할에 대한 중요성을 강조한 선교적 교회론은 교회가 보내심을 받은 자들로서 세상을 위한 존재들로서 매일마다 그들의 삶 속에서 하나님을 아직도 그들의 삶의 통치자로

---

113 Newbigin, 『다원주의 사회에서의 복음』, 424.
114 Newbigin, 『헬라인에게는 미련한 것이요』, 182.

받아들이지 않은 불신자들에게 하나님의 선교를 나누고 실천하는 중인의 삶을 살아야 함을 강조하고 있다.

선교적 교회는 하나님의 선교를 주도하려하지 않고 도리어 참여자로서, 보내심을 받은 자로서 자신의 정체성을 인식한다. 선퀴스트는 선교를 '삼위일체 하나님께서 하시는 일에 교회가 참여하는 일임'을 주장하며 다음과 같이 정의한다.

기독교 선교는 그리스도의 고난을 통하여 삼위일체 하나님께서 하시는 일에 교회가 참여하는 것이다. 그리스도는 세상을 구속(redemption)하시고 해방시키시기 위하여 성부로부터 보내심을 받으셨고, 성령의 능력 안에서 개인과 문화를 회심시킨다. 그로 인해 종말에는 하나님께서 모든 민족과 피조물 가운데 영광을 받으신다.[115]

선교적 교회의 모든 구성원들이 하나님의 선교에 참여한다는 것은 무엇을 의미하는가? 정승현의 다음과 같은 논술은 명확한 답을 제공한다.

선교적 교회가 하나님의 선교에 참여한다는 것은 구체적으로 다음과 같은 두 가지 의미를 내포한다. 첫째, 선교적 교회는 하나님의 선교의 신실한 도구로서 동참하기 위해 선교를 몇몇 사람들에게만 일임하지는 않는다. 다시 말해, 선교적 교회는 특별히 헌신된 사람만을 선택하여 훈련시킨 뒤 선교사로 파송하고 후원하는 것을 스스로 하나님의 선교를 감당하고 있는 것으로 생각하지 않는다.

---

115 Sunquist, 『기독교 선교의 이해』, 341.

오히려 선교적 교회의 모든 교인들은 자신들을 보내는 자(sending)가 아니고, 보냄 받은 자(being sent)로 인식한다.[116]

성부 하나님께서 성자, 예수 그리스도를 세상에 파송한 것처럼, 성부 하나님과 성자 하나님이 성령을 보내신 것 같이, 예수께서는 그의 제자들인 교회를 파송하셨다. 모두가 하나님의 선교를 위해 하나님의 보내심을 받은 자들로 인식하는 것이 중요하다. 그리고 모든 성도들은 세상에서 진행되고 있는 하나님의 선교에 동참하여야 한다. 지역 교회의 교회당은 선교사들을 파송하고 후원하고 보고를 받는 자리가 아니라 매일의 삶 속에서 하나님의 선교에 신실하게 참여한 평신도 그리스도인들이 모인 공동체가 하나님께 예배하고 간증하고 교육하는 장소이다.

선교적 교회의 모든 구성원들은 목회자나 평신도를 가릴 것 없이 모두가 주어진 환경 가운데서 하나님의 선교에 신실하게 참여하는 역동적인 선교 공동체의 구성원이다. 그러므로 그들의 모든 삶은 하나님께서 그들의 생명을 구원하시기 위해 그의 아들을 보내시고 희생한 것처럼 하나님의 선교를 위한 것이다. 교회 안과 밖에서의 그들의 삶은 신실하고 동일하다. 그들의 삶은 예수 그리스도의 고난에 참여하고 그리스도의 죽음과 부활 안에서 다른 사람들과 삶을 나눈다. 그들은 세상의 빛과 소금이요 그리고 산 위에 있는 동네이다(마 5:14).

선교적 교회론의 교회에 대한 선교적 정체성의 이해는 국내선교 또는 해외선교와 같은 지역적 구분은 무의미하다. 기독교세계의 영향으로 형성된 교회의

---

116 정승현, "선교적 교회론의 과거, 현재 그리고 미래," 58.

선교 문제점은 지역적인 구분이었고[117] 교회의 일부 부서나 사람들이 선교에 참여하면 되는 것으로 이해한 점이었고 교회가 하나님의 선교를 통제하고 확장할 수 있다는 잘못된 신념을 가지고 있었다는 것이다.

종교의 다원화와 세속화로 인해서 서구나 세계 여러 지역은 이제 새로운 선교 현장이 되어졌기 때문에 국내와 국외를 구분하는 것은 의미가 없다. 선교적 교회는 전 세계에서 영원토록 살아계신 하나님이 진행하시는 하나님의 선교에 선교적 도구로서 참여하므로 지역의 이분법적인 선교 개념을 극복한다. 선교적 교회의 구성원들은 일부 사람들에게 선교를 계획하고 조정하는 사람들에게 일임하는 것보다는 평신도들이 각자의 삶의 터전에서 날마다 보냄을 받은 자로서 하나님의 선교에 모두가 신실하게 참여한다.

선교적 교회는 모든 구성원들을 하나님의 선교를 위해 참여하도록 준비시키기 위해 훈련하고 가르치는 사역을 소홀히 하지 않는다. 그리스도인들이 하나님의 선교에 참여하는 것의 중요성은 아무리 강조해도 지나치지 않다. 교회는 선교적 교회의 구성원들이 중요하고 선교적 교회는 평신도들의 선교적 참여가 중요하다. 평신도들이 하나님의 선교에 참여하는 것은 그리스도의 고난에 참여하고 복음을 나누는 삶을 사는 것이며 세상의 빛, 소금, 그리고 산 위에 있는 동네처럼 하나님의 선교를 위해 헌신하고 신실한 삶을 사는 것이다.

117　같은 곳.

4) 하나님 나라를 섬김

선교적 교회론의 네 번째 특성은 선교적 교회가 하나님 나라를 섬기기 위해 존재한다는 것이다. 선교적 교회는 세상에서 하나님의 선교의 도구로서 오직 하나님 나라를 섬기기 위해 존재한다. "하나님의 선교는 교회의 본질이고, 선교적 교회는 하나님 나라에서 올바른 섬김을 실천하기 위해서 조직되고 하나님의 말씀에 의해 조정된다."[118] 따라서 선교적 교회는 하나님 나라를 위해 세상에 있는 모든 사람들을 온전히 섬기는데 초점을 맞추어야 한다.

하나님 나라를 섬긴다고 하는 것은 하나님의 통치를 인정하고 그의 나라에서 섬기고 봉사하는 일을 기쁨으로 감당한다는 의미이다. 바울은 "우리 중에 누구든지 자기를 위하여 사는 자가 없고 자기를 위하여 죽는 자도 없도다. 우리가 살아도 주를 위하여 살고 죽어도 주를 위하여 죽나니 그러므로 사나 죽으나 우리가 주의 것이로다."(롬 14:7-8)고 말하며 교회 내의 연약한 자를 비판하지 말 것을 촉구한다. 그런데 이것은 고난 가운데 복음을 전하는 초대 교회의 정체성을 밝혀주는 내용으로서 교회 공동체의 모든 이들이 하나님 나라에서 주를 위한 삶을 살고 죽는 존재라는 사실을 강조한 것이다.

교회는 하나님의 선교를 위해 봉사하는 도구요 하나님 나라를 위해 봉사하는 조직이요 존재이다. 그런데 구더는 이와는 반대로 오늘날 서구의 많은 교회가 복음을 축소하고 조정하고 있다는 사실을 주목한다. "우리의 욕구 안에 내재된, '하나님을 조정'하려는 위험은 우리에게 복음을 축소하는 일이 불가피함을 정당

---

[118] 위의 글, 59.

화하게 한다. 우리는 기독교 신앙을 이해하는 우리의 방식이 바로 기독교 진리의 마지막 해석이라고 단언하고 싶은 유혹을 계속해서 받는다."[119]

서구 기독교세계에서의 전통적 교회의 선교는 선교를 교회의 예속된 부서의 일이나 하나의 프로그램으로 간주하여 복음을 축소하였다. 복음은 개인 회심, 개인 구원, 그리고 교회 개척을 위한 도구로 축소되고 말았다. 그리고 축소된 복음은 교회의 목적을 위해 사용되고 교회가 선교를 행할 때 교회의 목표가 되었다.

선교의 진정성 여부는 숫자로 결정되었고 선교의 목적은 사람의 개종과 교회의 개척수로 단순화되었다. 교회가 하나님 나라를 섬기기 위해 선교와 복음에 의해 조정되는 것이 아니라 반대로 교회가 선교와 복음을 자신들이 원하는 방향으로 사용하는 이러한 선교 형태는 복음뿐만 아니라 근본적으로는 전 세계에서 선교하시는 하나님(missionary God)을 축소하려는 것이다.

교회는 하나님의 선교와 하나님 나라를 조정할 수 있는 권한을 부여받지 않았고 오직 하나님의 선교에 동참함으로 하나님 나라를 위해 예수 그리스도의 본을 따라 복음을 전하며, 하나님 나라를 섬기는 가운데 고난을 당하고 희생하고 봉사하도록 보냄을 받은 것이다. 그러한 보내심에 신실한 순종을 할 때에 예수 그리스도와 함께 하나님 나라의 보좌에 앉고 생명의 면류관을 받을 수 있는 영광에 참여하게 된다(고전 15:58; 계 3:20-21; 7:15-17; 22:12; 딤후 4:7-8; 벧전 5:4).

---

[119] Guder, The Continuing Conversion of the Church, 100.

선교적 교회는 복음을 축소하여 선교하는 것을 거부한다.[120] 선교적 교회는 오직 하나님 나라를 온전히 섬기는데 집중한다. 그렇다면 어떻게 하나님 나라를 섬길 수 있는가? 구더가 밝힌 것과 같이 하나님의 선교는 복음이며 복음은 하나님 나라의 기쁨이 충만한 소식이다. 먼저 우리는 하나님의 통치를 받아들임으로써 하나님 나라를 섬기는 일을 시작할 수 있다(요 1:12).

예수 그리스도는 하나님 나라를 선포하고 사람들을 치유하고 섬기며 가르치는 일을 하였다. 선교적 교회 구성원들도 하나님 나라를 선포하고 세상의 사람들을 말씀과 사랑으로 섬기며 복음을 전하고 가르치는 일을 통해서 하나님 나라를 섬기는 일을 한다.

정승현은 예수 그리스도의 선교에 동참하는 것에 대하여 다음과 같이 강조한다.

회개하고 구원을 받는 것은 복음에서 분명한 중요한 부분이다. 그것을 제외한 복음은 있을 수 없다. 그럼에도 불구하고 복음은 단지 한순간 회개하고 구원을 받는 것만을 의미하지 않는다. 오히려 복음은 매일의 삶에서 예수 그리스도와 동행하고 그분의 선교에 동참하는 것으로 구체화된다. 복음은 일회적인 사건이 아니라 하나님 나라에서 지속적으로 구현되어야 한다. 이같이 예수 그리스도의 선교에 동참하는 삶은 개인이나 교회에 필수적이다.[121]

---

120 정승현, "선교적 교회론의 과거, 현재, 그리고 미래," 59.
121 위의 글, 60.

한 순간의 구원이 아니라 매일의 삶에서 하나님의 선교에 동참함으로써 하나님 나라를 위해 봉사해야 한다고 하는 것과 그 안에서 매일의 삶을 복음으로 살고 예수 그리스도의 선교를 위해 사는 것은 매우 중요한 일임을 지적하고 설명하였다. 또한 그런 의미에서 홀(John Douglas Hall)의 지적은 매우 적절하고 타당하다.

"선교적 교회는 단지 복음만을 선포하거나, '복음적인' 교회만을 의미하는 것이 아니라, 복음에 의해서 자신의 본질이 이해되고 조정되려고 노력하는 교회이다."[122] 선교적 교회가 하나님 나라를 섬기기 위한 삶은 교회 공동체의 구성원들이 사는 모든 삶의 환경 가운데서 끊임없이 선교적 삶을 영위할 때에 하나님의 역사하심으로 가능한 것이다(행 2:43-47).

---

[122] Douglas John Hall, The Cross in Our Context: Jesus and the Suffering World, Minneapolis, MN: Augsburg Fortress Publishing, 2003, 184.

제7장

도구로서의 교회

　선교적 교회론은 기독교세계 안에서 형성된 전통적 교회론의 반성에서 출발한다. 선교는 삼위일체 하나님의 거룩한 본성으로부터 나온 것으로서 교회는 선교의 선택자, 조정자, 그리고 기획자가 될 수 없고 오직 선교의 도구와 참여자이다. 선교적 교회는 자신들이 보내는 자가 아니라 하나님의 선교 안에서 보냄을 받은 자로서의 정체성을 가지고 모든 삶에서 하나님 나라를 위한 봉사자가 된다. 그들은 복음을 축소하거나 일회적으로 받아들이지 않고 삶에서 그분의 선교를 실천함으로 하나님 나라를 위해 봉사한다.

　오늘날의 서구 교회들이 삼위일체 하나님의 선교에 바탕을 둔 "선교적 교회"에 대한 인식 없이 단지 교회의 프로그램들 중의 하나로서 선교 활동을 추구하는 "선교가 있는 교회"에 머물러 있다. 서구 교회와 마찬가지로 한국 교회와 인도네시아 교회 역시 전통적 교회의 선교 개념인 교회중심적인 선교로서 개인구원과 교회 개척에 중심을 둔 선교 사역을 수행하는 선교하는 교회였다. 이제 교회는 교회의 선교적 본질 회복과 선교에 대한 참여와 하나님 나라를 추구하는 선교적 교회의 모습을 회복하여, 하나님 나라를 위해 섬기고 봉사하는 교회가 되도록 요청하는 선교적 교회론의 주장을 경청하고 적용해야 한다.

지금까지 하나님의 선교와 선교적 교회론에 대한 이해를 성경과, 신학적, 역사적 배경 가운데서 살펴보았다. 하나님은 살아계신 분으로서 역사 가운데서 백성들을 부르시고 그들을 보내시는 하나님이셨다. 그는 예수 그리스도를 보내시고, 성령을 보내시며 교회를 보내서 하나님의 선교에 참여하도록 하였다.

하나님의 선교는 교회를 형성하였고 성경을 교회에 주셨고 선교적 교회는 하나님의 선교를 위한 도구로서 하나님의 말씀인 성경을 각자의 삶의 자리에서 선교적 해석을 통하여 올바른 하나님의 선교에 참여하며 하나님의 복음을 온전히 전하는 증인의 삶을 살아가야 하는 공동체임을 인식하도록 하였다.

*삶과 선교 여정에서 발견한 한 줄 멘토링 5

선교적 교회는 하나님의 선교적 도구로서 보냄을 받은 공동체이며 삼위일체 하나님의 선교에 참여하고 하나님의 나라를 위한 선교적 삶을 살아야 한다.

제6부

인도네시아 교회를 위한 선교적 교회론*

* 김종련, "인도네시아 교회 갱신을 위한 하나님의 선교와 선교적 교회론 연구," 127-144.

인도네시아 교회는 이슬람만큼 사회적 영향력을 끼치지 못하고 있다. 그것은 개신교도가 무슬림들에 비해 수적으로 소수이기도 하지만 역사 가운데서 이슬람교는 각 사람들의 마음에 민족적인 종교로 자연스럽게 관계에 의해 토착화되어 왔고 평등한 종교로 인식되어 온 반면에 기독교 교회는 성직자와 평신도의 구분이 뚜렷하고, 역사 가운데서 지배 세력의 종교로서 민족들의 마음을 사로잡지 못하였기 때문이었다.

교회의 역사가 400년이 넘었지만 선교적으로 아직 온전한 하나님의 선교를 감당하지 못할 만큼 영적 영향력이 부족한 것은 역사적으로 교회가 전통적 교회의 모습을 고수하고 선교와 교회가 분리된 교회 중심적 선교를 고수하였으며 하나님의 선교와 교회의 선교적 본질을 인식하지 못하였기 때문이다. 진정한 의미에서 하나님의 선교하심을 받아들이지 않은 잘못된 인간적, 교회 중심적 선교를 하였기 때문이었다. 다시 말하면 교회가 선교적 본질을 회복하지 못하고 도리어 기독교세계를 갈망하고 향수하며 하나님 나라를 위한 선교의 목적은 등한시 한 채 인정받은 종교의 한 멤버로서 증인의 삶은 살지 않고 자신의 삶을 안주하는 삶의 모습을 가지고 있었다.

인도네시아 교회는 하나님의 온전한 선교를 감당하기에는 많은 부족함이 있었다. 역사적으로 기독교세계의 영향을 받아 전통적 교회의 모습을 가지고 있었고 교회중심적인 선교를 수행하는데 만족하였다. 선교를 삼위일체 하나님의 선교로서 이해하지 못하고 교회의 선교로 이해했으며 그나마도 선교를 교회의 한 기능으로, 혹은 부서의 일로 생각하였다.

복음과 구원 그리고 선교에 대한 축소주의는 인도네시아 상황에도 나타난다.

빤짜실라에 의해 국가가 종교를 관리하는 제도적 상황하에서 교회는 제도 속에 복음을 축소하고 개인의 구원만을 추구하는 신앙생활을 하여왔다. 성도들은 더 이상 하나님의 부름을 받은 자가 아닌 사람처럼 행동하고 하나님의 복음을 단지 기독교 내부로만 축소하고 세상을 위한 하나님의 복음이 되는 것을 외면하여 왔다.

인도네시아 교회는 하나님의 선교를 온전히 감당하기 위해서 전통적 교회에서 나타나는 교회 중심적 선교에서 하나님의 선교에 의한 선교적 교회로 갱신되어야 한다. 그렇게 하는 것이 지금의 인도네시아 교회가 처한 상황을 극복하고 하나님의 선교, 즉 복음을 모든 사람들에게 전하여 하나님 나라 백성으로 초청하고 하나님 나라를 위해 봉사하는 선교를 능히 감당할 수 있다. "할 수 있거든이 무슨 말이냐 믿는 자에게는 능히 하지 못할 일이 없느니라."(막 9:23) 하신 주님의 말씀대로 이루어질 것임을 확신한다. 믿음으로 기도하는 선교적 교회는 하나님의 인도하심 가운데서 부르심에 응답하고 보내심에 순종하는 교회이다. 그러면 PGI(인도네시아 교회 협의회)와 GKSI(인도네시아 기독교단)을 위한 선교적 교회론을 제시해 보고자 한다.

PGI를 위한 선교적 교회론으로서 필자는 인도네시아 교회 협의회가 선교적 에큐메니칼 운동을 하는 단체가 되어야 하며 하나의 기구로서 존재 자체를 위한 단체로서 보다는 선교적 협의회로서 갱신되어져야 한다고 본다. PGI를 위한 선교적 교회론은 다음과 같다.

제1장
하나님의 선교

PGI는 헌법 2장 4절에 의하면 설립 목적을 "인도네시아에 유일한 기독교 교회를 실현하는 것이다"라고 하였다.[1] 이러한 진술은 교회 협의회가 주체가 되어 인도네시아에 유일한 기독교 교회를 실현하려는 노력을 하려는 목적을 표현한 말이라고 볼 수 있는데, 이것은 선교를 교회가 중심이 되어 어떤 새로운 교회를 설립하려는 시도와 맥을 같이한다. 선교는 어떤 기구나 연합체의 일이라기보다는 성 삼위일체 하나님의 선교이다. 그러므로 PGI가 우선적으로 가져야 할 것은 하나의 기독교 교회의 실현을 목적으로 하는 주체가 인도네시아 교회 협의회가 아니라 선교하시는 하나님이심을 인식하는 것이다. 보다 더 나아가서 교회 협의회의 목적을 하나님 나라를 실현하는 하나님의 선교에 참여하는 일이라고 목적 진술을 하는 것이 더욱더 바람직하다고 생각한다.

PGI가 교회의 연합과 일치를 위해 노력하는 일은 매우 고무적인 일이다. 다종교, 다문화, 다민족 사회로 구성된 인도네시아에서 국가의 법과 질서 안에서 타종교의 단체와 화합하고 국내외의 연합 단체와 우의를 맺는 일은 매우 잘하

---

[1] PGI, Direktori Gereja-gereja di Indonesia 2014, 4.

고 있다. 그러나 역사 속에서 선교하시는 삼위일체 하나님이 선교를 주관하신 다는 점은 분명한 일이며 교회 협의회는 하나님께서 위탁하신 사역에 참여하고 그의 섭리와 인도하심에 따라 하나님 나라를 위한 사역에 봉사하는 일을 해야 한다.

삼위일체 하나님은 창조주와 구원주로서 그 아들을 보내셔서 하나님의 구원 역사를 완성하게 하셨다[2]. 그리고 성부와 성자 하나님은 성령을 보내셔서 하나님의 백성들이 권능을 받고 세상에서 증인이 되게 하셨다(행 1:8). 그러므로 기독교 선교의 주체는 삼위일체 하나님이시다. 선교의 목적도 하나님이시고 선교의 방법도 하나님이 주관하신다. 교회중심적인 선교는 왜곡된 선교를 양산하며 하나님의 온전한 선교를 실천할 수 없다. 교회는 하나님의 선교를 이 땅에 구체화하는 신실한 도구라는 인식과 함께 하나님의 부르심과 보내심을 받은 자로서 복음의 증인으로서의 사명을 감당해야 한다.

선교는 삼위일체 하나님의 선교이며 그의 역사하심에서 수행되어진다. 교회 협의회가 하나님의 위임하신 선교 사역을 수행할 때에라도 삼위 하나님의 선교는 여전히 계속되고 있다. 우리가 맡은 바 선교적 임무를 수행하고 참여하지만 성 삼위 하나님의 섭리와 인도하심으로 모든 것이 가능한 것임을 인식하고 그의 역사하심을 기도하면서 선교 사역에 참여하여야 한다.

---

2   마 1:21-23; 막 10:45; 눅 2:11; 19:10; 요 3:16-17.

제2장

본질 회복

PGI는 선교적 본질을 회복해야 한다. PGI는 선교 공동체들의 연계된 연합 공동체이다. 하나님이 교회를 부르시고 보내셨던 것처럼 교회 협의회라는 선교 공동체들의 공동체를 그의 선교를 위해 부르시고 파송하셨다. 그러므로 PGI는 선교적 본질을 회복하여 보내심을 받은 공동체로서의 사명을 잘 감당해야 한다.

PGI는 하나님의 보내심을 위한 공동체로서 부르심을 받은 선교 공동체이다. 교단의 연합 공동체가 선교적 정체성을 갖는 것은 대단히 중요한 일로서 그것은 하나님의 부르심의 목적 즉, 하나님의 보내심을 받은 공동체라는 정체성을 가져야 한다. 교회 협의회는 기구로서의 존재 자체가 목적이 아니며 오히려 하나님의 복음을 전하는 도구이며 증거이다.[3] 그러므로 인도네시아 교회 협의회는 다양한 종교적 상황 하에서 선교적 정체성을 바르게 가지고 언제나 잃어버리기 쉬운 선교적 본질을 회복해야 한다.

PGI는 종교적 다원화 사회에서 선교적 본질을 회복하고 하나님의 선교에 참

---

3 Guder, 『선교적 교회』, 31.

여하는 것에 대해 선택 사항이 아니라 본질적 임무와 존재의 목적으로 생각해야 하며 항상 선교적이어야 한다. 쉥크(Wilbert R. Shenk)는 "교회가 하나님의 선교에 봉사하기 위해 조직되었고 교회가 존재하는 근본적인 목적은 하나님의 선교이다"[4]라고 주장하였다. 배럿은 "하나님의 선교는 교회를 만들었고 교회가 존재하는 이유를 주었다"[5]고 논하였다. 몰트만(Jürgen Moltmann)은 "교회는 선교를 '갖고 있는 것'이 아니라 반대로 그리스도의 선교가 그 자체의 교회를 창조한다는 것을 우리는 배우지 않으면 안 된다. 교회로부터 선교가 이해되어야 하는 것이 아니고 선교로부터 교회가 이해되어야 한다."[6]고 강조하였다. 밴 겔더(Craig Van Gelder)는 "교회는 하나님께서 성령의 인도를 받아 이 세상에서 어떤 임무를 수행하도록 파송하였기 때문에 본질상 선교적이다."[7]라고 역설하였다.

결론적으로 교회 협의회는 사역보다는 교회 협의회의 본질에 초점을 맞추어야 한다. 선교적 교회론은 교회 협의회의 본질인 하나님의 선교를 회복하는 것이 현재의 여러 문제를 극복하는 유일한 해결책임을 제시하고 있다. 교회 협의회는 하나님의 선교에 의해 형성된 교회 공동체에 의해 형성되었다. 그러므로 교회 협의회 또한 하나님의 선교를 위한 도구이다. 교회 협의회는 보내심을 받기 위해 부르심을 받았고 교회 협의회의 모든 구성원들은 하나님의 선교적 본질을 회복하고 하나님의 선교를 위한 존재가 되어야만 한다. PGI는 다원화 종

---

4   Shenk, Write the Vision, 32-33.

5   Barrett, "Defining Missional Church," 183.

6   Jürgen Moltmann, Kirche in der Kraft des Geistes, 박봉랑 외 4인 역, 『성령의 능력 안에 있는 교회』, 서울: 한국신학연구소, 2003, 26.

7   Craig Van Gelder, The Essence of the Church, 최동규 역, 『교회의 본질』, 서울: CLC, 153.

교 사회에서 선교적 본질을 인식하고 회복하는 일을 우선적으로 하면서 맡은 바 임무를 수행해야 한다고 본다.

제3장
선교에 참여

PGI는 하나님의 선교에 참여해야 한다. 이것은 PGI의 선교적 정체성과 관련된다. PGI는 하나님의 선교를 위해 보내심을 받은 자로서 정체성을 인식해야 한다. 선교적 교회는 하나님의 선교를 주도하려하지 않고 도리어 참여자로서, 보내심을 받은 자로서 자신의 정체성을 인식한다.

선퀴스트는 선교를 '삼위일체 하나님께서 하시는 일에 교회가 참여하는 일임'을 주장하였다.[8] 선교의 주체는 삼위일체 하나님이시고 PGI는 하나님의 선교에 도구로서 참여한다. 구더는 "예수 그리스도의 교회는 복음의 목적이나 목표라기보다는 오히려 복음의 도구이며 증거"[9]라고 교회의 위치를 명확히 설정하였다. 보쉬도 또한 빌링겐 대회 이후에 교회는 그 위치가 선교를 주관하는 것에서 도구로서 참여하는 것으로 자리매김하였다고 논술하였다.[10] 그러므로 PGI의 선교적 갱신은 선교의 주체의 자리에서 선교의 도구와 참여자로 자리매김을 하는데 있다.

---

8 Scott Sunquist, 『기독교 선교의 이해』, 341.
9 Guder, 『선교적 교회』, 31.
10 Bosch, 『변화하고 있는 선교』, 578-579.

그러면 PGI가 하나님의 선교에 참여한다는 것은 무엇을 의미하는가? 선교적 교회의 모든 교인들은 자신들을 보내는 자(sending)가 아니고, 보냄 받은 자(being sent)로 인식한다.[11] 성부 하나님께서 성자 하나님이신, 예수 그리스도를 세상에 파송한 것처럼, 성부 하나님과 성자 하나님이 성령을 보내신 것 같이, 예수께서 제자들을 파송한 것처럼 선교적 교회의 성도들은 모두가 하나님의 선교를 위해 하나님의 보내심을 받은 자들로 인식한다.

그러므로 PGI의 모든 구성원들과 단체는 세상에서 진행되고 있는 하나님의 선교에 동참해야 한다. 그들의 모든 삶은 하나님께서 그들의 생명을 구원하시기 위해 그의 아들을 보내시고 희생한 것처럼 하나님의 선교를 위한 것이다. 교회 안과 밖에서의 그들의 삶은 신실하고 동일해야 한다. 그들의 삶은 예수 그리스도의 고난에 참여하고 그리스도의 죽음과 부활 안에서 다른 사람들과 복음을 전하고 삶을 함께 나누어야 한다. 그들은 세상의 빛과 소금이요 그리고 산 위에 있는 동네(마 5:14)이기 때문이다.

PGI가 하나님의 선교에 참여하는 것은 모든 구성원들이 그리스도의 고난에 참여하고 복음을 나누는 삶을 사는 것이며 세상의 빛, 소금, 그리고 산 위에 있는 동네처럼 하나님의 선교를 위해 헌신하고 신실한 삶을 사는 것이다. 그러므로 PGI는 하나님의 선교에 참여하는 삶을 살도록 모든 구성원들에게는 물론이거니와 인도네시아 사회에도 영향력을 나타내는 선교적 에큐메니칼 단체로 갱신되어야 한다.

---

11 정승현, "선교적 교회론의 과거, 현재 그리고 미래," 58.

제4장

하나님 나라 선교

PGI는 하나님 나라를 위한 선교에 힘써야 한다. 이것은 존재 목적과 연관된 갱신의 내용이다. PGI는 하나님 나라를 섬기기 위해 존재한다. 선교적 공동체는 자체의 유지나 유익을 위해서 존재하지 않고 오직 하나님 나라를 위해 봉사하고 섬기기 위해 존재한다. 하나님의 선교는 교회의 본질이고 선교적 공동체는 하나님 나라에서 올바른 섬김을 실천하기 위해서 조직되고 조정된다.

하나님 나라를 섬긴다고 하는 것은 하나님의 통치를 인정하고 그의 나라에서 섬기고 봉사하는 일을 기쁨으로 감당한다는 의미이다. 바울은 "우리 중에 누구든지 자기를 위하여 사는 자가 없고 자기를 위하여 죽는 자도 없도다. 우리가 살아도 주를 위하여 살고 죽어도 주를 위하여 죽나니 그러므로 사나 죽으나 우리가 주의 것이로다."(롬 14:7-8)고 말하며 교회 내의 연약한 자를 비판하지 말 것을 촉구한다. 그런데 이것은 고난 가운데 복음을 전하는 초대 교회의 정체성을 밝혀주는 내용으로서 교회 공동체의 모든 이들이 하나님 나라에서 주를 위한 삶을 살고 죽는 존재라는 사실을 강조한 것이다.

PGI는 하나님의 선교를 위해 봉사하는 도구요 하나님 나라를 위해 봉사하는

6-4-1 현지 고등학생들을 위한 한국어 강의를 마치고 2014-02-21

조직이요 존재이다. 매일의 삶에서 하나님의 선교에 동참함으로써 하나님 나라를 위해 봉사해야 한다고 하는 것과 그 안에서 매일의 삶을 복음으로 살고 예수 그리스도의 선교를 위해 사는 것은 매우 중요한 일이다. 또한 전술한 바와 같이 홀의 지적은 매우 적절하고 타당하다. "선교적 교회는 단지 복음만을 선포하거나, '복음적인' 교회만을 의미하는 것이 아니라, 복음에 의해서 자신의 본질이 이해되고 조정되려고 노력하는 교회이다."[12]

PGI는 하나님 나라를 위한 선교, 하나님 나라를 섬기는 선교를 통하여 새롭게 거듭나는 선교를 해야 한다. 그렇게 할 때에 진정한 선교적 본질을 나타내고 수행하는 하나님 나라의 선교를 할 수 있다. 하나님 나라를 섬길 수 있는 방법은 하나님의 선교를 받아들이는 것이다. 하나님의 선교는 복음이며 복음은 하나님 나라의 기쁨이 충만한 소식이다.

12　Hall, The Cross in Our Context, 184.

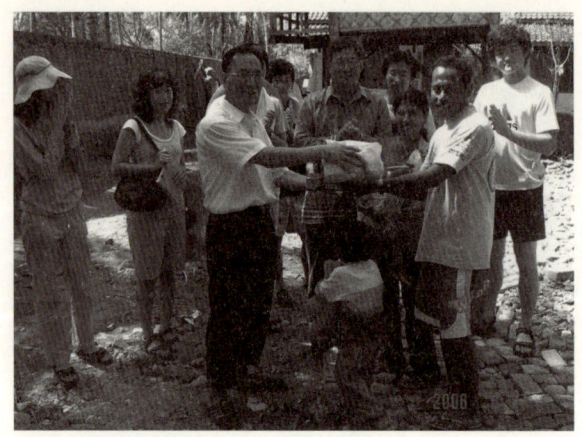

6-4-2 울산제일교회 선교 팀의 구호품 전달

　PGI도 선교가 단지 협의회의 조직 확장이나 유지를 위한 파송이나 활동으로 여기지 않고 선교적 갱신을 통하여 도리어 세상을 사랑하시고 구원하시는 하나님 나라를 위한 봉사자로, 섬기는 자로 참여하고 하나님의 복음을 매일의 삶 속에서 체험하고 나누는 하나님의 통치 안에서 주어진 사명을 감당해야 한다. 그러므로 PGI는 모든 교단과 인도네시아 사회가 하나님의 통치에 익숙하도록 하나님의 말씀을 전하고 성령의 인도하심을 예민하게 받아들이도록 하나님 나라를 위한 기도와 봉사에 힘써야 한다.

　인도네시아 교회 협의회의 회원 교단인 GKSI를 위한 선교적 교회론을 필자는 다음과 같이 제시해보고자 한다.

　GKSI는 주님의 지상명령을 수행하는 선교하는 교회가 되려는 노력은 있었지만 몇 가지 문제점들이 있었다. 첫째, 서구 기독교세계의 유산인 전통적 교회의 모습인 교회 중심적 선교를 수행해왔다. 둘째, 선교를 교회의 하나의 일로, 프로그램으로 생각하고 일부의 지도자들만이 파송하고 파송 받는 구조를 가지고 있었으며 그런 결과로 교회 구성원이 가져야 할 선교적 본질에 대한 인식이 부족하였다. 셋째, 농촌이나 정글 지역에 자신의 교단 교회를 개척하는 것이 선교라고 인식하였다. 넷째, 빤짜실라의 종교 정책에 따른 제도권 내에서 교회가 선교적 영향력을 발휘하는 것에 대해 적극적이지 못하였다. 다섯째, 선교가 하나님 나라를 위한 선교임을 인식하지 못하고 자신의 교단의 성장이나 조직의 발전을 기대하고 있었다. 여섯째, 선교를 위한 교육과 미래의 선교 지도자를 양육하는데 깊은 관심을 기울이지 못하고 근시안적인 시각으로 선교를 하고 있었다. 일곱째, 교단 내의 갈등과 분열의 모습이 나타났고 선교를 위한 연합과 일치가 부족하였다. 이러한 문제점을 가지고 있는 GKSI는 하나님의 선교의 신실한 도구가 되기 위해서는 먼저 갱신하여야 한다. 현재의 문제를 극복하고 선교적 교회로 전환될 수 있는 방안에 대해 논의해 보고자 한다.

제5장
선교적 연합

먼저 선교적 교회가 되기 위하여 연합과 일치의 정신을 가져야 한다. GKSI는 설립 초기부터 선교를 위해 연합하는 모습을 가졌다. 그러나 2014년 11월 중순부터 나타난 교단 분열과 갈등의 양상은 삼위일체 하나님의 선교의 도구로서 부족한 교회의 모습을 드러내고 있다. 교회를 위해 성자를 보내시고 십자가 고통과 고난을 통하여 하나님의 백성들을 구원하신 하나님의 선교의 마음을 본받아 연합과 하나됨을 이루어야 한다. 연합과 일치는 하나님의 선교를 회복하는 교회의 본질로서 선교적 교회가 갖추어야 할 중요한 모습이다.

요한복음 17장에 나오는 예수 그리스도의 기도문은 교회 공동체의 연합과 일치가 삼위 하나님의 뜻 안에 있는 교회의 본질이며, 예수 그리스도를 세상에 파송하신 하나님의 선교와 삼위 하나님의 선교의 본질인 사랑을 세상으로 알게 하려는 방편이 됨을 보여 주고 있다.

"아버지여, 아버지께서 내 안에, 내가 아버지 안에 있는 것 같이 그들도 다 하나가 되어 우리 안에 있게 하사 세상으로 아버지께서 나를 보내신 것을 믿게 하옵소서. 내게 주신 영광을 내가 그들에게 주었사오니 이는 우리가 하나된 것

같이 그들도 하나가 되게 하려 함이니이다. 곧 내가 그들 안에 있고 아버지께서 내 안에 계시어 그들로 온전함을 이루어 하나가 되게 하려 함은 아버지께서 나를 보내신 것과 또 나를 사랑하심 같이 그들도 사랑하신 것을 세상으로 알게 하려 함이로소이다."(요 17: 21-23)

하나님의 부르심과 보내심을 받은 선교 공동체의 연합과 일치는 하나님의 선교를 온전하게 실천하기 위한 하나님의 선교의 도구로서 갖추어야 할 중요한 태도이며 하나님의 선교적 사명을 받은 자들의 거룩한 덕목이자 선교적 교회의 모습이다.

구더는 선교적 연합과 하나됨을 강조하면서 "이러한 연계된 체계들은 오직 교회의 선교만을 위해 존재하고 그들의 특정한 기능들은 반드시 선교의 우선적인 형태인 특정한 공동체와 연관되어져야 한다."[13]고 강조하였다. GKSI의 모든 지도자들과 성도들은 삼위일체 하나님의 값비싼 은혜를 체험한 사람들로서 서로 간의 분쟁과 분열을 야기하는 모든 생각들을 버리고 하나님의 선교를 위한 도구로서 하나님의 선교에 참여하기 위해 내적으로 하나됨을 이루고 더 나아가서 더 큰 선교적 연합을 이루기 위해 노력해야 할 것이다.

---

13 Guder, 『선교적 교회』, 360.

제6장

평화와 공존

　GKSI는 삼위일체 하나님이 주신 평화를 전하고 타 종교인들과의 공존과 번영을 이루기 위해 노력하는 교회가 되어야 한다. 이것은 선교적 교회가 되려는 GKSI와 거기에 속한 성도들의 영적인 모습과 외적인 모습을 포함한다. 하나님의 선교의 도구로서의 선교적 교회는 세상을 향해 열려있는 하나님의 선교를 위한 봉사자요, 참여자이며 축복의 통로이다. 그러므로 하나님의 부르심을 받아 평화를 누리는 하나님의 교회는 세상에 살고 있는 수많은 사람들에게 평화를 전하고 그들과 더불어 사는 친구와 선한 이웃이 되어야 한다.

　하나님이 아브라함을 선택하시고 그를 축복하시며 모든 민족 위에 뛰어나게 하신 것은 열방을 구원하기 위한 하나님의 선교 전략이었고 하나님의 본성에서 나오는 진실한 마음이었다. 예수 그리스도가 성육신하여 이 땅에 와서 보여주신 것은 신분상 하나님의 아들이었으나 멍에를 멘 종의 모습이었고, 영광의 하나님이셨지만 고난과 죽음을 자처한 하나님이셨고, 강도만난 자의 이웃이 된 선한 사마리아인의 모습이었다. 자신을 죽이려고 애쓰는 많은 이들을 벌하지도 욕하지도 않고 그들을 위해 기도하는 예수 그리스도는 평화를 사랑하고 평화를 전한 하나님이자 참된 인간이었으며 하나님의 선교의 중심이요 핵심이다. 그가

6-6-1 인도네시아 국방어학원 학생 군인 방문자들을 위한 김치만드는 법 강의

보냄을 받으셨고, 오셨고, 전하시고, 행하시고, 이루셨다. 성육신하신 예수 그리스도는 선교적 교회가 따라야 할 모델이다.[14]

보쉬는 교회가 제국주의적 승리주의자가 아닌 십자가 정신으로 세상에서 변화와 갱신을 위하여 섬길 때 진정한 의미에서 선교적 교회가 될 수 있다고 보았다.[15] 뉴비긴은 교회가 자신을 위하여 존재하는 것도 아니고, 기독교 제국을 위하여 존재하는 것이 아니며 오직 하나님 나라를 위한 선교의 효과적인 도구가 되기 위해 존재하는 것이라고 하였다. 다시 말해서 뉴비긴은 예수 그리스도를 고백하게 하는 분은 성령이심을 역설하며 교회는 자신을 위해서가 아니라

---

14 Dirk G. Lange, "Communal Prayer and the Missional Church," Swedisch Missiological Themes 100/1, 2012, 18-21.
15 Bosch, Transforming Mission, 519.

전체 지역 사회의 복지를 위해 관심을 기울여야 한다고 논하였다.[16]

부활하신 주님이 제자들에게 주신 메시지는 평화(Shalom)였다. 하나님의 선교는 세상에서 진행되어지며 하나님 나라를 목적으로 한다. 때문에 하나님의 선교의 도구인 선교적 교회의 모습은 평화의 사도로서 지역 사회 모든 타종교인 들과도 더불어 평화와 공존의 모습을 견지해야 한다.

빤짜실라의 정신에 입각한 의무적 종교 선택은 다양성의 일치라는 국가 표어와 맥을 같이한다. 인도네시아인은 자신이 공인된 종교 가운데서 어떤 신앙을 가지고 있든지 인도네시아의 하나됨을 지향하도록 요구받는다. 인도네시아의 상황은 자신이 믿는 신앙을 충실히 따르도록 하는 환경을 조성하고 그것에 맞추도록 요구하고 있다. 그런 의미에서 국가는 갈등을 유발할 수 있는 종교적 신앙을 유포하는 행위인 선교를 금지해 놓고 있다. 그러나 자발적인 종교적 선택권은 인정하여 언제든지 자발적인 개종은 일어날 여지가 있다. 그런데 인도네시아의 종교적 환경에서 개종은 쉽게 일어날 수 있는 일은 아니며 전도라는 형식이든지, 아니면 자신의 종교를 타종교인들에게 소개하는 종교적 대화의 형식이든지 대화의 상대자와의 인격적인 관계가 전제되고 서로 간에 이해와 허락이 된 시간과 공간에서만 가능한 일이다.

구더는 복음의 중심으로서의 십자가를 강조한다. 예수 그리스도는 그의 선교를 완성하기 위해서 그의 친구들과 적들을 위해서 십자가에서 대속의 죽음을 당하셨으며 복음의 핵심은 하나님의 선교이고 하나님의 선교는 십자가에 달리

---

16 Newbign, A Word in Season, Grand Rapids, MI: Eerdmans, 1994, 42-47.

신 예수의 죽음이라고 강조한다.[17] "우리의 선포의 시작점은 예수이고, 예수가 십자가에 달렸다는 것이다."[18] 예수는 자신이 "인자가 섬김을 받으러 온 것이 아니라 섬기려 왔고 많은 사람의 대속물로 주려왔다(막 10:45)"고 할 때에 고난 받는 종으로서의 자신의 정체성을 가졌다는 것은 분명하다. 예수 그리스도는 창조물을 구원하시려는 하나님의 선교의 마지막 단계로서 십자가 형벌의 잔을 마셨다고 강조하고 있다. "그가 징계를 받으므로 우리는 평화를 누리고 그가 채찍에 맞으므로 우리는 나음을 받았도다(사 53:5)."

예수 그리스도로 인하여 평화를 받아 누리는 교회 공동체는 다른 인종, 문화, 계층, 피부, 종교, 지역, 그리고 사상일지라도 함께 공존할 수 있어야 한다. 평화와 공존은 하나님의 사랑의 메신저로서 선교적 교회 공동체와 지체들이 가져야 할 중요한 내적, 외적인 모습이며 하나님의 선교, 즉 복음을 받아들인 자들의 모습이다.

---

17 Guder, The Continuing Conversion of the Church, 41.
18 World Council of Churches, Missions and Evangelism: An Ecumenical Affirmation, Geneva, 1982, 7; Guder, The Continuing Conversion of the Church, 41에서 재인용.

제7장
성도 공동체

GKSI는 선교(宣敎)를 위한 성도 공동체(聖徒共同體)가 되어야 한다. 교회(敎會)는 하나님의 선교의 결과물(結果物)이자 하나님의 선교의 중요한 도구(道具)이다. 하나님은 세상을 구원(救援)하시려는 사랑의 마음을 예수 그리스도를 보내셔서 나타내셨다(요 3:16; 마 4:23-25). 예수 그리스도는 부활(復活)하신 후 하늘과 땅의 권세(權勢)를 가지신 분으로서 제자(弟子)들을 세상(世上)에 파송(派送)하셨다(마 28:16-20; 요 20:21).

성부(聖父) 하나님은 성자(聖子)를 세상에 보내시고, 성자는 성령(聖靈)을 보내시고, 성부와 성자와 성령의 하나님은 교회를 세상에 보내셨다. 선교를 위한 공동체는 세상을 위한 공동체이다. 교회는 더 이상 자신의 존재를 위한 기구나 조직이 아니다. 타자(他者)와 이웃을 위한, 지역 사회(地域社會)를 위한 하나님의 선교 즉, 복음(福音)이 되어야 한다. 교회가 있는 곳에 하나님 나라가 임하고 평화(平和)가 넘치고 하나님의 사랑과 복(福)이 전달되어야 한다. 교회의 선교는 결코 기독교세계(基督敎世界)의 시대로 회귀(回歸)를 위한 것도 아니요 기독교세계를 재건(再建)하기 위함도 아니다. 그것은 세상에서 예수

그리스도를 따르는 제자로서의 삶을 사는 것이다.[19]

하나님의 선교를 위해 선교 공동체가 부름을 받았고 보내심을 받았다(요 20:21). 인도네시아 교회가 하나님의 선교와 동떨어진 교회 중심적 교회로 지금까지 존립하였지만 참된 변화(變化)와 갱신(更新)을 할 수 있는 유일한 길은 생명(生命)의 근원(根源)인 하나님의 선교에 참여(參與)하여야 한다. 몰트만은 선교가 교회보다 선행(先行)되어야 하고 선교가 교회의 본질(本質)임을 주장하였다.

오늘날 교회의 신학적 이해는 기독교 공동체의 몰락 속에서 선교하는 교회로의 이 경향들을 받아들이지 않으면 안 된다. 여기에서 교회는 선교를 '갖고 있는 것'이 아니라 반대로 그리스도의 선교가 그 자체의 교회를 창조한다는 것을 우리는 배우지 않으면 안 된다. 교회로부터 선교가 이해되어야 하는 것이 아니고 선교로부터 교회가 이해되어야 한다.[20]

교회는 존재 자체를 위해서 있는 것이 아니라 하나님의 선교를 위해 존재하고 하나님의 선교는 계속해서 교회를 창조(創造)한다는 중요한 사실을 강조한 것이다. 교회는 존재(存在)의 이유(理由)와 본질(本質)인 하나님의 선교를 인식하고 회복할 때에 참된 변화의 모습을 가질 수 있고 하나님은 교회를 그의 선교적 도구로 사용하신다. 밴 겔더는 "교회는 하나님께서 성령의 인도를 받아

19　Newbigin, The Other Side of 1984 Questions for the Churches, Geneva: WCC, 1983, 37.
20　Jürgen Moltmann, 26.

이 세상에서 어떤 임무를 수행하도록 파송하였기 때문에 본질상 선교적이다"[21] 라고 논하였다.

하나님의 선교의 본질을 회복하는 교회는 선교적 교회로서 타자를 위한 존재가 된다. 구더는 "하나님의 선교는 역사적이기 때문에 좋은 소식이다"[22]라고 하였다. 하나님이 역사 가운데서 우리를 위하여 선하신 계획을 가지시고 계신다는 사실은 놀라운 복음이다. 성도의 공동체는 복음이 되는 하나님의 선교를 위해 존재하고 보내심에 충실해야 한다.

예수께서 성부 하나님의 보내심을 받고 이 세상에서 그분의 뜻대로 모든 사역을 이루신 것처럼 삼위일체 하나님이 교회를 부르시고 훈련하시며 보내신 것은 세상에 복음이 된다. 그러므로 교회는 삼위일체 하나님의 선교의 부르심과 보내심의 의미를 깨닫고 선교적 본질을 회복하여 하나님의 선교 공동체로서 명확한 정체성을 가진다면 타자를 위한 존재로 거듭나서 세상을 향한 하나님의 선교를 위한 존재로서의 사명을 감당할 수 있다.

결론적으로 오늘날의 서구 교회들이 삼위일체 하나님의 선교에 바탕을 둔 "선교적 교회"에 대한 충분한 인식 없이 단지 교회의 프로그램들 중의 하나로서 선교 활동을 추구하는 "선교를 가진 교회"에 머물러 있다. 서구 교회와 마찬가지로 인도네시아 교회 역시 기독교세계의 전통적 교회의 교회중심적인 선

---

21 Craig Van Gelder, The Essence of the Church, 최동규 역, 『교회의 본질』, 서울: CLC, 153.
22 Guder, The Continuing Conversion of the Church, 30.

교²³로서 개인 구원과 교회 개척에 중심을 둔 선교 사역을 수행하는 선교하는 교회였다. 하나님의 선교에 바탕을 둔 교회의 선교적 본질과 하나님의 선교에 대한 참여와 하나님 나라를 추구하는 선교적 교회의 모습을 회복하고 그리스도의 고난과 영광에 참여하는, 하나님 나라를 위해 봉사하고 섬기는 것을 요청하는 선교적 교회론의 주장은 시대적 요청이기도 하다.

인도네시아에 선교사로 있었던 크래머는 "교회는 선교이다"²⁴라고 주장했다. 그것은 인도네시아의 삶의 정황에서 살았던 선교사이면 누구나 그렇게 표현하고 그 말을 이해할 수 있다. 인도네시아에서는 개인 전도가 국법으로 금지되어 있다. 그리고 모두 다 자신의 종교를 선택해야만 한다. 그러나 다른 사람에게 자신의 신앙을 전도라는 형식을 빌려 강요할 수 없다. 그것은 사회적, 종교적 분위기를 해치고 서로간의 갈등을 유발하는 행위로 간주된다.

그렇다면 복음 전도는 인도네시아라는 나라에서 요원한 것인가? 그렇지 않다고 본다. 복음 전도는 여러 가지 방법으로 가능하지만 일반적으로 두 가지 방법을 사용한다. 첫째, 말과 언어로서 전할 수 있다. 둘째, 삶과 행동으로 전할 수 있다. 인도네시아에서 종교적 대화가 가능한 분위기에서는 자신의 신앙을 말로 표현하거나 복음을 전할 수 있는 기회도 가질 수 있다.²⁵ 그런데 그것

---

23 교회 중심적 패러다임은 독일의 선교학의 아버지인 바르넥(G. Warneck)에 의해 정립되어 20세기 중반 하나님의 선교 개념이 등장하기까지 서구 교회 선교를 이끌어 온 원리였다. 바르넥은 "기독교 선교는 비기독교 지역에 교회를 이식하고 조직하는 활동"으로 이해하였다. Sundermeier, "Theologie der Mission," 471.
24 Hendrik Kraemer, A Theology of the Laity, Philadelphia: The Westminster Press, 1958, 131.
25 필자는 인도네시아 선교 현장에서 여러 번 처음 만난 무슬림들과의 종교적 대화를 나눈 경험

은 매우 어려운 도전이다. 그래서 행동과 삶으로 복음을 전하는 방법을 택한다. 교회 있는 곳에 선교가 있는 것처럼 그리스도인이 있는 곳에 복음 전도가 있도록 해야 한다. 삶으로서 전도하는 전략이 가능한 곳이다. 친구를 만들어서 전도하면 위험 지수가 낮아진다. 복음 전도는 개인의 직접 전도의 말로만 하는 것이 아니라 매스컴이나 영화, 찬양, 그리고 다양한 방법을 통해서도 복음을 전하는 방법을 사용하기도 한다.

하나님의 선교와 선교적 교회론의 교훈은 인도네시아 상황에서 선교 지도자들이 쉽게 이해하고 받아들일 수 있는 것은 아니다. 그러나 그것은 매우 적절하며 인도네시아 교회가 필히 배워야 할 교훈이며 적용해야 할 하나님의 선교적 지혜이다. 하나님의 부르심으로 형성된 교회가 다양한 문화와 종교가 있는 선교적 상황에서 하나님의 보내심에 참여하고 순종(順從)하는 것은 쉬운 선택이 아닐 수 있다. 그러나 하나님의 선교를 받아들인 하나님의 사람들이 그의 복음에 의하여 살면 자신의 삶 주변에서부터 놀라운 변화를 경험하며 결과적으로 선교적 부흥을 경험하게 될 것이라고 본다.

하나님은 이스라엘 백성들에게 계속적인 훈육을 통해서 말씀을 지도하도록 하셨다. 기독교 선교는 교회 교육의 성패에 의해 그 미래가 결정된다. 즉 선교 교육이 있어야 한다는 것이다. 선교적 교회가 형성되는 과정 속에 본질적으로 교육, 가르침이라는 과정이 요구된다. 하나님의 선교에 의해서 형성된 교회의 구성원들은 계속적인 성령의 지도하에 성령 공동체로 육성되기 위해 말씀을 배

이 있다. 화자가 종교적 질문을 요구하는 경우에는 언제든지 자신의 신앙의 내용과 삶의 경험을 storytelling의 방식으로 나눌 수 있으며 이러한 친밀감이 형성된 상황에서는 종교적 대화 형식을 빌어 자연스럽게 현지인들과 전도의 접촉도 가능하다고 본다.

워야 한다. 하나님의 선교의 배움을 통해서 성장하고 성숙한 그리스도인으로서 복음 전도와 사회적 책임을 감당하는 선교적 교회의 성도로 양육 받을 수 있다.

크래머가 "교회는 선교이다"라고 강조했으나 필자는 "선교는 복음이며, 교회이며, 그리고 하나님 나라이다"라고 생각한다. 선교는 하나님의 선교로서 온 인류에게 복음이며, 교회는 역사의 도상에서 선교의 참여자이자 봉사자이며 도구이며, 선교는 하나님의 나라를 목적으로 하는 삶의 실천이요, 보내심이기 때문이다. 교회는 선교의 과정 속에 처음부터 마지막까지 교회의 선교적 본질을 깨우치고 가르치는 선교 교육이 필요함을 역설할 필요가 있다. 그것은 선교 공동체로 육성하기 위한 선교 교육이다. 선교를 위한 교육이기도 하고 삶을 위한 교육이기도 하며 하나님의 말씀을 통해서 자라나도록 하는 인격 교육이 될 수도 있다. 교회의 선교 교육의 최종 목적은 하나님 나라를 섬기는 선교 공동체 육성이다.

오늘날 인도네시아 교회와 한국 교회는 자라나는 세대를 제대로 양육하는 선교 교육의 보완이 시급한 실정이며 선교지에서도 선교 교육은 항상 필요하다. 문화적으로 학습된 인간이 공동체에서 올바로 살아갈 수 있다. 선교적 교회를 형성하는 과정 속에 선교사와 목회자, 그리고 평신도는 선교 교육의 중요성을 일깨우고 매일의 삶 속에서 훈련과 교육이라는 과정 속에 하나님의 성령의 가르치심에 자신을 맡겨야 할 것이다. 디트리히의 주장대로 선교적 교회를 성령 공동체로 육성시키는 일은 매우 필요하며 또한 없어서는 안 될 중요한 하나님의 선교이다.

교회 존재 자체가 선교인 인도네시아 상황에서는 선교적으로 많은 제약이 따른다. 지역 교회가 세워지고 기독교인이 있는 곳에 하나님의 선교적 개입이 있다. 하나님은 그들을 사용하시기를 원하신다. 사회적 분위기는 사람의 삶의 형태에 따라 달라진다. 선교적 교회의 일원은 하나님의 선교에 참여하며 선교적 도구로서 그 역할을 다해야 한다. 그것은 그리스도인 각자가 살고 있는 공동체 혹은 지역 사회에서 선교적 책임을 완수하는 데에 있다.

그리스도인은 구원의 개인주의자가 아닌 다른 이들과 삶을 나누고 타자를 섬기고 봉사하는 가운데서 하나님의 선교를 더욱 공고히 하는 선교적 도구로서의 역할을 하며 인격적 만남을 하여야 한다. 하나님은 우리에게 복음 전도와 사회적 책임이라는 두 임무를 주시고 축복하셨다. '내가 세상 끝 날까지 항상 함께 하리라' 하신 것을 우리는 기억해야 한다.

인도네시아는 복음 전도를 마음껏 할 수 없는 법적 제약이 있다. 그러나 하나님은 인간이 사는 세상을 창조하셨고 모든 만물이 평강 가운데서 사랑과 은혜의 하나님을 찬양하고 영광을 돌리시기를 원하신다. 예수 그리스도를 통해 주어진 복음은 모든 사람들은 물론이거니와 인도네시아 백성들에게도 필요하고 전해져야 한다. 그것은 선교적 본질을 회복한 선교적 교회가 감당해야 할 몫이다. 세상에 있는 모든 사람, 어린이도, 노약자도, 고아와 과부도, 심지어는 부자와 강도만난 자에게도 필요하며 전해져야 한다. 인도네시아 전통적 교회들이 변화되어 하나님의 선교에 의한 선교적 교회들은 이 일을 함께 해 나갈 수 있고 해 나가야 한다.

선교는 하나님의 주권적 사역으로서 그가 원하는 자를 부르시고 보내서 그의 뜻을 성취하셨다. 하나님은 종말의 역사 속에서 하나님의 교회의 구성원인 성도들에게 선교에 참여할 기회를 주시고 도구로 사용하시기를 원하신다. 주님께서는 우리의 한계를 아신다. 그러므로 선교적 교회의 성도들은 함께 우리의 가진 달란트에 따라 통전적 선교를 수행해 나가야 할 것이다.

누구든지 도움이 필요한 사람들을 찾아 그들을 초청하고 먹이고 돌보아주는 것이 필요하다. 종교적 색체를 드러내는 것은 현명하지 못하다. 그리스도 안에서 형제자매들을 돌보고 양육하는 선교적 참여가 있어야 한다. 분명한 것은 하나님의 교회의 구성원들이 선교적 본질을 회복하는 즉 정체성을 바르게 찾고 인식하는 말씀의 훈련과 예배, 기도의 시간들이 요청된다. 공동체 내의 선교 교육은 예배와 교육의 과정을 통해서 할 수 있을 것이다. 이러한 선교는 전략의 차원에서 보다도 선교적 교회 형성을 위한 교육적 차원에서 이루어져야 할 것이다. 그래서 인도네시아 그리스도인들이 선교적 본질을 인식하고 그들의 일상생활에서 하나님 나라를 섬기는 참여자, 봉사자가 되어야 할 것이다.

* 삶과 선교 여정에서 발견한 한 줄 멘토링 6

하나님은 역사 가운데서 선교를 주도하셨고 인도네시아에서도 하나님의 선교는 계속되고 있다. 복음을 전하는 선교적 교회가 하나님의 나라를 위해 인도네시아인들을 위해 봉사할 때에 하나님의 놀라운 역사들이 일어날 것이다.

제7부

미래를 향하는 존재

제1장
부르심을 입은 존재

　하나님의 은총 가운데서 이 땅의 수많은 사람들 가운데서 부르심을 입은 존재들이 있다. 믿음을 선물로 받아 선교적 부르심을 입은 그리스도인들이다. 그들은 선교적 교회의 구성원(構成員)이다. 선교적 삶을 사는 믿음의 사람들은 주님의 몸, 선교적 교회이다. 선교적 교회는 세상의 빛, 세상의 소금으로서 산 위에 있는 등대(燈臺)와 같이 믿음의 길을 세상의 사람들에게 나타내며 안내(案內)하는 믿음의 사람들의 모임이다. 그들은 하나님께 영광을 돌리며 세상을 구원의 길, 진리, 생명 되신 예수 그리스도께로 인도한다. "나는 참 포도나무요 너희는 가지니 너희가 내 안에 있으면 저절로 과실을 맺나니"라는 주님의 말씀대로 이루어진다.

　부르심을 입은 존재들은 하나님의 부르심을 듣고 믿음으로 응답하는 사람들이다. 그들은 부르심을 입어 하나님의 말씀 가운데서 훈련(訓練)과 순종의 삶을 살며 하나님의 다스리심을 받는 사람들이다. 하나님의 성령으로 사랑과 희락과 화평과 안내와 자비와 양선과 충성과 온유와 절제와 같은 열매를 맺고 진리이신 예수 그리스도의 말씀으로 그리스도의 군사로서 훈련을 받는다. 때가 되어 하나님은 그들을 세상으로 보내시며 말씀의 사역자로, 전도자로, 지도자

7-1-1 전도 훈련을 위해 방문한 박한기 목사님 부부

로, 신실한 선교적 그리스도인으로 삶을 영위하게 하신다.

선교는 하나님의 일로서 그가 시작하시고 마지막까지 완성(完成)하신다. 천지의 창조에서부터 일하셨고 하나님의 형상으로 인간을 창조하시며 그들에게 선교적 사명을 주셔서 일하게 하셨을 뿐만 아니라 그가 친히 일하시고 구원하신다. 세상의 나라 백성들의 삶에 친히 개입하시고 그들을 다스리신다.

하나님은 이스라엘 백성들이 애굽의 압제(壓制)에서 고통(苦痛) 가운데 애통하며 부르짖을 때에 그들의 고통을 친히 보시고 아시고 간구를 들으셨다. 그들을 하나님의 권능으로 애굽에서 나오게 하시고 약속의 땅으로 인도하실 때에 낮에는 구름 기둥, 밤에는 불 기둥으로 인도하셨다. 그들이 광야(廣野) 사막 길에서 목 말라 힘들어 할 때에 모세에게 명하여 반석을 쳐서 물이 나오게 하셨다. 그들은 그 물을 마시고 목마름을 해결할 수 있었다.

하나님은 그들이 먹을 것이 없어 힘들어 할 때 만나와 메추라기를 보내 그들의 허기를 채워 그들이 나갈 길을 전진하도록 하셨다. 이스라엘의 대적자들이 침범할 때에 하나님은 그들을 앞서 그 대적들을 물리치셨다. 하나님은 부르심을 입어 하나님의 은총 가운데 있는 모든 사람들을 하나님의 권능의 팔로서 구원하시고 보호하셨다. 그는 행동하시며 선교하시는 하나님이다.

믿음의 사역자들은 부르심을 입어 순종하는 삶을 살며 하나님의 인도하심에 따라 살았다. '멈추라'하면 멈추고, '가라'하시면 길을 전진하였다. 부르심을 입은 존재들은 자신의 의지와 계획대로 사는 존재가 아니다. 오직 부르심을 입은 존재로서 자신을 부르신 하나님의 의지와 뜻에 순종하며 사는 사람들이다. 부르심을 입은 존재들이 하나님의 은총 가운데 평강의 길을 가며 믿음의 길을 가기 위해서는 하나님의 음성에 민감한 삶을 사는 것은 절대적으로 필요한 일이었다.

오늘날 많은 교회들의 구성원들이 하나님의 선교하심을 인식하지 못하고 선교를 자신의 일로 여기고 자신들의 계획과 필요에 의하여 선교사를 파송하고 후원하는 모든 일들을 마음대로 제단하려는 경향이 있다. 그들이 선교적 교회로서 하나님의 주권적 사역에 선교의 도구로 살지 않고 선교의 주동자가 되려고 한다. 하나님의 역사하심을 인식하지 못하고 자신의 역사들을 만들려 하고 있다. 부르심을 입은 존재는 부르신 하나님의 뜻에 따라 하나님의 선교에 동참하여 하나님의 나라를 위한 삶을 살아야 한다. 오직 그럴 때에야 만이 선교적 본질을 가진 존재로서 의미있는 삶을 사는 것이다.

제2장

하나님의 도우심

하나님은 복음의 결실을 맺게 하여 주신다. 복음의 결실은 인간의 노력과 교회의 선교적 결과가 아니라 하나님의 선교와 도우심에 의해 이루어진다. "하나님이 세상을 이처럼 사랑하사 독생자를 주셨으니 이는 저를 믿는 자마다 멸망치 않고 영생을 얻게 하려 하심이니라"(요 3:16).

하나님은 천지만물을 창조하시고 인간 창조를 통하여 인간을 세워 세상에 대한 지배권을 주셨다. 그러나 인간의 타락으로 말미암아 하나님의 구원의 은총이 필요하였다. 세상을 구원하시려는 하나님의 사랑으로 말미암아 독생자 예수 그리스도를 이 땅에 보내셨다. 이것은 복음이며 하나님의 선교의 열매이다.

선교하시는 하나님으로 말미암아 복음을 주셨고 그 복음의 결실 또한 하나님이 이루어 주셨고 계속된 선교의 역사 속에서 이루어짐을 볼 수 있다. 누구든지 하나님의 아들 예수 그리스도를 믿음으로 영접하는 자는 하나님의 자녀가 되어 멸망치 않고 영생의 삶을 살게 된다. 아들을 보내신 하나님의 보내심의 선교에서 하나님은 그의 아들 예수 그리스도를 통해 열매를 맺게 되었는데 그것은 세상에 놀라운 복이 되었다. 하나님을 모시고 사는 백성이 되었고 하나님

7-2-1 유치원 건축을 위해 현장에서 기도 20170101

의 나라에서 그의 통치를 받아 사는 영생의 삶을 얻게 하여 주셨다.

하나님의 선교는 세상에 복음이 된다. 멈추지 않고 계속되는 하나님의 선교로 말미암아 세상에 있는 우리들에게는 복음이 되고 하나님은 복음을 통해 아름다움 결실들을 맺게 하신다. 인도네시아 서부 칼리만탄 지역 므라문의 한 정글 마을에서 하나님은 놀라운 일을 일으키셨다. 필자가 여러 번 방문하며 복음을 전했던 마을에서 하나님은 복음 전도의 결실을 맺게 해 주셨다. 자카르타에서 멀리 떨어진 서부 칼리만탄의 정글 속 마을을 비행기와 차를 타고 가야 했으며 길이 좁은 곳에서는 발로 걸어가야만 했다. 3시간 반을 걸어야만 했었는데 하나님은 그 마을을 축복해 주시고 복음을 통하여 하나님의 백성들로 인도하시며 하나님께 예배드리는 말씀을 배우는 처소로서 예배당을 세우게 하셨다. 유치원도 허락해 주셔서 돕는 손길들을 주시고 유치원 교육을 하게 하셨다. 이러한 모든 것은 하나님의 선교적 부르심과 보내심에 의해 이루어진 하나님의

7-2-2 타파대신교회 유치원 건립 20171014

은총의 역사이다.

하나님은 1995년 므라문교회의 예배당을 헌당할 때에 51명의 결신자들이 세례를 받고 하나님께 예배하는 선교의 열매를 맺게 하여주셨다. 처음 므라문을 들어갈 때에는 상당한 위험과 사탄의 역사도 있었다. 나무 가지가 떨어지면서 필자를 공격하거나 밤에 추장의 집에서 잠을 잘 때에도 비록 꿈이지만 이상한 할머니가 나타나서 목을 졸라 죽이려는 시도를 세 번이나 했으니 힘이 들었다. 그러나 성령께서는 필자를 보호해 주셨고 복음의 말씀을 전하면서 그 마을에는 하나님의 말씀을 믿고 믿음으로 부르는 아름다운 찬양이 널리 울려 퍼지게 되었다. 하나님은 선교의 열매를 맺게 해 주신 것이다.

요한복음 3장 16절과 로마서 5장 8절의 말씀을 읽고 복음을 전했다. 눈망울이 초롱초롱한 아이들과 막 정글 숲이나 농지에서 피곤한 몸을 이끌고 돌아온 성인 남녀를 보면서 필자는 예수 그리스도의 선교하심과 그의 죽으심과 부활, 영생의 복음을 전하였다. 그들은 하나님의 은총 속에 있는 하나님의 백성들이었고 이미 주님은 그들에게 함께하시고 성령의 역사를 나타내 보여주셨다.

마음으로 믿어 의에 이르고 입으로 시인하여 구원에 이르는 하나님의 선교와 구원의 역사를 나타내셨다. 마을은 복음의 물결로 뒤덮이고 대부분의 마을 사람들이 복음의 결실로 나타나게 된 것이다. 므라문의 은총이었다. 머나먼 길, 험난한 길을 걸어가노라면 지치고 피곤하기도 하였다. 목마름의 순간들이 시시때때로 다가왔다.

그러나 성령께서 선교적 교회를 세우시고 하나님의 선교의 도구로 계속하여 사용하시고 있다. 하나님은 그의 선교를 역사 가운데서 계속적으로 이루어 오셨고 미래에도 이루어 가신다.

빨로안에서도 하나님은 놀라운 역사를 이루어주셨다. 결신자들이 생겨 교회가 성장하고 부흥하는 열매가 나타났다. 자립하는 교회로서 주변 지역에 선교적 교회로서의 사명을 다하고 있다. 150여 명의 성도들이 예배와 말씀을 통하여 훈련을 받고 있다. 유치원이 세워지고 유치원을 통하여 어린이들이 말씀을 배우고 찬양을 드리고 있다. 하나님은 칼리만탄에 개척한 교회들이 여러 가지 어려운 현장의 환경에서도 아름다운 열매를 맺도록 인도하여 주신다.

자카르타에서도 하나님은 선교의 열매를 맺게 해주셨다. 따만 미니 이사알마

7-2-3 타파대신 유치원 어린이들

시 교회를 세우게 하셨다. 핍박 가운데서도 교회 개척은 계속되게 하셨다. 예배당과 목회자 처소도 세워 도시 속에 있는 작은 마을에서 예배를 드리는 장소가 있게 하셨다. 가까운 곳에 큰 회교 사원이 있는 지역이지만 작은 교회가 세워질 수 있는 것은 하나님의 은총이라 고백한다. 어느 성도의 고백이 우리에게 신실한 믿음의 음성처럼 들려온다. '다윗이 골리앗을 물리친 것처럼 하나님은 우리에게 승리를 안겨주실 것이다.' 빤짜실라(Pancasila)[1]의 정신에 의해 국가가 운영되고 있는 인도네시아에서 각 종교들이 갈등의 모습이 아니라 자유로운 신앙의 삶을 통하여 인도네시아가 한층 더 발전되고 살기 좋은 믿음의 나라가 되기를 바란다.

---

1 http://www.namhae.go.kr
   https://ko.m.wikipedia.org

제3장
선교의 미래

선교는 하나님이 하시는 사역이다. 창조 사역 가운데서 만물(萬物)을 지으신 분이 삼위일체 하나님이시다. 창조주 하나님은 선교를 주관하시는 분이시며 선교의 미래도 하나님의 능력과 의지에 달려 있다. 하나님은 예수 그리스도를 보내셨고 성령을 보내시고 마지막 때에 교회를 하나님의 선교에 참여할 수 있도록 하셨다. "아버지께서 나를 보내신 것 같이 나도 너희를 보내노라"(요 20:21)고 주님은 말씀하셨다.

인도네시아 교회는 이슬람만큼 사회적 영향력(影響力)을 끼치고 있지 못했다. 그것은 개신교도가 무슬림들에 비해 소수이기도 하지만 역사 가운데 이슬람교는 각 사람들의 마음에 민족적인 종교로 자연스럽게 관계에 의해 토착화했고 평등한 종교로 인식되어 왔기 때문이다. 기독교 교회는 성직자(聖職者)와 평신도(平信徒)의 구분이 뚜렷했고 역사 가운데서 지배 세력의 종교로서 민족들의 마음을 사로잡지 못하였기 때문이었다.

인도네시아 교회가 역사적으로 선교 400년이 넘었지만 아직 온전한 하나님의 선교를 감당하지 못할 만큼 영적 영향력이 부족하였다. 그런 이유는 역사적으로 교회가 전통적 교회의 모습을 고수하여 선교와 교회가 분리된 교회 중심적 선교를 고수하였기 때문이었다. 또한 하나님의 선교와 교회의 선교적 본질을 인식하지 못하였기 때문이었다.

교회가 선교적 본질을 회복하지 못하고 도리어 기독교세계를 갈망하며 하나님 나라를 위한 선교적 목적은 등한시 한 채 인정받은 종교의 한 멤버로서 증인(證人)의 삶은 살지 못하고 자신의 삶을 안주하는 삶의 모습을 가지고 있었다. 선교를 삼위일체 하나님의 선교로서 이해하지 못하고 교회의 선교로 이해(理解)했다. 선교를 교회의 한 기능과 부서의 일로 생각한 것이다.

복음과 구원 그리고 선교에 대한 축소주의도 인도네시아에 나타났다. 빤짜실라에 의해 국가가 종교를 관리하는 제도적 상황하에서 교회는 제도 속에 복음을 축소하고 개인의 구원만을 추구하는 신앙생활을 하여왔다. 성도들이 더 이상 하나님의 부름을 받은 자가 아닌 사람처럼 행동하고 하나님의 복음을 단지 기독교 내부로만 축소하고 세상을 위한 하나님의 복음이 되는 것을 외면한 것이다.

미래의 인도네시아 교회나 한국 교회는 하나님의 선교를 온전히 감당하기 위해서 전통적 교회에서 나타나는 교회 중심적 선교에서 하나님의 선교에 의한 선교적 교회로 거듭나고 갱신되어야 한다. 모여서 예배하고 말씀을 믿음으로 받고 기도하는 공동체로서 세상에서도 선교적 삶을 사는 선교적 교회는 하나님의 인도하심에 따라 부르심에 응답하고 보내심에 순종하는 교회이다.

하나님의 선교 공동체는 선교가 삼위일체 하나님의 선교임을 믿고 선교적 본질을 회복(回復)하는 선교적 교회로서의 모습을 가져야 한다. 몰트만은 "교회는 선교를 '갖고 있는 것'이 아니라 반대로 그리스도의 선교가 그 자체의 교회를 창조한다는 것을 우리는 배우지 않으면 안 된다. 교회로부터 선교가 이해되어야 하는 것이 아니고 선교로부터 교회가 이해되어야 한다."고 강조하였다.

선퀴스트는 선교를 "삼위일체 하나님께서 하시는 일에 교회가 참여하는 일임"을 주장하였다. 선교의 주체는 삼위일체 하나님이시고 교회는 하나님의 선교의 도구로서 참여한다. 구더는 "예수 그리스도의 교회는 복음의 목적이나 목표라기보다는 오히려 복음의 도구이며 증거"라고 교회의 위치를 명확히 설정하였다.

미래(未來)의 선교는 모든 교인들이 자신들이 보내는 자가 아니라 보냄을 받은 자로서 인식(認識)하여야 한다. 그래서 모든 교인들은 하나님의 선교에 참여하는 자로서 함께해야 한다. 하나님께서 세상에서 행하시는 그의 선교에 참여해야 한다. 그들은 교회 안이나 밖에서의 모든 삶에서 신실하고 동일해야 한다. 하나님의 나라를 위한 선교를 감당해야 한다. 하나님 나라를 섬기는 선교를 통하여 새롭게 거듭나는 선교를 해야 한다. 하나님께서 아들과 성령을 보내셔서 선교하신다는 사실은 우리에게 복음이다. 선교의 미래는 하나님의 선수적인 구원 행동에 의해 결정되며 우리에게 복음으로 나타난다.

제4장
이루시는 하나님

성경은 하나님이 천지 창조와 구원 사역을 통하여 그의 뜻을 이루셨다는 사실을 나타내 보여주고 있다. 하나님의 뜻은 선교이다. 역사 가운데서 하나님은 끊임없이 선교하셨고 그의 아들 예수 그리스도를 보내셨고, 성령을 보내셔서 선교하셨다. 하나님의 뜻에 의해 보내신 예수 그리스도는 교회를 보내서 선교하도록 명하셨다(요 20:21). 하나님의 선교에 의하여 본질적으로 교회는 주의 보내심을 받은 것이다.

하나님은 천지만물을 창조하신 후 인간 창조를 통하여 그의 뜻을 이루셨다. 인간을 '하나님의 형상'으로 창조하시고 인간으로 하여금 만물의 동식물들을 다스리고 관리하도록 세상에 대한 지배권을 주신 것이다. 그것은 하나님의 뜻이었다. 뿐만 아니라 인간의 타락은 하나님의 구원하심과 사랑을 나타내는 중대한 사건의 발로였다. 하나님의 창조 사역과 함께 구원 사역은 하나님의 뜻을 이루시는 중요한 사역이었다.

하나님은 아브라함을 열방의 지도자와 믿음의 조상으로 세우시고 그를 복의 근원으로 축복하시며 그의 뜻을 나타내 주신다. 그의 아들과 자손들을 통하여서도 하나님은 계속하여 나타내 보여주시고 아브라함과 이삭과 야곱의 하나님으로 자신을 증거하시고 그의 뜻을 보여주시고 약속하여 주셨다. 하나님은 그의 뜻을 족장 시대를 거쳐 출애굽과 광야 시대에도, 정복 시대와 사사 시대에도 통일왕국 시대와 분열왕국 시대에도, 포로 시대와 포로귀환 시대에도 나타내 보여주시며 그의 뜻을 이루신다.

하나님은 예수그리스도를 보내서서 그의 뜻을 보여 나타내 보여주시고 구원의 사역을 이루도록 하셨다. 오순절 마가 다락방에 나타난 성령의 역사는 교회에 나타낸 하나님의 능력의 사역이었다. 그리스도의 제자들을 통하여 하나님은 그의 뜻을 이루셨고 바울을 불러 그를 이방인을 위한 전도자로 세우시고 역사하시며 그를 도우시며 그의 뜻을 이루어 주셨다. 하나님은 초대 교회부터 종교개혁을 거쳐 지금까지 선교 역사에서 그의 뜻을 이루시고 놀라운 역사를 나타내 보여주셨다.

선교적 교회는 하나님의 선교를 위한 도구로서 하나님의 뜻을 이 세상에 나타내는 믿음의 공동체여야 한다. 하나님의 나라를 섬기는 사람들이며 빛과 소금의 역할을 감당하며 산 위에 있는 동네로서 모든 사람들에 대한 하나님의 뜻을 나타내 보여주는 사랑의 편지여야 한다. 성경은 "우리가 아직 죄인 되었을 때에 그리스도께서 우리를 위하여 죽으심으로 하나님께서 우리에게 대한 자기의 사랑을 확증하셨느니라."(롬 5:8)고 증언한다. 우리를 위하여 죽으신 그리스도는 하나님의 사랑의 발로이며 우리를 구원하기 위한 하나님의 뜻이었다.

히브리서 기자는 그리스도께서 장래를 위한 우리의 좋은 대제사장으로 오셨고 "염소와 송아지의 피로 아니하고 오직 자기 피로 영원한 속죄를 이루사 단번에 성소에 들어가셨느니라."(히 9:12)고 증언한다. 하나님은 부르시고 보내심의 선교에서 계속해서 역사 가운데서 선교하셨고 그의 선교는 그의 뜻을 이루는 총제적 사역이었다.

하나님은 그의 선교를 통하여 백성들이 하나님의 자녀로 회복되고 생명을 얻고 영원한 평강에 머무르기를 원하신다. 죄악 가운데 머물러 불안과 갈등의 삶이 아니라 하나님 안에서 의와 평강과 희락을 누리기를 원하신다. 하나님의 선교에 동참하는 사람들은 하나님의 나라에 사는 사람들이며 그의 사랑과 공의의 통치를 받고 행복된 삶을 살며 감사로 충만한 삶을 사는 거룩한 성도들이며 자녀들이다.

제5장

순종과 사랑

하나님의 뜻에 따라 보냄을 받은 우리의 선교적 삶은 순종을 통하여 아름다운 결실을 맺는다. 하나님의 선교는 그의 사랑과 긍휼에 기초한다. 하나님은 우리를 부르시고 자신을 나타내 보여주시며 말씀하셨으며 자신의 아들을 우리를 위하여 주셨다. 그의 아들의 십자가를 보면서 우리가 하나님의 사랑을 깨닫게 하시고 성령을 통하여 하나님의 사랑을 우리의 마음속에 받아들인다. "영접하는 자 곧 그 이름을 믿는 자에게는 하나님의 자녀가 되게 하셨으니(요1:12)"라고 요한은 증언한다. 예수 그리스도에게서 나타난 하나님의 사랑은 우리를 하나님의 자녀로 부르시고 택하시며 선교하심의 은총 가운데 머물게 한다.

선교하시는 하나님은 그의 아들 예수 그리스도를 보내시고 그를 세상을 위하여 버리시고 주시는 것으로 나타난다. 순종하는 하나님의 아들 예수 그리스도를 우리는 볼 수 있다. "내 뜻대로 하지 마옵시고 아버지의 뜻대로 하옵소서."라는 고백 속에 하나님 아버지에 대한 지극한 순종의 모습을 볼 수 있다. 믿음의 사람들은 하나님의 부르심과 보내심의 선교에 대한 순종의 모습을 나타내 보여 주었다.

7-5-1 선교 35주년 기념 예배에 참석하신 서정운, 김윤석 목사님 부부 (2006)   7-5-2 KWMF 선교사 지도력 개발회의에 참석한 윤순재 목사님 부부

믿음으로 노아는 하나님의 경고하심을 받아 경외함으로 방주를 예비하여 그의 가족을 구원하였다. 믿음으로 아브라함은 부르심을 받았을 때에 순종하여 장래 기업으로 받을 땅에 나갈 때에 갈 바를 알지 못하고 나갔다. 성경에 기록된 믿음의 사람들은 모두 하나님의 말씀을 믿음으로 순종하였고 아름다운 구원의 역사에 중요한 인물로 기록되었고 증언자로 나타난다.

선교에 있어서 하나님의 부르심에 대한 순종은 하나님의 사랑으로 인한 성령의 역사임에 틀림이 없다. 성령의 역사로 말미암아 나타난 하나님의 선교는 아름다운 결실로 우리의 삶에 나타나 자신이 구원받기도 하고 다른 이를 구원하는 하나님의 선교의 도구로서 역할을 감당한다. 자신을 위하여 살지 아니하고 오직 하나님 아버지의 뜻을 이루기 위하여 사신 주를 바라보며 최상의 순종과 사랑의 결실을 볼 수 있다. 십자가 형벌은 고통과 치욕의 상징이며 저주받은 자의 모습을 극명하게 보여주는 것이다. 그의 찔림과 그의 상함은 우리의 허물과 죄악을 인함이다. 그가 곤욕을 당하여 괴로울 때에도 그 입을 열지 아니하였다. 그리스도께서 십자가를 지심은 하나님에 대한 순종이며 하나님의 사랑을 우리에게 보여주는 위대한 선교의 핵심이었다.

7-5-3 선교사 대회에 강사로 참석한 이영훈 목사님   7-5-4 김용남 목사님 부부와 함께

역사 가운데서 선교사로 부름을 받은 하나님의 사람들은 자신을 희생하고 모든 고난을 무릅쓰고 하나님이 자신을 부르심에 순종한 사람들이었다. 갈 바를 알지 못하지만 순간순간 인도하시는 하나님의 뜻에 따라 자신을 내어 맡기며 여러 위험과 고난과 핍박의 순간에도 하나님의 주시는 사명을 포기하지 않았다. 그러한 결과로 하나님은 그들을 통하여 아름다운 열매를 맺게 하시며 선교의 놀라운 역사를 기록하도록 하셨다.

하나님의 말씀에 대한 순종과 사랑을 소유한 선교적 그리스도인은 주님의 말씀을 삶의 최우선 과제로 삼는다. "새 계명을 너희에게 주노니 서로 사랑하라. 내가 너희를 사랑한 것 같이 너희도 서로 사랑하라. 너희가 서로 사랑하면 이로써 모든 사람이 너희가 내 제자인줄 알리라."(요 13:34-35) 사랑은 모든 사람을 주께로 인도하는 가장 좋은 길이요 그리스도인에게 주신 삶의 능력이 된다. 자신을 변화시키고 다른 이를 변화에로 인도하는 좋은 선교의 동력은 그리스도 안에서 서로 용납하고 믿음을 공유하는 친구를 맺는 사랑이다.

제6장 ─────────────

기도와 선교

    선교적 교회의 일원인 우리는 믿음으로 기도하며 선교적 부르심에 응답하는 삶을 살아야 한다. 그것은 말씀으로 순종하며 사는 선교적 삶이다. 그 가운데서 우리의 영적 아버지 되시는 하나님과의 대화가 중요하다. 기도는 하나님께로 나아가는 우리의 믿음의 표현이며 날마다 응답하는 선교적 그리스도인의 삶의 모습이다.

    믿음의 사람들이 나아갈 삶의 태도는 하나님의 나라를 위한 선교적 부르심에 응답하는 것이다. 하나님의 보내심에 순종하는 것이다. 그것은 자신의 생명 되는 삶을 주님을 위해 드리는 것이다. 주께서 제자들을 사랑하시되 끝까지 사랑하신 것처럼 선교적 그리스도인은 자신을 주님께 드리기를 기뻐한다. 주님은 아버지 하나님의 뜻에 따라 자신을 드리기를 주저하지 않으셨다. 목숨을 바쳐 하나님께 기도하는 삶을 살면서 마지막 순간까지 하나님의 뜻을 순종하셨다. 인류의 구원을 위해 자신을 드리는 어린 양이 되신 것이다.

    선교적 응답은 믿음의 사람들이 모인 선교적 교회의 일원인 선교적 그리스도인들의 삶의 모습이다. 부르심에 응답하고 보내심에 순종한다. 심지어 가야할

바를 알지 못하지만 선교적 응답을 하며 떠난다. 아브라함은 하나님이 가는 길을 인도하여 주심을 믿었기에 자신의 삶의 현장을 떠나 주 하나님께서 인도하는 곳으로 가는 것을 주저하지 않았다.

필자는 1992년 12월 싱가포르를 향하여 떠나고 다시 인도네시아로 떠날 때에 믿음으로 기도하였다. "내가 세상 끝날까지 너와 함께 있으리라" 말씀하신 주님의 신실한 말씀을 믿고 나아갔다. 하나님의 선교적 부르심과 보내심에 응답하는 것은 그리스도인이 가질 수 있는 최상의 행복이다. 세상에 우리 자신을 존재하도록 하시고 은총 가운데 있게 하신 하나님의 부르심은 세상의 어떤 권력자들의 부름과 보냄과는 비교할 수 없는 것이다.

기도하는 가운데 하나님의 선교적 부르심에 대한 응답과 선교를 위한 보내심에 순종하여 나아갔을 때에 하나님은 신실하셔서 모든 어려움과 환난 가운데서 필자를 지켜주시고 보호하셨다. 곰의 발톱에서, 여행의 위험 가운데서, 핍박자의 위협에서, 바다와 육지에서 당할 수 있는 모든 위험 가운데서 신실하게 지켜주시고 인도해 주셨다. 선교 초기에는 걸어서 가야했던 길들을 하나님은 도로가 생기게 하시고 차로 현장까지 들어가도록 인도하셨다. 그러한 길들이 만들어지도록 필자는 기도했고 하나님은 응답하여 주셨다. 믿음의 기도와 선교적 응답에 하나님은 면밀히 우리의 기도를 들으시고 행동하시고 친히 역사해 주셨음을 고백하며 찬양 드린다.

하나님께서는 우리를 이 땅에 보내셨다. 그리고 부르시고 다시 세상을 향하여 보내셨다. 세상에 대한 지배권을 주서서 만물을 다스리게 하셨다. 복음으로 세상을 향해 나아가도록 하셨다. 하나님의 나라를 위한 신실한 그리스도인과 선교적 헌신 자들로서 믿음의 기도로 나아갈 때에 주님은 영원토록 인도하여 주시고 함께 하실 것을 믿는다.

제7장
복된 길

하나님께서 우리를 부르시고 보내시는 길은 그 길이 험난하고 힘든 길일지라도 하나님께서 도우시고 함께 하시는 복된 길이다. '수고하고 무거운 짐 진 자들아 다 내게로 오라.'고 부르신 주님께서는 우리에게 영원한 구원으로 초청을 하셨고, 나가서 복음을 전하라 명하신 주님은 제자들에게 영원히 함께 하리라 약속하셨다. 실제로 주 하나님은 그들과 함께 하셨고 그들은 주의 하시는 일에 종의 사명을 완수하였다.

기독교 선교는 하나님의 사역과 깊은 관련이 있다. 하나님은 세상의 창조 시에부터 선교를 시작하셨고 인간을 세워 하나님의 통치를 섬기도록 하셨다. 그의 아들을 보내시고 하나님의 나라를 선포하게 하셨고 구원의 사역을 완성하게 하셨다. 성령을 보내 믿는 자들을 도우시고 위로하시며 그들의 삶에 영원한 기쁨과 평강을 주셨다. 성령의 역사하심으로 선교 사역은 더욱 힘을 얻고 세상으로 멀리 전파되는 동력을 얻게 되었다.

기독교 선교를 단지 하나님만의 사역으로만 단정 지을 수 없는 이유가 있다. 하나님의 사역을 위해 부르심과 보내심을 받은 하나님의 백성들이 있기 때문이다. 그들은 신앙으로 인하여 핍박을 받거나 어려움을 감수해야 했다. 간혹 신앙을 전하기 위해 무력을 사용하는 잘못된 선교 형태도 있었다. 선교지로 파송되어 복음을 전하기 위해 나갔던 많은 이들이 박해나 질병으로 인해 무참히 죽임을 당하거나 고통 가운데 죽어간 사람들이 있었다. 선교는 하나님의 사역이지만 사람들과 사람들이 사는 모든 환경과 연관되어 있다.

선교는 세상에 하나님의 나라를 세우는 일이다. 하나님의 나라는 하나님의 통치 아래 있는 나라이다. 그래서 선교는 복음을 전하고 백성들을 하나님의 통치 아래로 모으는 일이다. 우리에게 임하신 삼위일체 하나님의 선교를 받아들이고 믿음으로 응답할 때에 놀라운 일이 나타난다. 그것은 성령의 은혜를 받는 일이다. 구원의 기쁨은 시작되고 영원한 평강의 나라가 임하신다.

하나님께서 시작하시고 불러서 보내신 선교 사역은 온 인류에게 주시는 구원의 은총이며 복음이다. 복음으로 인하여 하나님의 나라의 백성과 자녀로 거듭나고 영생의 복과 삶을 누린다. 하나님이 아들을 버리시고 주시기까지 인류를 사랑하시고 너와 나를 사랑하신다는 복음의 이야기를 우리는 말씀을 통하여 들었다. 성령께서 우리 마음에 오셔서 우리를 충만케 하시는 은혜를 부어주시고 구원의 기쁨과 임마누엘의 복을 누리게 하신다.

우리는 예수께서 생명을 드려 우리를 구원하는 사역을 감내하였듯이 우리 자신의 심장을 드려 믿음의 길을 택하고 삶을 주님께 송두리째 바치기를 원하면서 신앙의 삶을 시작하였다. 하나님의 선교는 우리를 존재하게 하고 그 이유를 밝혀 주셨다. 우리가 세상을 사는 마지막 날까지 주 하나님을 예배하고 말씀 안에 살아야 할 이유가 여기에 있다. 하나님은 우리를 그의 품에 품으시고 영원한 평강으로 인도하여 주시며 세상을 향해 나아갈 선교적 그리스도인으로 불러 주셨고 이 땅에서 선교적 그리스도인으로 힘차게 살아가도록 하셨다.

*삶과 선교 여정에서 발견한 한 줄 멘토링 7

삼위일체 하나님의 선교 안에 있는 믿음의 삶은 하나님이 주시는 은총의 삶이며 선교적 그리스도인의 길은 성령 하나님과 하는 복된 길로서 우리를 하나님의 영원한 삶으로 인도하여 주신다.

에필로그 ———————————————————— Epilogue

하나님의 선교 안에 살면서 나눈 행복

하나님은 필자를 부르시고 훈련시키셔서 선교적 삶과 사역을 위해 현장으로 보내셨다. 목회자와 선교사로서 30년을 넘게 사는동안 우리에겐 작은 고난들이 있었다. 경제적 어려움, 자녀 교육, 비자 문제로 인한 잦은 나그네 훈련과 지출, 타종교인들의 핍박과 질병으로 인한 고통을 맛보았다. 육체적인 고난이나 경제적인 문제보다도 동역자들의 배신과 불성실한 모습은 우리를 많이 아프게 했다.

그러나 선교 현장에서 선교하시는 하나님은 나와 우리 가족을 보호하시고 도우시며 함께 하셨고 그분의 능력과 사랑과 긍휼하심을 통하여 많은 선교지 백성들과 하나님의 평강과 복을 나누도록 하셨다. 선교 현장의 언어를 익히는 것도, 문화적 적응을 하는 것도, 선교지 현지 백성들을 만나는 것도 우리에게는 벅찬 감동이었고 행복이었다. 선교 현장으로 나갈 때에 우리 가정에는 한 아이가 있었지만 선교사로 있는 동안 두 아이를 더 축복해 주셔서 지혜라는 딸 외에 영광과 권능이라는 아들들을 양육하도록 허락해 주셨다. 현장에서 신학생을 지도하며, 현장의 교회를 개척하면서 목회자를 지도하며 사랑의 삶과 복을 나

8-1 김종련 김미영 선교사 부부

8-3 칼리만탄의 개척 교회 성도와 어린이들을 위해 소포로 보내는 마스크 (1)

누는 것도 하나님께서 우리에게 주신 행복이었다.

　하나님은 우리가 기도할 때마다 응답하여 주셨고, 교회 개척을 할 때에는 돕는 분들을 주셔서 현지 교회들을 세워 나가는데 기도의 마음과 물질을 지원해 주셨다. 행복감이라는 것은 단지 인간의 일시적인 감정이라고 하기에는 선교하시는 하나님의 은혜가 너무나 큰 감동으로 다가왔다. 하나님은 우리를 보호하시고 인도하시며 우리 앞서 우리의 행함을 지도하셨다. '하나님이 선교하신다.' 는 이 복된 소식을 필자는 성경 안에서 뿐만 아니라 삶 속에서 직접 보고 체험하며, 배우고 나누었다.

　하나님의 은총의 삶을 나누는 것이야말로 하나님의 백성들에게 주신 최상의 행복이다. 하나님의 형상으로 인간을 지으시고 그 형상이 세상을 다스리라고 주시는 통치권의 위임이라는 사실도 매우 중요한 사실이다. 시내산 언약을

8-4 명성교회 예배 후 이직 집사님 부부와 함께

통하여 하나님은 역사 가운데서 행하시며 구속하시는 하나님이시며 그의 사람들을 부르시고 보내시는 하나님이심을 늘 상기시켜 주신다. 하나님의 사람들은 하나님의 선교의 참여자, 하나님의 선교의 도구임을 잊지 말아야 함을 삼위일체 하나님은 깨우쳐 주신다.

초기에는 배움과 문화에 적응하는 과정을 통하여 훈련을 통한 행복감을 맛보았다. 새로운 환경에서 새로운 언어와 문화적 삶을 배운다는 것이 필자에게는 행복이었다. 한국에서 언어와 문화적 삶을 모두 익히고 적응하여 살 수 있는 필자가 새로운 지역으로 나가서 삶을 영위해야 한다는 것이 내적으로는 힘든 삶이었다. 그러나 하나님의 선교하심에 동참한다는 믿음의 삶, 선교적 관점에서 이해할 때에는 도리어 그것이 매력이 넘치는 일로 바꾸어졌다.

세월이 흘러 교회 개척의 과정을 통하여 교회가 하나 둘씩 세워져 갈 때에

8-5 인니국방어학원 행사에 참석한 리아미잘드 리아쿠두(Ryamizard Ryacudu)
국방부 장관님 부부, 대한민국 박필승 국방무관님 부부와 함께

하나님은 필자를 더욱 활동적인 사람으로 탈바꿈하게 해 주셨다. 차를 빌려 건축 자재를 싣거나 쓰나미와 지진으로 발생한 재난 현장에서 보급품을 차에 실어 현장으로 가서 필요에 따라 공급해 주는 일을 하였다. 재난 현장에서 보급품을 믿음의 동역자들에게 분배하며 서로 나누었던 위로와 격려를 잊을 수가 없다. 감동적이었다. 서로 어렵고 힘든 봉사자의 삶을 사는 동역자들을 보며 격려하고 위하여 기도하는 시간들을 가진 것은 내 생애에 가장 행복했던 순간들이었다. 삼십년을 하루같이 행복하며 사는 것은 인간의 위로와 격려, 사랑보다도 하나님의 사랑과 은총과 도우심 때문이었다.

자녀들은 세월이 흘러감에 따라 성장하였고 대학에 하나 둘씩 진학을 하였다. 첫째가 서울대에 입학하여 졸업하였고, 둘째가 한양대에 입학하여 졸업하고 인도네시아에서 직장 생활을 하고 있다. 막내는 서울 외국어대 마인어과에서 공부하는 가운데 군에 입대하여 군복무를 하고 있다.

하나님께서는 우리 가정을 문화 사역으로 인도하셨다. 딸 지혜를 인도네시아 국방어학원에서 한국어를 가르치게 하셨다. 제자들이 각 지역에 흩어져서 인도네시아 군의 중요한 직책을 감당하며 군복무를 하고 있는 장교들과 하사관들이다. 그들은 한국어를 구사할 줄 아는 인도네시아 군의 필수 요원이 될 것이다. 아내 김미영 선교사와 필자도 군인들에게 한글과 한국 노래를 가르치도록 인도하셨다. 또한 김미영 선교사는 신학생들과 현지 고등학생들에게 한글을 가르쳤다.

이제 세월이 흘러 선교 사역을 잠시 멈추고 안식년을 맞이하여 국내에서 쉼의 순간들을 가지고 있다. 새로운 도전과 선교적 헌신을 위하여 기도하며 믿음의 발걸음을 옮기기를 원한다. 우리의 삶을 에워싸는 하나님의 은혜와 선교하심에 찬양을 드리며 총회와 세계 선교부 동역자님과 동료 선교사들의 사랑과 기도에 감사한 마음을 전한다.

재난으로 고통을 받는 사람들이나 그렇지 않든지 간에 누구든지 우리들은 하나님의 선교의 은총이 필요한 사람들이다. 역사에서 많은 사건들이 일어났다. 수많은 기독교인들과 사역자들이 순교를 당하기도 하였다. 그러나 그들은 순교의 순간에도, 재난 현장에 일하는 그 현장에서도 하나님의 살아계심을 증언하며 복음을 전하는 기회로 삼았다. 다시는 일어나지 말았으면 하는 재난들이 세계 곳곳에 일어나고 있다. 하나님의 은총 가운데서 재난을 극복하고 믿음으로 응답하는 선교적 삶이 넘치기를 기도드린다.

믿음의 사람들은 하나님의 선교하심에 응답하고 순종한다. 삶의 현장에서 사람을 살리고 돕는 일을 아낌없이 한다. 세상에서 별과 같이 빛나는 사람들이다. 하나님께서는 우리가 하나님과 동행하는 영원한 삶을 누리기를 원하신다. 우리는 하나님의 선교 백성으로서, 선교의 도구로서, 하나님의 부르심과 보내심에 순종하여 선교의 참여자가 되어 아직도 선교 현장에서 하나님께서 주신 임무를 수행하기 위해 고군분투하는 믿음의 사역자들과 함께 하며 삶의 현장에서 보내심을 받은 자로서의 정체성과 선교적 그리스도인으로서의 사명을 감당하여야 할 것이다.

참고 문헌

1. 동양서

김성태, 『현대선교학 총론』, 서울: 이레서원, 1999.
김영동, 『교회를 살리는 선교학』, 서울: 장로회신학대학교출판부, 2003.
_____, 『우정의 선교, 열정을 붙잡다』, 도서출판 케노시스, 2019.
김명용, 『칼 바르트의 신학』, 서울: 이레서원, 2007.
김종성, 『선교사의 생활과 사역』, 서울: 한국장로교출판사, 2006.
_____, 『하나님의 선교사 A to Z』, 서울: 두란노, 2014.
로잔연구교수회 편, 『로잔운동과 선교』, 서울: 올리브나무, 2014.
박수암, 『신약연구 개론』, 서울: 장로회신학대학교출판부, 1998.
서정운, 『교회와 선교』, 서울: 두란노출판사, 1994.
_____, 『우리는 모두 이야기로 남는다』, 요세미티, 2020.
안승오, 『건강한 교회 성장을 위한 핵심 원리 7가지』, 서울: 대한기독교서회 2006.
_____, 『사도행전에서 배우는 선교 주제 28가지』, 서울: 대한기독교서회, 2008.
_____, 『현대 선교의 핵심 주제 8가지』, 서울: CLC, 2011.
안승오·박보경, 『현대 선교학 개론』, 서울: 대한기독교서회, 2008.
양승윤, 『인도네시아』, 서울: 한국외국어대학교출판부, 2003.
윤철호, 『삼위일체 하나님과 세계』, 서울: 장로회신학대학교출판부, 2011.
이광순, 『선교의 특수성과 보편성』, 서울: 미션아카데미, 2000.
이광순·이향순, 『선교사를 위한 사회학』, 서울: 미션아카데미, 2009.
이광순·이용원, 『선교학 개론』, 서울: 한국장로출판사, 1993.
이형기, 『복음주의와 에큐메니칼 운동의 세 흐름에 나타난 신학』, 서울: 한국장로교출판사, 1999.
_____, 『하나님의 선교』, 서울: 한국학술정보(주), 2008.
_____, 『에큐메니칼 운동의 패러다임 전환』, 서울: 한들출판사, 2011.
_____, 『세계교회 협의회와 신학』, 성남: 북코리아, 2013.
장훈태, 『최근 이슬람의 상황과 선교의 이슈』, 서울: 대서, 2011.
정승현, 『하나님의 선교와 20세기 선교학자』, 인천: 주안대학원대학교출판부, 2014.
한국선교신학회엮음, 『선교학 개론』, 서울: 대한기독교서회, 2011.

_____, 『선교적 교회론과 한국 교회』, 서울: 대한기독교서회, 2015.
한국일, 『세계를 품는 선교』, 서울: 장로회신학대학교출판부, 2004.
_____, 『세계를 품는 교회』, 서울: 장로회신하대학교출판부, 2010.
한동구, 『창세기 해석』, 성남: 이마고데이, 2003.

2. 서양서

Blauw, Johannes, *The Missionary Nature of the Church*, New York: McGraw-Hill, 1962.

Dunn J. D. G., *Romans 1-8*, WBC, Dallas: Word Books, 1988.

Guder, L. Darrell, *Be My Witnesses*, Grands Rapids, MI: Eerdmans, 1985.

_____, *The Continuing Conversion of the Church*, Grands Rapids, MI: Eerdmans, 2000.

_____, *Called to Witness: Doing Missional Theology*, Grands Rapids, MI: Eerdmans, 2015.

Guelich, R. A., *Mark 1-8:26*, WBC, Dalas: Word Books, 1989.

Hall, Douglas John, *The Cross in Our Context: Jesus and the Suffering World*, Minneapolis, MN: Augsburg Fortress, 2003.

Hull, John., *Mission shaped Church: A Theological Response*, London: SCM, 2015.

Koch, K., *Spuren des hebrischen Denkens*, Neukirchen-Vluyn: Neukirchener, 1991.

Kraemer, Hendrik, *A Theology of the Laity*, Philadelphia: The Westminster, 1958.

Longenecker, R. N., *Galatians*, WBC, Dallas: Word Books, 1990.

Martin, R. P., *2 Corinthians*, WBC, Waco: Word Books, 1986.

Meyer B. F., *The Aim of Jesus*, Eugene: Wipf and Stock, 2002.

Newbigin, Lesslie, *Christian Freedom in the Modern World*, London: SCM, 1937.

_____, *The Reunion of the Church*, London: William Clowes and Sons, 1948.

_____, *The Household of God*, London: SCM, 1953.

_____, One Body, One Gospel, One World: The Christian Mission Today, London and Newyork: International Missionary Council, 1959.

_____, *Trinitarian Faith and Today's Mission*, Louisville: John Knox Press, 1964.

_____, *The Other Side of 1984: Questions for the Churches*, Geneva: WCC, 1983.

_____, *Mission in Christ's Way: A Gift, A Command, An Assurance*, New York: Friendship Press, 1988.

_____, *A Word in Season: Perspectives on Christian World Missions*, Grand Rapids, MI: Eerdmans, 1994.

Nolland, John., *The Gospel of Matthew*, NIGTC, Grand Rapids: Eerdmans, 2005.

_____, *Luke 1-9:20*, Dallas: Word Books, 1989.

_____, *Luke 9:21- 18:34*, Dallas: Word Books, 1993.

Rabens, Volker., *The Holy Spirit and Ethics in Paul: Transformation and Empowering for Religious-Ethical Life*, Wunt, Tübingen: Mohr Siebeck, 2010.

Snyder A. Howard., *The Problem of Wine Skins: Church Structure in a Technological Age, Downers Grove*: Inter-Varsity Press, 1975.

Shenk, Wilbert R., *Write the Vision, The Church Renewed*. Eugene, OR: Wipf and Stock Publishers, 1995.

3. 인도네시아서

Aritonang, Jan S, *Berbagai Aliran di Dalam dan di Sekitar Gereja*, Jakarta: BPK Gunung Mulia, 2015.

Badan Pusat Statistik Provinsi Kalimantan Barat. *Kalimantan Barat dalam Angka 2013*, Katalog BPS: 1102001.61, Pontianak: BPS Provinsi Kalimantan Barat, 2013.

Mangentang. Matheus, "Pengantar Sidang Sinode AM KE-2 Gereja Kristen Seta Indonesia," *Kumpulan Keputusan dan Notulen Sidang Sinode AM KE-2 GKSI*, Jakarta: GKSI, 2005, 15-28.

Persekutuan Injili Indonesia, *Bagi Tuhan dan Bangsaku*, Jakarta: Setiabudi offset printing, 2003.

PGI, *Direktori Gereja-gereja di Indonesia 2014*, Jakarta: Persekutuan Gereja-gereja di Indonesia, 2014.

Van den End, Thomas, *Ragi Carita 1: Sejarah Gereja Di Indonesia 1500-1860*, Jakarta: BPK Gunung Mulia, 1980. 1996.

_____, *Harta dalam Bejana: Sejarah Gereja Ringkas*, Jakarta: Bpk Gunung Mulia, 2015.

Van den End, Thomas, J. Weitjens, SJ, *Ragi Carita 2: Sejarah Gereja Di Indonesia Tahun 1860-AN-Sekarang*, Jakarta: BPK Gunung Mulia, 2012.

Gerrit Riemer, *Gereja-gereja Reformasi Di Indonesia*, Jakarta: BPK Gunung Mulia, 2009.

4. 번역서

Birch, C Bruce, Walter Brueggemann, Terence E. Fretheim, David L. Peterson, *A Theological Interoduction to the Old Testament*, 차준희 역, 『구약신학과의 만남』, 서울: 프리칭아카데미, 2008.

Bosch, David, *Transforming Mission*, 김병길·장훈태 역, 『변화하는 선교』, 서울: CLC. 2000.

Durham, John, *Exodus, Word Biblical Commentary*, 손석태·채천석 역, 『출애굽기』, 서울: 솔로몬, 2011.

Dyer, H Charles, & Eugene H. Merill, *Old Testament Explorer*, 마영례 역, 『구약 탐험』, 서울: 디모데, 2003.

Gowan, Donald E., *Theology in Exodus*, 박호용 역, 『출애굽기 신학』, 서울: 성지출판사, 2004.

Guder, Darrell eds., *Missional Church: A Vision for the Sending of the Church in North America*, 정승현 역, 『선교적 교회』 북미 교회의 파송을 위한 비전, 주안대학원대학교출판부, 2013.

Guder, Darrell, *The continuing Conversion of the Church*, 조범연 역, 『교회의 선교적 사명에 대한 신선한 통찰』, 서울: 미션툴, 2005.

Hamilton, Victor, *Handbook on the Pentateuch*, 강성열·박철현 역, 『오경 개론』, 고양: 크리스챤다이제스트, 2007.

Kaiser, C. Walter, *Mission in the old Testament: Israel as a Light to the Nations*, 임윤택 역, 『구약성경과 선교』, 서울: CLC, 2013.

Lohfink, Gerhard, *Jesus and Community: The Social Dimension of Christian Faith*, 정한교 역, 『예수는 어떤 공동체를 원했나?』, 서울: 분도출판사, 1985.

Lux Rüdiger, *Die Weisen Israels*, 구자용 옮김, 『이스라엘의 지혜』, 파주: 한국학술정보, 2012.

McDaniel, L. Ferris, "Mission in the Old Testament", ed., Larkin, William J., and Joel F. Williams, Mary-knoll, *Mission in the New Testament*, 홍용표 외 역, 『성경의 선교신학』, 서울: 이레서원, 2001.

Moltmann, Jürgen, 『성령의 능력 안에 있는 교회』, 박봉랑 외 4인 역, 한국신학연구소, 2003.

Newbigin, Lesslie, *Living Hope in a Changing World*, 이혜림 역, 『변화하는 세상 가운데 살아 숨 쉬는 소망』, 서울: 서로사랑, 2006.

_____, *The Gospel in the Pluralistic Society*, 허성식 역, 『다원주의 사회 속에서의 복음』, IVP, 2007.

_____, *Foolishness to the Greeks*, 홍병룡 역, 『헬라인에게는 미련한 것이요』, 서울: IVP, 2007.

_____, *Unfinished Agenda*, 홍병룡 역, 『아직 끝나지 않은 길』, 서울: 복있는사람, 2011.

_____, *The Open Secret*, 홍병룡 역, 『오픈 시크릿』, 서울: 복있는사람, 2012.

_____, *The Household of God*, 홍병룡 역, 『교회란 무엇인가』, 서울: IVP, 2013.

_____, Trinitarian Doctrine for Today's Mission, 최형근 역, 『삼위일체적 선교』, 인천: 바울, 2015.

Nissen, Johannes, *New testament and Mission*, 최동규 역, 『신약성경과 선교』, 서울: CLC, 2005.

Sunquist, Scott, *Understanding Christian Mission*, 이용원·정승현, 『기독교 선교의 이해』, 인천: 주안대학원대학교출판부, 2015.

Van Gelder, Craig, *The Essence of the Church: A Community Createdby the Spirit*. 최동규 역, 『교회의 본질』, 서울: CLC, 2015.

Van Engen, Charles, *God's Missionary People: Rethinking the Purpose of the Local*

Church, 임윤택 역,『하나님의 선교적 교회』, 서울: CLC, 2014.

Wright, Christopher J. H., *The Mission of God*, 정옥배. 한화룡 역,『하나님의 선교』, 서울: IVP, 2010.

_____, *The Mission of God's People*, 한화룡 역,『하나님 백성의 선교: 우리는 누구이며, 무엇을 위해 여기에 있는가?』, 서울: IVP, 2012.

Zenger, Erich, *Einleitung In Das Alte Testament*, 이종한 역,『구약성경 개론』, 칠곡: 분도출판사, 2012.

5. 논문

Anderson, Robert, "Mission...in the way of the Father, the Son and the Holy Spirit," *International Review of Mission* 77, 1988, 487-490.

Bennema, Cornelis, "Spirit and Mission in the Bible: Toward a Dialogue between Biblical Studies and Missiology," *Trinity Journal 32*, 2011, 237-258.

Guder, Darrell, "From Mission and Theology to Missional Theology," *The Princeton Seminary Bulletin*, vol 24, no. 1, 2003, 36-54.

_____, "Leadership in New Congregations, New Church Development from the Perspective of Missional Theology," in H Stanely Wood eds., *Extraordinary Leaders in Extraordinary Times: Unadorned Clay Pot Messengers*, Grand Rapids, MI: Eerdmans, 2006, 1-29.

_____, "Missional Hermeneutics: The Missional Authority of Scripture," *Mission Focus 15*, 2007, 106-121.

_____, "The missio Dei: A Mission Theology after Christendom," Max L. Stakehouse & Lalsangkima Pachuau, eds., *News of Boundless Riches; Interrogating, Comparing, and Reconstructing Mission in a Global Era*, vol. 1, Delhi, India: ISPCK, 2007, 3-25.

_____, "The Christological Formation of Missional Practice," *Academie Internationale des Sciences Religiuses*, Princeton Theological Seminary, August, 2007.

_____, "Missio Dei: Intergrating Theological Formation for Apostolic Vocation,"

Missiology 37, 1, January 2009, 63-74.

_____, "Theological Significance of the Lord's Day for the Formation of the Missional Church," Edward O'Flaherty, S.J & Rodney L. Peterson eds., *Sunday, Sabbath, and the Weekend: Managing Time in a Global Culture*, Grand Rapids, MI: Eerdmans, 2010, 105-117.

Hanson R. P. C., "The Divinity of the Holy Spirit," *Church Quarterly1*, no. 4, 1969, 298-306.

Hartenstein, Karl, "Theologische Besinnung," Walter Freitag eds., *Mission zwischen Gestern und Morgen*, John G. Flett trans, Stuttgart: Evang. Missionsverlag, 1952.

Hengel, Martin, "The Origins of the Christian Mission," *in Between Jesus and Paul: Studies in the Earliest History of Christianity*, Philadelphia: Fortress, 1983, 48-64.

Hoedemaker, "The Legacy of Hendrik Kraemer," *International Bulletin of Missionary Research* 4, 1980, 60-64.

_____, "Hendrik Kraemer: A Man Who Obeyed the Vision He Saw," *Ecumenical Review 18*, 1966, 96-99.

Hunsberger, G., "Proposals for a Missional Hermeneutic: Mapping a Conversation," *Missiology :An International Review 39-3*, July, 2011, 309-321.

Lange, G. Dirk, "Communal Prayer and the Missional Church," *Swedisch Missiological Themes 100/1*, 2012, 18-21.

Logan, James Richardson, "The Ethnology of the Indian Archipelago: Embracing Enquires into the Continental Relations of the Indo-Pacific Islanders," *Journal of the Indian Archipelago and Eastern Asia*(JIAEA) 4, 1850, 252-347.

May, Peter, "Towards a Biblical Theology of Mission," *Indian Journal of Theology 8*, 1959, 21-28.

Newbigin, Lesslie, "Can the West be Converted?," *International Bulletin of Missionary Research 11*, 1987/1, 2-8.

_____, "The Work of the Holy Spirit in the Life of the Asian Churches," Norman

Goodal eds., *A Decisive Hour for the Christian World Mission*, London: SCM Press, 1960.

Wodecki, Bernard, "SHLH. Bans le livre d'Isaie," *Vetus Testamentum 34*, 1984, 482-88.

강보영, "바울과 하나님의 선교: '바울의 선교'에서 '선교의 바울'로의 관점 전환을 모색하며," 2015년 아시아 언어문화연구원 학술세미나 발제문, 1-16.

강아람, "선교적 교회론과 선교적 해석학," 『선교신학』 36집, 서울: 한국선교신학회, 2014, 11-45.

구자용, ""보라, 이 사람이 선악을 아는 일에 우리 중 하나같이 되었다."-창 3:22a 아이러니적 사용" 구자용 외 엮음, 『성서의 세계: 김두연 목사 회갑기념논문집』, 군포: 아랑성경원어연구원, 2012, 28-47.

김은수, "선교적 교회와 에큐메니칼 역사," 『선교신학』 36집, 서울: 한국선교신학회, 2014, 105-134.

박창현, "선교적 교회론의 모델로서 한국 교회 초기 대각성 운동(1903-1907)," 『신학과 세계』 74집, 서울: 감리교신학대학교출판부, 2012, 218-253.

윤형, "하나님의 창조 사역에 대한 재 고찰 - 창세기 1장 1절-2장 4절을 중심으로," 『구약논단』 제50집, 서울: 한국구약학회, 2013, 117-143.

이후천, "한국에서 선교적 교회론의 접근 방법들에 대한 선교학적 성찰," 『선교와 신학』 30집, 2012, 49-74.조은식, "샬롬의 관점에서의 통일선교," 『선교신학』 34집, 서울: 올리브나무, 2013, 295-322.

정승현, "하나님의 선교(missio Dei)와 선교적인 교회(Missional Church) - 빌링겐 IMC를 중심으로," 『선교와 신학』 제20집, 서울: 장로회신학대학교, 2007, 185-212.

_____, "선교적 교회론의 과거, 현재, 그리고 미래: GOCN의 연구를 중심으로," 『1910년 에딘버러 세계선교사대회 100주년 기념 2010 한국대회』 제6분과, 서울: 한국연합선교회, 2011, 31-68.

_____, "하나님의 선교의 기원과 발전" 1952년과 2002년 빌링겐 선교 대회를 중심으로, 『복음과 선교』 제24집, 2013, 149-177.

_____, "서구에서 선교적 교회론의 태동 및 발전," 『선교와 신학』 제30집, 서울: 장로회신학대학교, 2012, 13-48.

_____, "죄인들의 교회, 갱신하는 교회, 그리고 일치하는 교회," 『선교신학』 34집, 서울: 올리브나무, 한국선교신학회, 2013, 267-294.

_____, "대럴 구더의 선교적 신학과 교회론," 『선교신학』 36집, 서울: 한국선교신학회, 2014, 295-325.

_____, "선교적교회론의 과거, 현재, 그리고 미래: GOCN의 연구를 중심으로," 한국선교신학회편, 『선교적교회론과 한국 교회』, 서울: 한국선교신학회, 2015, 40-70.

최형근, "한국 교회를 위한 선교적 교회론," 『한국선교KMQ』 Vol 3, 서울: KWMA, 2003, 8-25.

한국일, "한국적 상황에서 본 선교적 교회: 지역교회를 중심으로," 『선교와 신학』 30집, 서울: 장로회신학대학교출판부, 2012, 75-115.

6. 학위논문

이동혁, "현대선교 신학의 하나님의 선교(missio Dei)에 관한 연구," 미간행 박사 학위 논문, 영남신학대학교 대학원, 2003.

Seung-Won, Song, "Back to Basics in Indonesia? Reassessing the Pancasila and Pancasila State and Society, 1945-2007," 미간행 박사 학위 논문, 오하이오대학교, 2008.

조해룡, "선교적 교회론 연구, -레슬리 뉴비긴, 위르겐 몰트만, 대럴 구더를 중심으로," 미간행 선교 신학 박사 학위 논문, 장로회신학대학교 대학원, 2010.

강보영, "Heralds and Community: An Enquiry into Paul's Conception of Mission and Its Indebtedness to the Jesus-Tradition," 미간행 박사 학위 논문, 브리스톨대학교, 2012.

김종련, "인도네시아 교회 갱신을 위한 하나님의 선교와 선교적 교회론 연구," 미간행 박사 학위 논문, 주안대학원대학교, 2015.

7. 사전

"adat" The New Encyclopaedia Britannica Vol I, Chicago, IL: Encyclopaedia Britannica, 1988.

Rengstorf, K. H., "ἀποστέλλω(πέμπω)," in TDNT, eds., Kittel, Gerhard and G. Fried-

rich, 398-447, Vol. 1, Grand Rapids, MI: Eerdmans, 1964-1976.
Sundermeier, Theo., "Mission Theology," Müller Karl und Theo Sundermeier eds., Lexikon Missions-Theologischer Grunbegriffe, 한국기독교학회 선교신학회 편역,『선교학 사전』, 서울: 다산글방, 2003.

8. 성경

성경전서 개역 개정판(4판), 대한성서공회, 2013.
Alkitab, Lembaga Alkitab Indonesia, 2010.
Nestle-Aland Novum Testamentum Graece with Korean Foreword(28판), 대한성서공회, 2014.
Biblia Hebraica Stuttgatensia with Korean Foreword, 대한성서공회(5판), 2014.

9. 인터넷 자료

http://www.gocn.org
http://www.sinode-gksi-setia.org
http://www.cccowe.org
https://id.wikipedia.org/wiki/Badan Penerbit Kristen Gunung Mulia
http://pgi.or.id
http://pgi.or.id/gereja-gereja-anggota-pgi
http://www.freshexpressions.org.uk
http://www.alkitab.or.id
http://www.namhae.go.kr
https://ko.m. wikipedia.org

선교 활동 사진 자료

선교 사역 8-1 자카르타 예배 모임에 참석한 성도들

선교 사역 8-2 타파 유치원 헌당식 후

선교 사역 8-3 단기 선교팀 봉사 사역

선교 사역 8-4 칼리만탄 성도들을 위한 마스크를 보내며

선교 사역 8-5 마스크를 전달받은 어린이들

선교 사역 8-6 대학원생 교육 후

선교 사역 8-7 2019년도 신학세미나 후

선교 사역 8-8 복음선교신학대학교 학장을 격려하고

선교 사역 8-9 신땅 지역 선교를 위하여 건축할 교회당 후보지, 피터 목사와 나오미 사모

선교 사역 8-10 신학교 교수 및 학생 격려 후

선교 사역 8-11 짜리타 해변 쓰나미 피해 주민 구호품 전달

선교 사역 8-12 산잔 유치원 아이들을 교육한 후

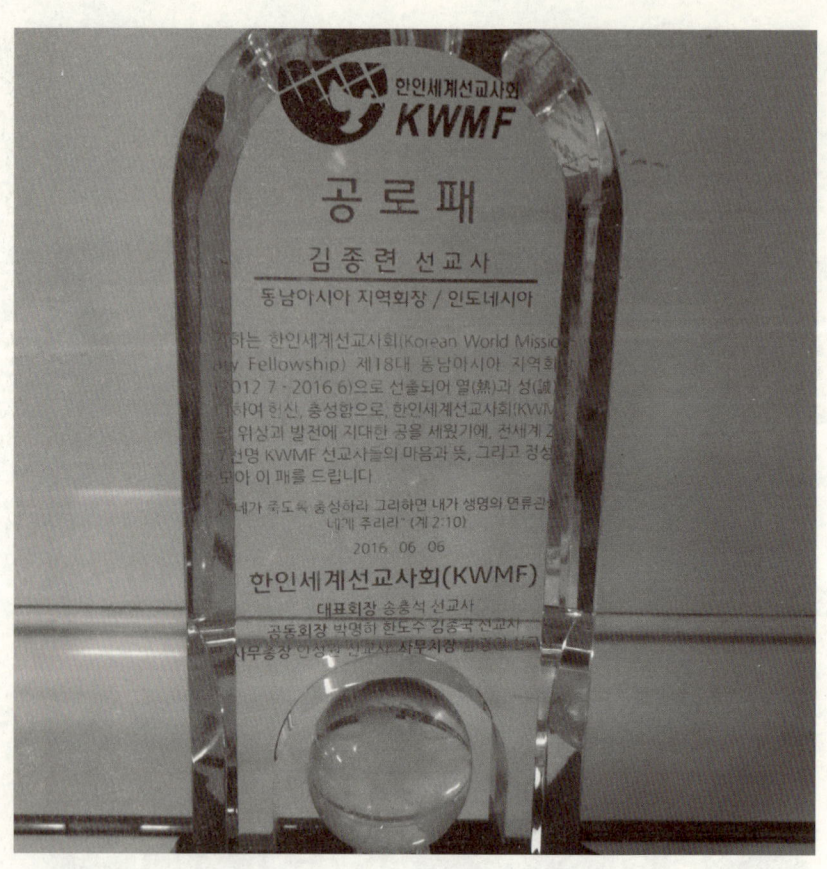

선교 사역 8-13 공로패(KWMF)

선교 사역 8-14 주안교회 선교부 부장님과 직원들과 함께

선교 사역 8-15 가족들과 함께

선교 사역 8-16 선교상

선교 사역 8-17 근속표창장

선교 사역 8-18 조태영 대사님 부부와 함께

선교 사역 8-19 어린 시절의 자녀들

선교 사역 8-20 지혜양의 붓글씨

선교 사역 8-21 사역 사진- 마스크 전달 사역을 준비한 후

선교 사역 8-22 성탄 행사를 마치고

선교 사역 8-23 신학생 지도하는 모습

선교 사역 8-24 유치원 아이들에게 지도하는 모습

선교 사역 8-25 편부모 자녀들과 함께

선교 사역 8-26 졸업식에서 보고 및 감사 인사

선교 사역 8-27 주안대학원대학교 졸업식 후

선교 사역 8-28 논문지도 정승현 교수님과 열매맺는교회 안준호 목사님과 가족

선교 사역 8-29 주안대학원대학교 박사 학위 수여식에서

선교 사역 8-30 기념사진

선교 사역 8-31 주안교회 주승중 목사님에게서 받는 선교상

선교 사역 8-32 선교사 가족

선교 사역 8-33 신학생을 위한 의료 선교

선교 사역 8-34 교단장 마티우스 목사님에게 물품 전달

선교 사역 8-35 이사알마쉬 교회당 기공식

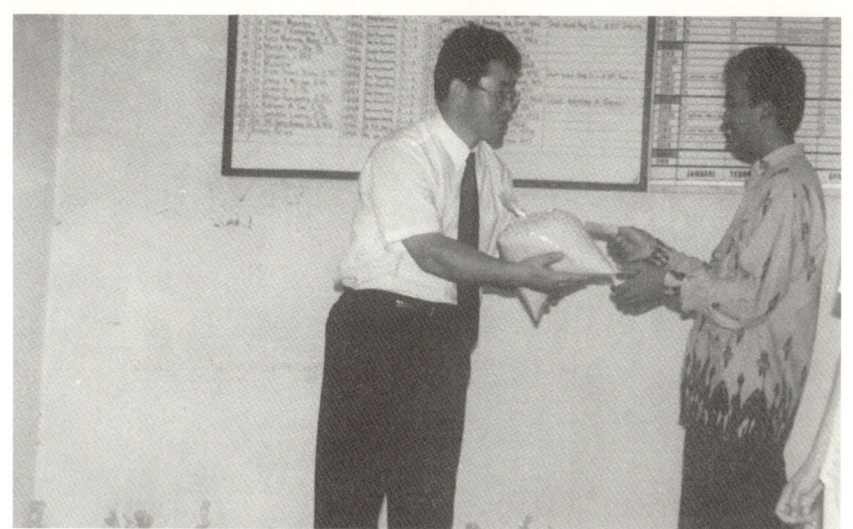
선교 사역 8-36 성도와 직원들에게 쌀봉지 전달

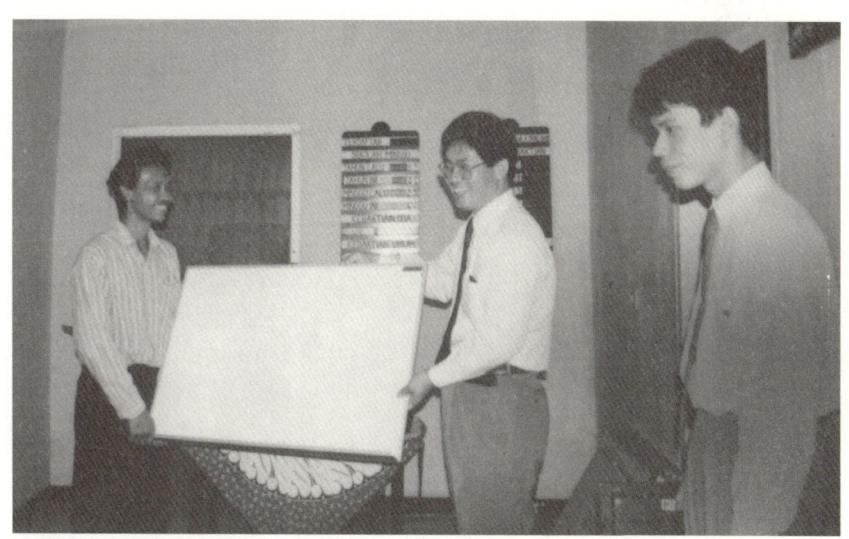
선교 사역 8-37 개척 교회 물품 전달

선교 사역 8-38 가르친 신학생들

선교 사역 8-39 가르친 신학생들

선교 사역 8-40 신학교 목회 및 교수 사역

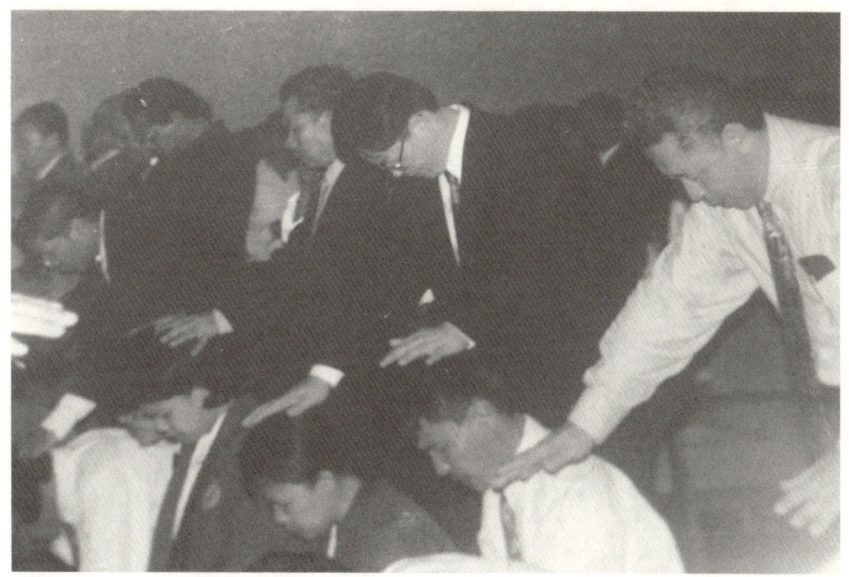
선교 사역 8-41 신학생들을 파송하는 안수기도

선교 사역 8-42 세례식 설교

선교 사역 8-43 세례식